INANNAS RÜCKKEHR

✳

von

V. S. Ferguson

INANNAS RÜCKKEHR

Teil 1
Die Familie von Anu

Teil 2
Melinar und die multidimensionalen Selbste

von
V. S. Ferguson
bearbeitet von Tera Thomas

5. Auflage 2016

Inannas Rückkehr
Teil 1: Die Familie von Anu
Teil 2: Melinar und die multidimensionalen Selbste
von
V. S. Ferguson
bearbeitet von Tera Thomas

Aus dem amerikanischen Englisch
von Andreas Lentz

© 1995 by V. S. Ferguson
Das Buch erschien unter dem Titel INANNA RETURNS
1995 bei Thel Dar Publishing Company, Seattle.

Für die deutsche Ausgabe
© bei NEUE ERDE GmbH, 1997
Alle Rechte vorbehalten.

Titelseite: Dragon Design, GB
Satz und Typographie: Dragon Design
Gesetzt aus der Galliard

Gesamtherstellung: CPI – Ebner & Spiegel, Ulm
Printed in Germany

ISBN 978-3-89060-315-5

NEUE ERDE GmbH
Cecilienstr. 29 · 66111 Saarbrücken
Deutschland · Planet Erde
www.neue-erde.de

＊

Dieses Buch ist all jenen gewidmet,
die sich nach Freiheit sehnen.

INHALT

Teil 2: Melinar und die multidimensionalen Selbste

DANKSAGUNG

Als ich »Inannas Rückkehr« schrieb, fühlte ich mich wie in einem winzigen Boot auf dem weiten Ozean, und jene, die mir so nahe waren, daß sie meine ersten Entwürfe lasen, waren mir auf diesem Ozean Kompaß und Leuchtturm.

So danke ich meiner lieben Freundin Anne dafür, so teilnahmsvoll gewesen zu sein, daß sie meinen ersten groben Entwurf in Frage stellte, und dafür, daß sie den Mut hatte, mir die Wahrheit zu sagen und mir eine Gliederung zu geben.

Ohne Tera Thomas' Geschenk, es bearbeitet zu haben, wäre das Buch niemals erschienen. Inannas unzweifelhafte Mithilfe, die Synchronizität und der Planet Jupiter brachten uns zusammen, während eine wachsende Freundschaft und Liebe das Buch formten. Tera, ich bin deinem Mars in der Jungfrau dankbar, deiner geistigen Tiefe und deinem grenzenlosen Herzen.

Ich danke meinem Mann für seinen Humor, seine Fotografie, sein Lektorieren und seiner Hilfe für »meine Wissenschaft«! Ich liebe dich, Charles.

Ich danke auch Barb Ferguson, meiner Art-Direktorin, für das, was sie ist, wie auch für ihre Kreativität und Inspiration; und Pat Welch für ihr wichtiges Korrekturlesen.

Dank an Quentin, meinen liebsten Mitschüler an der Star Fleet Academy, für die Ermutigung, als ich sie brauchte; an Anthony, daß er mich daran erinnerte, mich zu entsinnen; Dank auch an Suzette; und an meine Jenny in England für ihren Beistand; und an Debbie und Nicole, daß sie »Inannas Rückkehr« so liebevoll gelesen haben. Nicht zuletzt danke ich meiner treuen Rhiannon dafür, daß sie so nahe bei mir blieb, und meinem geliebten Bär.

»Inannas Rückkehr« beruht locker auf vier Quellen: dem hinduistischen Epos *Das Mahabharata* in der Übersetzung von J. A. B. van

Buitenen; den Werken von Zecharia Sitchin, besonders *Der zwölfte Planet* und *Die Kriege der Menschen und Götter;* den sumerischen Übersetzungen der Hymnen und Erzählungen: *Inanna – Königin von Himmel und Erde* von Diane Wolkstein und Samuel Noah Kramer; und ein Buch mit dem Titel *Die großartigste, nie erzählte Geschichte* von Lana Corrine Cantrell. Diesen vier Quellen bin ich zu Dank verpflichtet wie auch vielen anderen, besonders Doris Lessing für ihr *Briefing for a Descent into Hell* und ihre Serie von Science-Fiction-Romanen, *Canopus im Argos – Archive.*

Das Mahabharata ist das wunderbarste Buch, das ich je gelesen habe. In der jüngsten Übersetzung von J. A. B. van Buitenen wimmelt es von Beschreibungen von Raumschiffen, fliegenden himmlischen Städten, Strahlenwaffen und Wesen, deren Abenteuer jede Vorstellungskraft sprengen. Die Vorstellung von »Göttern«, die sich in menschlichen Körpern inkarnieren, findet sich ebenfalls im *Mahabharata.*

Im Jahre 1990 las ich die ersten drei Bücher von Sitchin. Teil 1 von »Inannas Rückkehr« entspringt meiner eigenen Vorstellung, beruht jedoch im wesentlichen auf Sitchins Forschungen in diesen Büchern, für die ich dankbar bin. Als ich *Die Kriege der Menschen und Götter* las, fühlte ich mich in Inannas Wesen versetzt. Ich empfand, als sei ich sie, und erfuhr die Geschehnisse ihres Lebens, als erlebte ich sie selbst. Ich erinnerte mich an Nibiru, sah mich selbst dort als Kind und hatte das Gefühl, ich kenne alle aus Inannas Familie ganz genau. Ich wußte, was sie bewegte, und wußte, wie sie fühlten. Ich liebte sie, besonders Ninhursag. Im Geiste stand ich neben der Pyramide, traf sie mit meiner Waffe und verfluchte Marduk. Ich konnte Sargon sehen und kannte Inannas Gefühle für ihn. Ich kaufte mir sogar eine Halskette aus Lapislazuli.

Für mich war Inannas Leben wie ein langer, aufregender Film und ein wenig verwirrend. Ich habe nie wirklich gewußt, warum Inannas Geschichte mich so tiefgreifend berührte, doch schließlich fand sie ihren Weg in dieses Buch. Inanna teilte ihr Leben mit mir in einer Weise, die mir Abenteuer, Aufregung, Verwirrung und Weisheit verschaffte. Ich hoffe, »Inannas Rückkehr« wird euch dasselbe bringen. Ich weiß, sie möchte, daß ich euch dieses Geschenk mache, die Geschichte aus ihrer Sicht zu erzählen.

Ich danke Zecharia Sitchin, J. A. B. van Buitenen und all den anderen, die dieses Buch angeregt haben, für ihren Forscherfleiß, ihre harte Arbeit und ihre Vorstellungsgabe. Ich danke Inanna für ihre Freundschaft und ihre Liebe. Sie ist so liebenswert.

V. S. Ferguson, 1995

EINLEITUNG
von Tera Thomas

Seit langem kenne ich die Geschichte unserer plejadischen Vorfahren, den Göttern, die unsere DNS manipulierten, uns als Arbeiter hielten und uns das Geheimnis, wer wir wirklich sind, um des eigenen Vorteils willen vorenthielten. Ich habe von ihnen gelesen und gehört und lange Abschnitte über sie in den plejadischen Büchern »Boten des Neuen Morgens« und »Plejadische Schlüssel zum Wissen der Erde« bearbeitet. Ich hatte das Gefühl, diese Geschichten wirklich zu kennen. So hätte ich, als Susan Ferguson mich anrief und fragte, ob ich interessiert sei, INANNAS RÜCKKEHR zu bearbeiten, fast gesagt: »Oh nein, nicht noch mehr Göttergeschichten!« Doch irgend etwas in mir sprach: »Nicht so voreilig. Hier liegt ein Geschenk für dich.« Ich höre auf meine innere Stimme; außerdem mochte ich Susan und war bereit für eine neue Aufgabe, also sagte ich, ich würde ihren Entwurf gerne lesen.

Susan schickte mir Teil 1 ihres Buches. Es war leicht zu lesen, witzig und gut erzählt und es löste in mir etwas aus. Durch Inannas Stimme wurden die Götter auf eine wirklichkeitsnahe, irdische Weise dargestellt. Sie waren selbstsüchtig und neidisch, benahmen sich wie Leute, denen ich schon begegnet war, Leute mit denen ich mich nicht gerne abgab. Ich beschwerte mich bei Susan: »Inanna ist so verdorben und eigensinnig und macht sich über die Folgen ihres Tuns so wenig Gedanken und dabei soll sie eine Göttin sein!« Susan lachte und sagte: »Genau! Die Götter sind ewig Kinder geblieben, verdorbene und selbstsüchtige Bälger, die entweder bekommen, was sie haben wollen, oder sie fangen Streit an. Es ist kaum zu glauben, daß wir unsere Macht an Leute abgegeben haben, die so gemein und gierig sind, und doch tun wir es ständig und immer wieder.«

Kennt ihr das: Man hat etwas so viele Male gehört und denkt, man hat es begriffen, und dann kommt jemand und sagt nur eine Kleinigkeit, die man vielleicht schon früher gehört hat, aber aus irgendeinem Grund versteht man es diesmal anders. Und diese Kleinigkeit kann eure ganze Sichtweise verändern? Susans Worte brachten mir eine große Erkenntnis: Diese Götter sind wirkliche Leute, die uns dazu bringen zu glauben, sie seien Götter. Und da ich geglaubt hatte, diese Charaktere seien Götter, und jetzt ärgerlich war, weil sie sich nicht so benahmen, wie ich es von Göttern erwartete, bedeutete dies, daß ich ihnen immer noch meine Macht überließ, in der Erwartung, sie seien wissender und mitleidsvoller als ein gewöhnlicher Mensch – nämlich ich? Hatte ich noch diesen großen Riß in meinem Bewußtsein, der Gott und Mensch in zwei vollkommen verschiedene Kategorien einordnete?

Ich las das Buch noch einmal mit neuen Augen, und diesmal spürte ich die Geschichte im Grunde meines Wesens. Mich überwältigte ein Gefühl von Liebe und Achtung für Inanna, deren Stimme so wahrhaftig klang, als sie ihre Geschichte erzählte. Sie erzählte sie genau so, wie sie geschah. Sie wußte, daß sie und ihre Familienmitglieder selbstbezogen und verderbt waren und daß sie den Menschen und der Erde eine Menge Schaden zugefügt hatten. Indem sie ihre Handlungen nicht beschönigte oder versuchte, sie zu rechtfertigen, übernahm Inanna Verantwortung für das, was sie geschaffen hatten, und sie war gekommen, es zu heilen.

In einer einfachen, leicht verständlichen Sprache führte Inanna die Götter als wirkliche Personen in mein Leben ein, die ich nachfühlen und verstehen konnte. Die Geschichten waren keine Mythen mehr für mich; meine verborgenen Erinnerungen wurden aufgerührt, und ich kannte Anus Familie wie meine eigene. Ich erkannte, daß Inanna dasselbe tat, was ich in meinem Leben getan hatte: Sie ging in ihre Vergangenheit, um ihre Wunden zu heilen und sich weiterzuentwickeln. Die Götter waren auf einmal entheiligt, entmystifiziert, und ich kannte sie.

Während ich an Teil 1 arbeitete, schrieb Susan Teil 2 und schickte ihn mir. Es bewegte mich tief, wie der zweite Teil des Buches die Sage fortführte. Die Götter waren heutige Charaktere des zwanzigsten Jahrhunderts, die sich bemühten, die von ihnen geschaffenen Wunden zu heilen, indem sie sich in menschlicher Form inkarnierten, um die verborgenen Gene zu aktivieren und das Wissen zurückzubringen, das sie mit so viel Mühe unterdrückt hatten. Und es wurde deutlich, sie hatten ihr Werk, uns »abzutrennen«, so gut getan, daß es für keinen von ihnen eine leichte Aufgabe war, die Vergangenheit zu berichtigen.

Mit der Zeit habe ich Inanna gut kennengelernt und sehr lieb gewonnen. Ich spüre ihre Gegenwart oft. Ich vertraue auf die Wahrheit und Klarheit in ihr, und ich glaube an ihren aufrichtigen Wunsch, die selbstsüchtigen und gedankenlosen Taten ihrer Familie wieder gutzumachen. Auch Susan habe ich sehr schätzen gelernt, und ich danke ihr für ihren Mut, Inanna durch sich ihre Geschichte erzählen zu lassen, wie auch für ihre fleißigen Forschungen, damit die historischen Fakten stimmen.

Es war mir eine Freude, an diesem Buch zu arbeiten. Es war eine tiefgreifende Erfahrung für mich. Ich fand so viele Bereiche, in denen ich noch programmiert bin, an Dinge zu glauben, die mir nicht dienlich waren. Ich verstand meine Verbindung mit diesen Göttern und empfand sie tief, und ich beanspruchte mein Erbe als einer von ihnen auf eine nie gekannte Weise. In ihrer aufrichtigen Art teilt Inanna ihre Weisheit und ihre Einsicht, um die Kluft zwischen Menschen und Göttern zu überbrücken. Sie vermittelt nachdrücklich eine einfache Wahrheit, eine sehr bedeutende Wahrheit: Wir sind die Götter. Wir haben das Wissen und die Macht. Es ist alles in unserer DNS, in unseren Genen vorhanden, es ist nur unterdrückt und verborgen, aber es ist da. Wir brauchen nur daran zu glauben, um es zu aktivieren.

Tera Thomas
Februar 1995, Pittsboro, North Carolina

13

TAFEL DER PERSONEN UND ORTE

Nibiru: ein künstlicher Planet, Heimat von Inannas Familie.

Anu: Inannas Urgroßvater, Herr von Nibiru und Oberhaupt der Familiendynastie.

Antu: Frau und Schwester von Anu; Urgroßmutter von Inanna.

Ninhursag: Tochter von Anu und einer plejadischen Ärztin. Ist selbst Ärztin und hervorragende Gentechnikerin, die eine Arbeiterrasse schuf, die Lulus. Oberhaupt aller Heilkünste auf Terra.

Enki: Sohn von Anu und Id (einer Prinzessin der Drachenleute); Vater von Marduk, Nergal, Dumuzi und zahllosen anderen.

Ninki: Hauptfrau von Enki, aber nicht die einzige Mutter seiner zahlreichen Nachkommen.

Enlil: Sohn von Anu und Antu; Thronerbe von Nibiru.

Ninlil: Frau von Enlil.

Nannar: Vater von Inanna; Sohn von Enlil und Ninlil.

Ningal: Mutter von Inanna; Frau von Nannar.

Utu: erstgeborener Zwillingsbruder von Inanna; Sohn von Nannar und Ningal.

Ninurta: Sohn von Ninhursag und Enlil.

Ereshkigal: Halbschwester von Inanna; Tochter von Nannar.

Nergal: Mann von Ereshkigal; Sohn von Enki.

Dumuzi: Inannas erster Mann; Sohn von Enki.

Geshtinanna: Dumuzis Schwester.

Marduk: Sohn von Enki.

Ningishzidda: Sohn von Enki und Ereshkigal.

Sargon: einer von Inannas liebsten Männern.

Gilgamesch: ein illegitimer Enkel von Utu, der Inannas sexuelle Annäherungen zurückweist.

Enkidu: Freund von Gilgamesch.

Matali: Freund von Inanna; Pilot von Enki.

Tara: Matalis Frau, eine der Schlangenleute und Inannas beste Freundin.

Das **Ekur:** die Große Pyramide von Gizeh.

INANNA SPRICHT

Ich, Inanna, werde so sehr geliebt.
Auf viele Weisen bin ich die Liebe selbst.

Als Plejadier wissen wir seit jeher, daß Liebe das Wesen aller Schöpfung ist. Alles, was wir je gewesen sind, ist Liebe; Liebe zum Abenteuer, Liebe zur Macht und Liebe zum Spiel. Dies ist die Geschichte meiner Familie, der Familie von Anu, der vor 500.000 Erdenjahren von den Plejaden zu eurem Planeten kam. Und wie ihr sehen werdet, ist unsere Geschichte auch die eure, denn in unseren Laboratorien schufen wir eure Spezies, wie sie jetzt existiert. Wir waren euch niemals wirklich überlegen, nur um vieles erfahrener. Meine Familie hat schon lange, bevor wir zur Erde kamen, im Weltall gespielt. Ihr wart unser genetisches Experiment am Rande dieser Galaxis.

Laßt uns zum Anfang zurückblicken. Zeit ist das Spielfeld der Götter, und wessen Zeit sollen wir benutzen, eure oder unsere? Tatsächlich gibt es Zeit nicht, aber sie ist nützlich, denn wenn man nicht ein paar Grenzen zieht, verschmilzt alles. Gedanken werden durch unendlich sich wandelnde Zeitfrequenzen in den Raum projiziert. Es gibt eine Vielzahl von Zeitfrequenzen, und die Erdzeit unterscheidet sich sehr von der Zeit, wie wir sie erfahren. Vom menschlichen Standpunkt aus scheint es, als lebten wir ewig, und das macht es uns sehr einfach, mit den Erdbewohnern zu spielen.

Weil wir die Menschen in ihrer gegenwärtigen Form schufen, ohne eure DNA vollständig zu aktivieren, kam uns nie in den Sinn, daß ihr mehr sein könntet als Spielzeug oder zu mehr zu gebrauchen als zu Diensten wie Kochen und Saubermachen und Gold schürfen. Wir betrachteten die Erde als eine weit entfernte Bergbauoperation. Wir unterrichteten unsere Menschen, und wir nannten sie Lulus. Weil wir so viel Freude am Spiel mit unseren Lulus hatten, fühlten wir uns sehr zu ihnen hingezogen und begannen, uns mit ihnen zu paaren. Wir verliebten uns in unsere eigenen Geschöpfe.

Aber wir konnten nicht aufhören, gegeneinander zu kämpfen. Die Lulus verehrten uns als Götter, eine Übung, die wir nicht unterbanden, und wir schickten sie in die Schlacht, um für uns zu kämpfen und zu sterben wie Figuren auf einem Schachbrett. Mehr als freiwillig gingen sie in den Tod, einfach um uns zu erfreuen, und wir sahen in ihnen einen erneuerbaren Rohstoff, weil wir immer wieder neue Lulus schaffen konnten.

Dann machten wir den Fehler, die Große Strahlenwaffe zu benutzen, die Gandiva. Das hatte zur Folge, daß todbringende Strahlung sich in das Sonnensystem und in die Galaxis ergoß. So lenkten wir die Aufmerksamkeit des Rates der Intergalaktischen Föderation auf uns. Besorgt über unser leichtsinniges Verhalten, griffen sie ein. Sie würden sagen, sie »intervenierten«. Meine Familie war so sehr mit kämpfen, wetteifern und spielen beschäftigt, daß wir diesen lästigen Rat vollkommen vergessen hatten. Schließlich gehörte die Erde uns.

Die Ratsmitglieder erklärten, schon viele vor uns hätten die Erde kolonisiert, und wir hätten das Gesetz des Urschöpfers gebrochen, indem wir andere Welten mit unseren vortrefflichen Waffen in Gefahr brachten. Sie beschuldigten uns auch der Abänderung der genetischen Anlagen der menschlichen Art, womit wir sie der Möglichkeit beraubten, sich weiterzuentwickeln. Sie warfen uns vor, das Gesetz der Nichteinmischung gebrochen zu haben. In unsere eigenen Probleme verstrickt, meinten wir, dies sei nicht ihre Angelegenheit. Unsere Familie, die Familie von Anu, befand sich im Krieg Bruder gegen Bruder.

Wir sahen den Rat der Intergalaktischen Konföderation nicht als so furchtbar wichtig an, sogar als völlig unbedeutend – bis wir uns von der *Wand* umgeben fanden. Es war keine wirkliche Wand, wie etwa aus Ziegelsteinen, sondern eine unsichtbare Frequenzwand, und infolgedessen änderte sich alles für uns. Der Zauber verschwand vollständig aus unserem Leben; da war kein Funke, keine Bewegung. Das Leben wurde zu fest und dicht; es verlor seinen Fluß. Die Göttin der Weisheit war dabei, uns etwas zu lehren, was wir vergessen oder vielleicht noch nicht einmal ansatzweise gelernt hatten.

Zuerst beunruhigte uns unsere Langeweile, die wir nie zuvor erfahren hatten, und wir mochten sie nicht. Wir wurden reizbar, fast menschlich, und das mochten wir schon gar nicht. Wir hatten uns seit jeher ausgedehnt und das Weltall erforscht, schufen mit Leichtigkeit und hatten Spaß. Mit der uns zur Verfügung stehenden unbegrenzten Macht war unser Leben aufregend gewesen. Und da überkam uns dieser bestürzende Zustand des Stillstands. Wir hatten aufgehört, uns zu entfalten. Errichtet, um uns durch eigene Erfahrung zu lehren, was wir den Lulus auf der Erde angetan hatten, war die *Wand* die Strafe, die unsere eigenen Handlungen ins Dasein gerufen hatte.

Wir konnten nicht glauben, daß wir wirklich aufhörten, uns zu entwickeln. Schweren Herzens traten wir an den Rat heran, um Fragen zu stellen, die uns weise erscheinen lassen sollten und vorgaben, daß wir keine Ahnung hatten, wie uns geschah. Sie durchschauten uns. Vielleicht sind sie weiter als wir, aber bei einem solch bedrückenden Gedanken fühlen wir uns gar nicht wohl.

Der Rat brachte uns vorsichtig bei, daß wir den Erdlingen genau dieselben Kräfte geben müßten, die wir besaßen! Sie teilten uns mit, wir seien verantwortlich für das, was wir geschaffen hatten. Was für ein Unsinn! Das konnten wir nicht gutheißen. Könnt ihr euch vorstellen, was für ein Unfug es wäre, wenn eure Haustiere euch ebenbürtig wären? Sie würden gar anfangen zu sprechen und sagen, was sie gerne zum Mittag hätten. Wo würde das enden, mit einem viergängigen Menü mit Schokoladentrüffeln zum Nachtisch?

Aufgebracht flogen wir nach Hause. Natürlich stritten wir uns, wie es unsere Art war. Manche vermuteten, die Föderation konspiriere mit unseren Feinden. Andere glaubten, es sei offensichtlich, daß der Rat die Erde für sich haben wollte. Die Sirianer waren schon länger Mitglied als wir Plejadier, oder vielleicht waren es auch die Arkturier. Einige von uns nahmen es persönlich und beschuldigten sich gegenseitig. Wir waren allerdings eine zerstrittene Familie.

Wir versuchten, die *Wand* aufzulösen, indem wir ein gewaltiges Opferritual vollzogen, recht lieblich und grausig, und alle, die sich in solchen Belangen für Fachleute hielten, waren zufrieden. Aber nichts geschah, nichts veränderte sich, die Mauer war noch da, und wir wurden noch gelangweilter, träger und verwirrter. Verzweiflung, uns bisher völlig unbekannt, senkte ihre Klauen in unsere Seelen – in unsere reptilischen Seelen, um genau zu sein.

Deshalb kehre ich, Inanna, Himmelskönigin – ich liebe diesen Titel – zurück, um zu sprechen. Ich kehre zu euch zurück, meine Erdlinge, meine Lulus. Ich kehre wieder, um euch auf die kommende Veränderung in eurer DNS vorzubereiten, auf die vollständige Umwandlung eures Planeten Erde und eurer wunderschönen Körper. Und natürlich hoffe ich, mich in diesem Prozeß selbst zu befreien! Ich nehme an, wenn eine Mutter ihre Kinder nicht richtig nährt, wird ihr dies nachgehen, bis sie einen Weg findet, die Sache wieder in Ordnung zu bringen. Mir scheint, ich muß richtigstellen, was ich geschaffen habe, und euch gewissermaßen eine Mutter sein.

Und damit komme ich auf meine wunderschöne Kindheit auf unserem Heimatplaneten Nibiru zu sprechen und auf jene, die *mir* Mütter waren.

NIBIRU

Wenn ich meine Geschichte erzähle, werde ich mich nicht um die lineare Zeit kümmern, wie ihr sie kennt. Die irdische Zeit nützt wenig, um unsere Beziehung zu euch zu beschreiben. Ein Jahr bei uns entspricht 3.600 Erdenjahren! Die plejadische Zeit ist dehnbar, erweiterbar und interdimensional. Einige von uns können zu jedem gewünschten Punkt in der Zeit reisen – ja, sogar die Geschehnisse jener Zeit verändern. Solche Ausflüge kosten ihren Preis, doch wer könnte widerstehen, wenn er diese Fähigkeit erworben hatte? Zeitreisen machen Spaß! Feste Zeitbegriffe gibt es einfach nicht, also dürft ihr sie hier auch nicht erwarten.

Meine Kindheit war für mich eine sehr magische Zeit. Die Keilschrift-Tontafeln, die man in Sumer und Babylon fand, berichten, ich sei auf der Erde geboren worden, und das stimmt. Mein Zwillingsbruder, Utu, kam vor mir aus dem Bauch meiner Mutter, was ihm im Erbrecht den Vorrang gibt. Ich ließ mich durch diesen unglücklichen Begleitumstand meiner Geburt nicht beirren und entschädigte mich in meinem späteren Leben für diese leichte Zurücksetzung.

Sobald wir reisefähig waren, wurden mein Bruder und ich nach Hause gebracht, nach Nibiru, einem künstlichen Planeten, den die Plejadier mit ihrer Technologie geschaffen hatten, um in diesem Sonnensystem nach Rohstoffen zu suchen, und der euer Sonnensystem alle 3.600 Jahr einmal umkreist. Der Planet Nibiru gehört seit Generationen unserer Familie, und Anu, mein Urgroßvater, übernahm die Herrschaft von seinem Vater. Anu ist der Vater von Enlil, und Enlil ist der Vater meines Vaters Nannar. Meine Mutter heißt Ningal, und sie ist die lieblichste Frau, die ich kenne. Ich liebe sie sehr, habe mich aber oft gefragt, wie sie mich hervorgebracht hat!

Mein Zwillingsbruder Utu und ich waren die ersten der königlichen Familie, die auf Terra geboren wurden, wie wir die Erde nennen. Zu jener Zeit wußte niemand, ob die Frequenzen von Terra die DNS kleiner plejadischer Kinder beeinflussen würde. Die Strahlenstürme und Magnetfeldschwankungen waren in jenen Tagen nicht vorhersagbar, und unsere Eltern und Großeltern wollten unseren wertvollen genetischen Code keiner Gefahr aussetzen.

Wir wurden im herrlichen Palast meines Urgroßvaters und seiner Schwester und Königin Antu großgezogen. Meine frühesten deutlichen Erinnerungen habe ich an Lachen und Laufen über geglättete Böden aus Lapislazuli; an sanfte Brisen, die leicht in riesige weiße Vorhänge bliesen und die wunderschönen schwarzen Locken meines Haares liebkosten. Mein kleiner, blauer Körper rannte um der bloßen Freude willen, den kühlen Lapislazuli unter seinen kleinen, plumpen Füßen zu spüren! Alle liebten mich, und niemand beaufsichtigte mich außer jenen, die mich lobten und umarmten. Das Leben war vollkommen!

Die meisten meiner Familienmitglieder haben eine Haut von unterschiedlichen Blautönen, wie die Mischung der Farben von Türkis und kremigem Lapislazuli; warme, weiche Blautöne, die von der großen Menge Kupfer in unserem Blut herrühren. Dieses Kupfer schützt uns vor der kosmischen Strahlung, die vom Weltraum her unseren Planeten bombardiert. Unsere fortwährende Neigung, Kriege zu führen, entblößte den natürlichen Schutzschild unserer Atmosphäre gegen solche schädlichen Strahlen, und so paßten sich unsere Körper an, indem sie ihren Kupfergehalt erhöhten. Schon seit Äonen verstreuen wir Gold in unserer Stratosphäre, um unsere Atmosphäre zu stärken, und sind auf eine ständige Versorgung mit diesem Gold angewiesen. Dies war auch der wichtigste Grund, weshalb wir Terra kolonisierten.

Anu und Antu sind die Häupter meiner Familie und die Herrscher von Nibiru. Wenn es auch unserem Wesen entspricht, jeden genau das tun zu lassen, was ihm oder ihr gefällt, auch wenn es bis zum äußersten geht, so tun doch fast alle in unserem streitsüchtigen Haufen letzten Endes, was Anu und Antu sagen.

Übermaß ist ein gutes Wort, um Anu und Antu zu beschreiben. Ich weiß, sie mögen verderbt, nachsichtig oder übertrieben scheinen, doch für mich war das Leben einfach so, und so waren wir. Ich bewunderte meine Urgroßeltern und sie mich, besonders Anu. Tatsächlich bedeutet mein Name Inanna »geliebt von Anu«, und dies gab mir in meinem späteren Leben gegenüber meiner übrigen Familie gewisse Einflußmöglichkeiten.

Als Kind war ich überall von Schönheit und Liebe umgeben. Der Palast selbst war ein endloser offener Pavillon ohne Wände. Die Baumeister hatten das Draußen zum Drinnen gemacht und umgekehrt, und weil wir die Frequenzsteuerung hatten, brauchten wir weder Wände noch Glas. Es gab zahllose paradiesische Gärten von jeder nur vorstellbaren Gestaltung, welche die exotischen Blumen, Pflanzen, Vögel und Schmetterlinge von allen Enden der Galaxis enthielten. Viele der Arten sind unmöglich zu beschreiben, denn sie sind auf Terra unbekannt. Manche der Gärten waren nur Frequenzen von Licht und Klang; unsere Künstler auf Nibiru lieben solche Kreationen. Die Lieblingsgärten meiner Urgroßmutter Antu waren aus Gold und Edelsteinen gemacht, die Blumen bestanden häufig aus Rubinen und Saphiren mit goldenen und silbernen Blättern. Wir ahmten diese Gärten auf

Terra nach als Erinnerung an unsere Heimat, und in Terras alten Schriften finden sich wahre Beschreibungen solcher Orte.

Anu und Antu liebten Feste sehr. Sie feierten alles, eine Tagundnachtgleiche, einen Kometen, die Sonnenwenden und natürlich Geburtstage! Die Festlichkeiten dauerten und dauerten, gewöhnlich Wochen oder sogar Monate. Ich nahm an, alle würden so leben. Es war mein Leben.

Anu, stattlich und großzügig, ließ sich ständig köstliche Geschenke für seine geliebte Antu einfallen, ein neues Diadem, Flugschiff oder ein neuer Tempel. Der Palast mußte schon allein deswegen riesig sein, um all die Geschenke, die er ihr machte, aufzunehmen. Antu selbst, schön und anmutig, strahlte Freude und lauteren Frohsinn aus. Feste zu veranstalten war ihre Leidenschaft. Antu hatte ein todsicheres Gespür für Logistik, und ihre Feste waren stets bis zum letzten Serviettenring durchorganisiert. Sie war eine jener einnehmenden Gastgeberinnen, bei denen man sich fragt, wer das Heft in der Hand hat, die Frau oder der Mann. Ein jeder in der ganzen Galaxis wünschte sich, in den Palast eingeladen und mit Köstlichkeiten aus Antus Küche verwöhnt zu werden. Unglaublich zauberhafte Paläste aus Früchten und Kuchen und Eiscreme wurden verführerisch Tisch um Tisch aufgestellt, und unsere Weine waren vorzüglich.

Unsere Liebe zur Schönheit und Schaffensfreude umfaßte natürlich auch die körperliche Liebe. Der Akt der sexuellen Vereinigung genießt bei meinem Volk in Nibiru und auf den gesamten Plejaden das höchste Ansehen. Wenn ihr eure irdischen Vorstellungen von Sexualität und Moral auf meine Geschichte anwendet, dann könnt ihr dieses Buch genauso gut gleich wieder zuklappen. Aus unserer Sicht geht es beim Sex um Energiefrequenzen und ihre Ausrichtung. Weil wir Sexualität einsetzen, um viele Dinge zu schaffen, ist ihre Bündelung und Vertiefung eine Form der Kunst, die wir alle lernen und die wir genießen. Wir sehen sie als eine reine energetische Kraft, die vom Urschöpfer in den Körper und seine Empfangszentren strahlt. Einmal im Körper, wird sie entsprechend der Fähigkeit und Aufnahmebereitschaft des Einzelnen umgelenkt und umgewandelt. In mancher Hinsicht kann sie mit einem Stromkreis verglichen werden, der elektrischen Strom abwandelt und verteilt.

Es waren Antu und Anu, die mich das Wissen um die Heilige Vereinigung lehrten. Antu verkörpert die leidenschaftlichen Kräfte der Schöpfung und wird als große Meisterin solchen Wissens angesehen. Ich genoß den Vorzug, von ihr unterwiesen zu werden. Die Macht des sexuellen Ausdrucks wird von uns verehrt und gesucht. Dieses Wissen war Teil meiner genetischen Abstammung, und weil ich vom Blut Anus und Antus bin, ist es meine Natur, zu lieben und geliebt zu werden, und deshalb bin ich ihr Liebling. In den Liebestempeln von Nibiru wählten Anu und Antu Priester und Priesterinnen entsprechend ihrer Fähigkeit, die höheren Frequenzen der Heiligen Vereinigung zu empfangen und zu übertragen. Wir sahen in der sexuellen Freude nie weniger als Heilung und Spaß. Im größeren Maßstab betrachtet, spendet die sexuelle Vereinigung großartigen Nektar für den Urschöpfer. Die Verknüpfung von Sex mit Scham und Schuld auf Terra war das Verbrechen eines anderen Mitgliedes meiner Familie – bestimmt nicht meines –, um die Lulus zu versklaven und sie in Angst und Furcht zu halten. Auf Nibiru ist es Allgemeingut, daß die sexuelle Kraft ein natürlicher Bestandteil des Daseins ist.

Meine Kindheit auf Nibiru war ein Paradies, und ich wurde vergöttert. Als ich älter wurde, wurde meine Erziehung meiner Großtante Nin übertragen. Ihr richtiger Name ist Ninhursag, doch ich nenne sie meine Nin, weil sie mich so liebevoll umsorgte, als ich ein kleines Mädchen war; sie ist wie eine Mutter für mich, und ich liebe sie sehr. Ninhursag ist die Tochter von Anu, aber nicht von Antu. Anu konnte so viele Nebenfrauen haben, wie er wollte, und er hatte sie. Wir sind sehr freizügig und ausdrucksstark, und es wurde nicht als wichtig erachtet, ob Anu sich vieler anderer Frauen erfreute oder nicht. Wichtig war für uns allerdings die Erbfolge – wer die Macht von Anu erben würde. Geschwisterehen sind bei uns üblich, um die erste Erbfolgelinie zu gewährleisten, und Antu war Anus Schwester und seine Frau.

Ich weiß, ihr seid schockiert. Aber ich habe euch davor gewarnt, eure Moralvorstellungen auf meine Familie zu übertragen. Einerseits stellte die Verheiratung mit der Schwester vollkommen klar, wer die Macht übernehmen würde, andererseits brachte es uns in die Klemme. Anu war leidenschaftlich und hatte viele Kinder von vielen Frauen. Aber durch all diese Geschwister kam es zu großen Rivalitäten und einem großen Durcheinander in unserer Welt, wie später auch auf Terra.

Enlil, Enki und Ninhursag sind die drei Hauptkinder meines Urgroßvaters Anu. Enlil und Enki, beide Männer, haben verschiedene Mütter, und Ninhursag, von noch einer anderen Mutter geboren, ist die einzige Frau.

Anu und Antu waren immer nachsichtig mit mir; meine Großtante Nin aber, von Natur aus selbstbeherrscht und streng, erkannte bei mir die leichte Neigung, einfach meinen unterschiedlichen Impulsen zu folgen. Ich betrachtete dies natürlich nie als Problem. Nin wurde die undankbare Aufgabe übertragen, mich zu erziehen, und obgleich sie gelegentlich hart mit mir umsprang, so wußte ich doch immer, daß sie mich aus tiefstem Herzen liebte. Und viele Male war ich auf diese Liebe angewiesen.

NINHURSAG

Ninhursag ist auch als die Muttergöttin bekannt, als die Herrin des Lebens, die Herrin vom Berg und unter zahllosen anderen Namen, die große Verehrung und Zuneigung ausdrücken. Als hervorragende Genetikerin und Ärztin, ist meine Großtante Nin die Obergenetikerin des Hauses von Anu. Nins Mutter war eine wunderschöne Chirurgin, in die Anu sich auf einer Reise zum Planeten der Heilung verliebt hatte. Nins Mutter war vom Charakter her ganz anders als Antu, und als Nin heranwuchs, zeigte sich, daß sie von ihrer Mutter die untadelige Selbstdisziplin und Willensstärke geerbt hatte. Keineswegs von Antus endlosen Festen erbaut, verlegte sich Ninhursag auf die Heilkunst und auf die Erweiterung des genetischen Wissens. Sie besaß einen klaren, rasiermesserscharfen Geist und das Herz eines Engels.

Obgleich sie auf Nibiru aufgewachsen war, begleitete sie ihre Brüder nach Terra, um bei der Kolonisierung zu helfen. Enki und Enlil, die beiden Söhne von Anu, waren ausersehen worden, Gold und andere nützliche Mineralien von Terra nach Nibiru zu bringen. Gold war für uns lebensnotwendig, hatten wir doch durch unser unablässiges Gestreite unsere Atmosphäre in Unordnung gebracht. Terra wurde in jenen Tagen lediglich als eine Quelle für Mineralien angesehen, als Bergwerk und Außenposten am Rande der Galaxis. Ihre Bewohner waren die wilden Geschöpfe, die die großen Ebenen bewohnten und das im Überfluß vorhandene Gras abweideten, und die Rassen der Schlangen- und der Drachenleute, die es vorzogen, in gewaltigen Höhlensystemen unter der Oberfläche zu leben, um sich vor den häufig vorkommenden Strahlenstürmen und Verwerfungen im Magnetfeld zu schützen.

Als Ninhursag, Enki und Enlil nach Terra gingen, waren sie erregt und hatten das Gefühl, eine große Aufgabe vor sich zu haben. Weil Enlil der Sohn von Anu und Antu war und damit der Erbe von Anus Macht, wurde er zum Führer von zwei Gruppen von Nibiru-Astronauten ernannt. Die eine Gruppe, die dem Satellitenschiff angehörte, blieb draußen in der Umlaufbahn, um den Planeten zu überwachen, Schwierigkeiten, die vom Weltraum her auftreten konnten, rechtzeitig zu erkennen, und um die Transitfähren aufzunehmen. Die andere Gruppe, die Mehrzahl der Astronauten, gingen zum Leben und Arbeiten auf Terra hinunter, um schließlich den ganzen Planeten zu kolonisieren, und diese wurden die Anunnaki genannt.

Enki, das Kind von Anu und einer Drachenprinzessin von Terra, kam in der Erbfolge gleich nach Enlil. Enki war unser Meistertechniker und hatte einige Zeit vor Enlils Ankunft mit den Bergbauarbeiten begonnen. Meine Familie hat die Geschwisterrivalität erfunden, und wie ihr euch wohl vorstellen könnt, stritten sich die beiden Brüder, die denselben Vater aber verschiedene Mütter hatten, um jede anstehende Entscheidung. Ninhursag war unsere Hauptärztin und Genetikmeisterin und, notgedrungen, die Friedenstifterin.

Die Anunnaki, unsere Astronauten, die diesen drei Kindern von Anu recht glücklich nach Terra hinab gefolgt waren, waren am Anfang dieses großen Abenteuers wirklich sehr aufgeregt. Da ihnen Reichtümer und Land versprochen worden war, waren sie eine Zeitlang alle einigermaßen zufrieden, aber niemand hatte eine Ahnung gehabt, was das für eine Buddelei werden würde! Sie hatten noch nie etwas derartig Körperliches getan, etwas so Eintöniges, und die Arbeit in den Goldminen wurde bald eine grauenhafte Schufterei. Enki versuchte sogar, die Leute mit Liedern bei Laune zu halten. Doch bald wurden diese Krieger, Wissenschaftler und Techniker aufsässig, dann zornig. Und weil Plejadier eine Art von Gruppenseele haben, breitete sich ihre Unzufriedenheit wie Drachenfeuer aus. Sie weigerten sich, auch nur noch eine Unze zu schürfen.

Enlil und Enki waren wie vor den Kopf geschlagen! Zum Donner noch einmal! Zu Hause konnten sie ihre Gefolgsleute immer zum Arbeiten bewegen. Was war zu tun? Sie wollten nicht in Ungnade fallen und vor den Augen ihres Vaters Anu schlecht dastehen. Der Natur ihrer Familie entsprechend, fingen sie an, sich gegenseitig die Schuld zu geben. Beschimpfungen und Anschuldigungen führten zu Schlägen, und nach ein bißchen Blutvergießen und ein paar blauen Flecken kam ihnen die Lösung. Es gab viele Arten auf Terra, von denen sich genetisches Material gewinnen ließ, um eine Sklavenrasse zu schaffen. Dies würde all ihre Probleme lösen und die Anunnaki wieder zufriedenstellen. So war früher schon auf anderen Planeten verfahren worden. Sie verkündeten einer jubelnden Menge von Astronauten, daß die wunderbaren Stiere von Anu alles im Griff hatten! Der mächtige Enlil und der große Enki waren vollkommen Herr der Lage!

Sie riefen sogleich ihre Schwester Ninhursag zu sich. Auch Nin fand, es sei eine gute Idee. Sie hatte die erschöpften Arbeiter mit Heilkräutern versorgt, und es hatte ihr nicht gefallen, die prächtigen Anunnaki, und besonders die Frauen, unter solch widerwärtigen Bedingungen arbeiten zu sehen. Also zogen sich sie und Enki, der sich auch mit Genetik auskannte, ins Labor zurück, und sie begannen zu experimentieren. Enlil wandte sich der Landwirtschaft zu, der Umleitung von Flüssen und der Errichtung von Infrastruktur, Pyramiden und Dämmen. Die Kolonisierung eines Planeten von der Größe von Terra war ein großes Vorhaben.

Wenn ich an Ninhursag und Enki zurückdenke, die allein im Labor mit verschiedenen genetischen Materialien, die sie gesammelt hatten, experimentierten, fällt mir eine Zeit ein, als sie einen furchtbaren Streit hatten. Nin verlor ihr Selbstbeherrschung völlig und war drauf und dran, Enki umzubringen. Weil er es ständig darauf abgesehen hatte, seinen Bruder Enlil zu überflügeln, wollte Enki ein Kind von seiner Schwester, die auch Enlils Schwester war. Er wußte, dieses Kind würde, sollte es männlich sein, als Rivale von Enlil und seinen Kindern betrachtet werden.

Also machte sich Enki an seine Schwester heran. Niemand hatte jemals gewagt, Nin zu verführen. Nicht, daß sie nicht schön gewesen wäre; meine Großtante war sehr schön und liebenswürdig. Aber jeder wurde durch ihre Ausstrahlung, ihre bestimmte Art und ihre äußerste Selbstdisziplin eingeschüchtert. Ich vermute, daß Ninhursag immer davon ausgegangen war, eines Tages einen ihrer Brüder zu heiraten. Ihr Vater Anu hatte seine Schwester geheiratet, wie es bei uns Brauch war. Also dachte Ninhursag natürlich, entweder Enlil oder Enki zu heiraten. Aber Enkis Mutter Id hatte ihn dazu gedrängt, in ihre Familie auf Terra einzuheiraten, in die Drachenrasse, und Enlil hatte eine Krankenschwester geheiratet, in die er leidenschaftlich verliebt war. Es war auf diesem entlegenen Planeten also niemand übrig, den Ninhursag als gleichgestellt ansehen konnte. Und da sie auf eine altmodische Weise idealistisch und starrköpfig war, hatte Ninhursag lieber niemanden als jemanden, den sie als unter ihrer Würde betrachtete.

Nin war, was Männer betraf, ziemlich unerfahren und mit den Verführungskünsten nicht vertraut.; und sie war auch nicht darauf gefaßt, daß ihr verheirateter Bruder ihr den Hof machen und sie mit einer solchen Verehrung und Leidenschaft überhäufen würde. Enkis ausgefeilte Technik der Nachstellung traf sie mitten ins Herz. Sie errötete wie ein Schulmädchen. Die arme Nin war einfach nicht daran gewöhnt, von einem Profi wie Enki umworben zu werden, der schon so viele andere Frauen verführt hatte, daß er niemals zweimal über seinen nächsten Schritt nachdenken mußte. Nin schluckte Haken, Schnur und Senkblei. Ich glaube, es war das erste Mal, daß ihr weibliches Ich massiert worden war, und starke Hormonschübe warfen sie aus der Bahn.

Doch zu Enkis großer Enttäuschung, kam bei der Vermählung nur ein Mädchen heraus. Ninhursag war entzückt und widmete sich liebevoll dem Kind. Meine Nin liebte alle Babys; sie huldigte allem Leben. Enki wartete in bemerkenswertem Abstand, bis das Mädchen geschlechtsreif war, und zum Entsetzen und Erstaunen von Nin gelang es ihm, auch die Tochter zu verführen und zu schwängern! Wieder kam ein Mädchen dabei heraus, aber das hielt Enki nicht zurück. Sobald das zweite Mädchen ihren Eisprung bekam, machte Enki sich an sie heran, fest entschlossen, einen männlichen Erben zu zeugen.

Ninhursag war außer sich! Der Gedanke, daß der Vater Enki seine eigenen naiven kleinen Mädchen besudeln und sich zur Beute machen würde, machte sie krank, und ihr Stolz war tief verletzt. Sie fühlte sich schrecklich mißbraucht, und so beschloß Ninhursag voll Zorn den verächtlichen Narreteien ihres Bruders ein Ende zu setzen. Sie braute einen unwiderstehlich wohlschmeckenden und giftigen Trank aus tödlich wirkenden Kräutern, die sie selbst zusammengemischt hatte. Als Enki die Flüssigkeit freudig trank, flüsterte sie die heiligen Worte ihres Zauberspruchs und legte damit einen kraftvollen Fluch auf ihren Bruder. Enki fiel zu Boden, die Tasse noch in der Hand.

Ninhursag sah kalt und teilnahmslos zu, als die langsam und allmählich wirkenden schmerzvollen Todesqualen ihn übermannten. Sie wollte ihn leiden sehen, so wie er sie und ihre Tochter hatte leiden lassen; sie wollte ihn erfahren lassen, was Schmerz war. Der bedauernswerte Enki schrumpelte und alterte furchtbar schnell, und seine Haut wandelte sich zu fauligem Gelb. Da er das schlimmste befürchtete, sah Anu, der Vater von Enki und Ninhursag, sich schließlich gezwungen, sich bei Nin für Enki zu verwenden und sie zu zu bewegen, ihren Fluch von ihm zu nehmen und den Heilzauber einzusetzen. Mit der

Zeit erholte sich Enki, und er bat seine Schwester um Vergebung. Aber meine Nin war von nun an wie verwandelt, und sie vertraute Männern nie mehr.

Wenn es so scheint, als habe meine Familie Ähnlichkeit mit einer dieser epischen Seifenopern, die auf Terra so populär sind, dann fragt euch nur, warum.

Bei der Schaffung der Arbeitssklaven wurden viele Fehler gemacht, manche waren nur komisch, andere entsetzlich und einige unbeschreiblich. Als schließlich die passende DNS-Kombination gefunden und der erste Lulu, der vollkommene Arbeiter, geschaffen war, war er intelligent genug, Befehle umzusetzen, aber nicht klug genug, für sich selbst zu denken oder sich aufzulehnen. Und er mußte in der Lage sein, eine Schaufel zu halten!

Unter den vielen Arten, die damals auf der Erde existierten, war ein Geschöpf, das ihr *Homo erectus* nennt. Angehörige dieser Art bevölkerten die Steppen mit Gazellen und anderen Freunden unter den Tieren, und aßen die Gräser und andere pflanzliche Kost. Sie hatten die Gabe, sich mit den Tieren und mit einander telepathisch zu verständigen. Wild und frei, waren sie eins mit der natürlichen Weisheit der Frequenzen von Terra. Wir kannten sie schon als diejenigen, welche die Fallen unschädlich machten, die wir aufstellten, um ihre Freunde unter den Tieren zu fangen. Diese menschliche Kreatur und die Tiere liebten und achteten einander. Von allen DNS, die uns zur Verfügung standen, nutzten uns die des *Homo erectus* am meisten.

Enki überredete seine Frau Ninki, den ersten Lulu zu gebären. Das genetische Material des Homo erectus wurde in die Eizelle der plejadischen Frau implantiert. Das Blut des Menschen wurde mit unserem Blut, dem Blut der »Götter« vermischt, und das genetische Potential wurde verschmolzen. Auf diese Weise trägt die menschliche Art plejadische genetische Codes in sich, und unsere DNS ist auf immer mit der euren verbunden.

Die Eizellen der weiblichen Anunnaki wurden benutzt, um mehr Lulus hervorzubringen, bis sie in die Lage versetzt wurden, sich selbst zu vermehren. Nicht alle in der Familie wollten, daß die Lulus sich ohne unsere Hilfe fortpflanzen konnten, aber es war einfacher, wenn sie das ohne uns taten. Die menschliche Spezies, wie ihr sie kennt, wurde durch die erfolgreichen genetischen Manipulationen von Ninhursag und Enki geschaffen, damit sie uns als Sklaven in den Goldminen dienten. Diese ersten Lulus, eure Urahnen, sahen uns als Schöpfer, als »Götter«; und wir förderten solche Vorstellungen, denn das erleichterte es uns, sie zu beherrschen.

Hier kam ich ins Spiel. Ein ständiger Nachschub frischer Arbeitskräfte war für die Vorhaben meiner Familie und der Anunnaki erforderlich. Da Anu und Antu mich in der Kunst der Liebe und der Fortpflanzung unterrichtet hatten, wurde es zu meiner Aufgabe, die Astronauten und die Lulus mit den wirkungsvollsten Frequenzen der sexuellen Erfahrung vertraut zu machen. Ich war entzückt! Für diesen Zweck ließ ich fabelhafte Tempel errichten, und ich erfand wunderbare Zeremonien und Rituale. Meine Urgroßmutter Antu sollte stolz auf mich sein. Ich wandelte die überlieferten plejadischen Tantrarituale so ab, daß sie unseren Zwecken auf Terra entsprachen.

Wir hatten viel Spaß in jenen Tagen! Manche würden meine Zeremonien Orgien nennen, aber ich würde meine künstlerischen Kreationen niemals mit solch krassen Worten bezeichnen. Das Wort *Orgie* drückt die traurige Haltung der heutigen Kultur auf Terra gegenüber dem heiligsten Bindeglied zum Urschöpfer aus. Die sexuelle Erfahrung ist weit mehr als Reibung; sie ist ein Schlüssel zu deiner Macht. Die Ausschüttungen aller Hormonsysteme heben die Energien und verschmelzen zwei Wesen in der heiligen Vereinigung. Die Hochschätzung dieser Erfahrung hat gesündere Babys zur Folge und zieht eine Seele an, die der Frequenz entspricht, die erzeugt und abgegeben wird.

Die telepathischen Fähigkeiten machten die Lulus zu gelehrigen Schülern. Diese frühen Zeiten waren wirklich großartig; wir lehrten sie, niemals etwas in Frage zu stellen.

ENLIL

Enlil war Anus und Antus Erstgeborener, der erste in der Erbfolge mit Anspruch auf die Macht und den Thron. Enlil ist mit Sicherheit der Sohn meiner Urgroßmutter Antu, denn er ist eine detailversessene Person und ein hervorragender Logistiker. Von Anu hat Enlil seine leidenschaftliche Natur, Ordnungsliebe und große männliche Schönheit geerbt. Enlils Haar ist wie von Gold und fällt in vollkommenen Wellen. Er ist selbst für unsere Verhältnisse hochgewachsen, und wir sind zwischen acht und zehn Fuß groß. Seiner körperlichen Stattlichkeit entspricht seine Ernsthaftigkeit und ein striktes Festhalten an der eigenen Integrität. Enlil ist der Vater meines Vaters Nannar.

Während seines ganzen Lebens hat mein Großvater, so scheint es, nur einen Fehler gemacht. Er vergewaltigte meine Großmutter. Alle in meiner Familie haben sehr starke sexuelle Neigungen. Als Enlil noch jung war und voller Flausen, wanderte er eines Tages an einem Fluß entlang. Da traf er auf eine schöne Frau, die nackt badete. Ihr nasses Haar floß wie Ströme von Gold und ihr Körper glitzerte im Sonnenlicht. Als er ihre vollen Brüste unter der Wasseroberfläche erblickte, überkam ihn die Lust.

Der arme Enlil war in eine Falle geraten. Die Mutter dieser rei-
zenden Schwimmerin hatte ihre Tochter dazu überredet, Enlil auf diese
Weise zu verführen, damit sie eine gute Partie bekam, und der Plan
funktionierte ausgezeichnet. Enlil nahm sie mit Gewalt. Dies war gegen
unser Gesetz. Enlil wurde erwischt und festgesetzt. Zur Strafe wurde
er vom Rat seiner Angehörigen in die Verbannung geschickt. Ich glaube,
er hat diese Demütigung nie verwunden. Er liebte das Mädchen und
bat ihre Eltern, sie heiraten zu dürfen. Nach ihrer Hochzeit wurde
ihm vergeben, aber er hat nie vergessen und, soweit ich weiß, nie mehr
einen Fehler gemacht.

Vielleicht wegen dieser Erfahrung ungezügelter Leidenschaft hatte
Enlil die Neigung, die Leidenschaften anderer zu verurteilen. Als sich
die Lulus vervielfachten, fingen die Anunnaki und die Mitglieder meiner
Familie an, sie zu begatten. Das Maß an sexuellem Interesse hatte etwas
Überhand genommen, und das verärgerte Enlil. Er war nie der Meinung
gewesen, daß ihnen die Fähigkeit verliehen werden sollte, sich ohne
unsere absolute Kontrolle fortzupflanzen. Die einzigartigen Besonder-
heiten der telepathischen Fähigkeiten der Lulus gaben der sexuellen
Erfahrung einen bisher unbekannten Reiz, vor allem nachdem ich sie
ausgebildet hatte.

Es machte die Runde: Die »Götter« rannten in die Wälder und
tollten dort mit den Lulus umher und paarten sich mit ihnen. Manchmal warfen die Anunnaki alle Vorsicht über Bord, ließen die Vernunft
fahren und ergingen sich einfach in den Straßen von Sumer in ihren
wilden Leidenschaften! Die kleinen Lulus waren so nett! Für mich
war das einfach Spaß.

Zu jenen Zeiten war die Geburt kein schmerzhafter Vorgang wie
heute. Die Geburt war eine leichte und verzauberte Zeit, zu der man
mit der Göttin allen Lebens eins war. Es war eine Zeit, die Vereinigung mit dem Kosmos zu erfahren und mehr Ausdrucksformen des
Urschöpfers hervorzubringen. Keine Schmerzen! Wir schämten uns

unserer Körper und ihrer Funktionen gewiß nicht. Die Nibiruaner und die Lulus hatten Freude daran, schwanger zu sein. Jede Geburt brachte uns mehr Lulus und mehr Feste, mehr Spaß und mehr Bier! Habe ich schon erwähnt, daß wir aus dem Getreide, das wild auf Terra wuchs, die herrlichsten Biere und Metgetränke brauten? Wir gaben es den Lulus als Belohnung für ihre Arbeit und tranken es selbst.

Die ausschweifenden Begattungen zwischen den Anunnaki und Lulus beunruhigte Enlil immer mehr. Ihn quälte die Angst, unsere Erblinien würden durch solche unkontrollierten Kreuzungen verfälscht werden, und ihn erzürnte die ungezügelte Vermehrung der Lulus. In schlaflosen Nächten sann Enlil über Mittel und Wege, die Zahl der Lulus zu beschneiden – und das nach meiner ganzen schönen Arbeit!

Inzwischen gab es bei den Lulus viele gesellschaftliche Hierarchien. Es gab große Auseinandersetzungen, wer das meiste »Götterblut« in sich hatte, wer mit welchem »Gott« verwandt war und wie weit ihre Blutslinie zurückreichte – gerade so, wie manche Menschen heute behaupten, mit diesem oder jenem Mitglied der Königsfamilie verwandt zu sein.

Wir sind nun schon fast eine halbe Million eurer Jahre auf und um Terra. Die Lulus fingen erst vor rund 5.000 Jahren an, auf jenen Tontafeln über uns zu schreiben. Stellt euch vor – Jahrhunderte verstrichen, während die Geschichten von Generation zu Generation weitererzählt wurden. In früheren Zeiten konnten die Lulus viel mehr im Gedächtnis bewahren; doch ihre Wahrnehmung von uns als allwissende »Götter« war bloß die von uns vorgegebene. Sie waren gezüchtet, keine Fragen zu stellen, und die es taten, wurden zum Schweigen gebracht oder getötet. Wir brauchten Arbeiter und wollten die Lulus nicht als Gleichberechtigte; wir wiesen sie in die Schranken. Die Tontafeln enthielten nur, was wir den Schreibern niederzulegen erlaubten.

Enlil brachte der Gedanke, die Lulu-Bevölkerung könnte die Erde überschwemmen, an den Rand des Wahnsinns. Er wollte sie loswerden, aber wie? Und wer sollte getötet werden? Enlil berief eine Zusammenkunft der Familie ein. Er verlangte, daß im Hinblick auf die Lulus etwas zu unternehmen sei und stellte seine düsteren Aussichten in einer Weise dar, die keinen Widerspruch duldete. Natürlich wurde damit die alte Rivalität zwischen den Brüdern angeheizt. Enki war ganz und gar nicht seiner Meinung! Enki klagte, nach all der Arbeit, die er und Ninhursag sich damit gemacht hatten, solche tüchtigen Arbeiter zu schaffen, sei es widersinnig, auch nur daran zu denken, sie zu vernichten. Ja, es sei da draußen vielleicht ein wenig laut geworden, aber immerhin gab es jetzt viele Hände, die die Goldminen ausbeuten konnten. Die Brüder lärmten und wüteten wie immer.

Aber Enlils Grimm war auch durch die Bitten seines Bruders nicht zu erweichen. Die Söhne von Enlil und Enki beteiligten sich an dem Streit, und beide Seiten haderten eine ganze Zeit. Aber am Schluß setzte Enlil sich durch, denn er war der Erstgeborene. Sein Plan war, sie nicht zu töten, sondern nur jene sterben zu lassen, die verhungerten; und so wurde die erste Hungersnot arrangiert. Als Enki und seine Söhne die Zusammenkunft verließen, müssen sie entschlossen gewesen sein, Enlils Pläne zu durchkreuzen, denn obgleich die folgende Hungersnot im ganzen Land zu Kannibalismus führte, wurde Nahrung zu den Menschen geschmuggelt, und die meisten überlebten.

Enlil hätte kraft seines Geburtsrechtes eigentlich die letzte Autorität in unserer Familie sein sollen, aber so einfach ist das nicht. Wir sind eine Familie aus eigenwilligen Individuen. Wir sind alle stur darauf bedacht, unsere Macht auszuweiten, und haben kein wirkliches Gefühl für Grenzen oder Beschränkungen irgendeiner Art. Enlil ist auch so. Er ist der Sohn von Anu, der niemandem gehorchte als sich selbst, in welcher Angelegenheit auch immer. Sobald Enlil seinen Entschluß gefaßt und seinen Kurs festgelegt hatte, würde er kaum davon abzubringen sein oder ihn wieder umstoßen.

Enlil holte sich die Informationen aus der Raumstation, die Terra umkreiste, und er erfuhr als erstes von der bevorstehenden Polverschiebung. Hoch über dem Planeten beobachteten die Astronauten Schwankungen im Magnetfeld und das dazugehörige Schaukeln. Die Achse des Planeten war kurz davor, sich neu auszurichten. Wir hatten das früher schon mitgemacht, aber da war nicht eine so große Bevölkerung zu evakuieren. Enlil beschloß, bis zum letzten Augenblick zu warten, so daß nur noch genug Zeit blieb, die Familien von Anu und den Anunnaki in die Raumstation zu bringen. Er wollte sichergehen, daß keine Zeit mehr blieb, die Lulus zu retten. Enlil würde seinen Willen gegen Enki durchsetzen, koste es, was es wolle.

Die Große Flut kam völlig unerwartet über uns alle. Enki schickte seinen Piloten Matali, um mich zu holen. Ich hatte noch nicht einmal gepackt! Ich erinnere mich, wie ich in meinen Ankleideräumen stand und überlegte, welchen Schmuck ich anlegen sollte. Ich hatte so viele herrliche Halsbänder aus Gold und Lapislazuli, Armreifen aus Smaragd und Elfenbein; wenn ich bloß ein paar mehr Truhen in die Fähre mitnehmen könnte. Matali lachte über meine Enttäuschung und riet mir, mich zu beeilen. Ich begriff den Ernst der Lage noch gar nicht.

Ich erinnere mich noch lebhaft, wie ich in der Raumfähre saß und in Ninhursags Armen weinte. Aus den Türen konnten wir zusehen, wie Welle um Welle die Ebenen von Terra überschwemmte und unsere kostbaren Lulus in die Tiefe riß. Nie zuvor hatte ich Verlust erfahren und war nicht darauf vorbereitet, eine solche tiefe Traurigkeit zu empfinden. Es war, als wenn ich selbst ertränke. In meinem Herzen konnte ich die Schreie der verzweifelten Lulus hören. Vor meinem geistigen Auge sah ich die Frauen, die ich in meinem Tempel zu Priesterinnen ausgebildet hatte, sich an die Säulen klammern und zu mir beten. Doch ihr Flehen blieb unerhört, als die Wasser sie in ihrem Tod verschlangen. Ihre weiten weißen Gewänder trieben noch einen kurzen Augenblick in wogenden Blasen dahin... und dann war alles vorbei.

Mir brach das Herz. Ich hatte gar nicht gewußt, wie sehr ich die Lulus liebte. Ich hatte nicht gewußt, daß ein Teil von mir bei ihnen unter der schrecklichen Flut zurückbleiben würde. Nur Ninhursag schien meine Trauer zu teilen. Wir weinten beide voller Verzweiflung. Und wer würde uns herrliches Bier machen? Wer würde das Gold abbauen?

Diesmal erwies sich die Rivalität zwischen Enlil und Enki als nützlich. Die Spione von Enki hatten ihn über die Polverschiebung unterrichtet. In allen alten Kulturen von Terra gibt es Überlieferungen von einer Flut und von einem Menschen, der in einer Arche gerettet wurde. Enki suchte diesen Mann aus. Da er von der großen Flut wußte, entschloß er sich, wenigstens eine Familie der Lulus zu retten. In seiner Eitelkeit suchte er sich einen Mann aus seiner Erblinie aus. All diese Geschichten von der Güte Noahs, derentwegen er erwählt wurde, nun ja; jedenfalls sah Noah sogar wie Enki aus. Und es war keine Arche, wie ihr sie kennt. Es war ein Unterseeboot, und die Tiere, die »Paar für Paar« hineingingen, waren in Wirklichkeit Genmaterial, das entsprechend haltbar gemacht worden war, damit daraus später wieder die Tiere geschaffen werden konnten. Sich Enlil widersetzend, rettet Enki die Lulus.

Als Enlil die überlebenden Lulus entdeckte, war er rasend vor Zorn. Er und seine Söhne schleuderten Anschuldigungen des Verrats und anderer verruchter Verbrechen gegen Enki und seine Söhne. Enlil behauptete, Enki habe sich gegen die Gesetze von Anu aufgelehnt. Daraufhin hielt Enki die größte Rede seines Lebens, in der er Enlil klug ob seines »göttlichen« Plans lobte und ihn beglückwünschte. In der Großartigkeit seiner vorausschauenden Weisheit habe Enlil in schicksalhafter Weise einen Weg gefunden, das Minderwertige der Spezies auszumerzen und zum höchsten genetischen Material der Lulus vorzudringen. Und wenn diese einsamen Überlebenden die Schrecken der Sintflut durchgestanden hatten, dann mußten ihre Gene würdig sein, Anu und den Niburianern zu dienen.

Zu unserer Überraschung, willigte Enlil ein! Er muß wohl auch darüber nachgedacht haben, wo er wohl die Arbeiter für den Abbau des Goldes und die Errichtung all seiner Bauwerke herbekommen sollte.

Jedes Mitglied der Familie schwor darauf einen Eid, die Lulus nie wieder zu vernichten. In einer Anwandlung von tief empfundener Großzügigkeit und vielleicht ein wenig Schuldgefühl, gewährte Enlil Noah das ewige Leben, zumindest das, was wir darunter verstehen. Daraufhin wurden alle Arten von Gesetzen aufgestellt, um die Begattung und Verheiratung der Lulus zu regeln. Doch obgleich nun alles gut ausgegangen war, gab es eine Verschiebung, eine weitere Entfremdung und größere Feindschaft zwischen Enlil und Enki. Vielen von uns war klar, daß sich aus dieser großen Rivalität noch manches entwickeln würde.

ENKI

Wir Plejadier betrachten uns als der reptilischen Grundrasse zu-
gehörig. Als Beweis unserer Verbindung mit euch besitzt die menschliche Spezies ein reptilisches Gehirn, das im Kleinhirn sitzt und die
automatischen Funktionen des Körpers regelt. In all den Welten,
einschließlich des plejadischen Sternsystems, wohnen viele Rassen. Es
gibt in eurer Sprache keine Worte, um diese Rassen zu beschreiben.
Ihr könntet nicht einmal ihre Namen aussprechen, denn die Laute
dafür wären euch fremd.

Als Anu vor 500.000 Jahren zum ersten mal nach Terra kam, waren
die Drachen- und die Schlangenleute schon da. Natürlich waren sie
nicht willens, ihren Planeten mit anderen zu teilen. Anu wollte das
Gold, aber die Drachenleute hatten Angst, Anu würde ihre friedvolle
Lebensweise nicht achten. Sie hatten Äonen damit zugebracht, ma-
gnetische Kraftlinien um Terra zu legen und zusammen mit den
Schlangenleuten endlose Tunnel gebaut. Die Kraftstrudel, die ihren
Zivilisationen die Energie geben, befinden sich in diesen Tunneln genauso wie die gewaltigen Vorräte von Edelsteinen und Metallen. Nur
ein paar Schlachten fanden auf Terra und in ihren Himmeln statt.

Schließlich wurden Vereinbarungen getroffen, Bereiche abgesteckt und Anu willigte ein, sich mit einer Drachenprinzessin zu vermählen, Id geheißen, um den Bund zu besiegeln. Aus dieser Verbindung entstand der Sohn Enki.

Id ist ausgesprochen schön. Anu fand ihre grün-goldene metallische Haut und ihre tiefroten Augen geheimnisvoll und anziehend. Ihr Sohn Enki strahlt aristokratische Vornehmheit aus, und er hat einen Schwanz. Ich liebe den Schwanz. Ich glaube, er macht sein falkengleiches Gesicht noch geheimnisvoller. Er hat auch spitze Ohren mit langen Ohrläppchen, was einige Verwirrung in Bezug auf seine Identität hervorgerufen zu haben scheint, aber Enkis Ähnlichkeit mit der mythischen Gestalt, die Teufel genannt wird, ist rein zufällig. Mein lieber Enki ist von der weichherzigen Sorte, dessen Hauptfehler es ist, niemals nein sagen zu können. Er ist ganz bestimmt kein Teufel.

Enki wurde auf Nibiru erzogen. Seine Mutter Id machte sich nichts aus den nie endenden Festlichkeiten, die meine Urgroßmutter Antu gab, und so waren Enki und Id froh, nach Terra überzusiedeln. Hier lebte Id bei ihrem Volk in den Tunneln, und Enki baute sich ein wunderschönes Reich im Meer, das Abzu heißt. Die Bauwerke von Abzu bestanden aus Silber und Lapislazuli, teilweise hoch auf einem Berg, teilweise unter der Wasseroberfläche. Das war sehr praktisch, denn der unter Wasser gelegene Teil bot Schutz vor den nicht voraussehbaren Strahlenwellen, die in jenen frühen Tagen über Terra hinwegfegten.

Wenn Enki nicht in Abzu arbeitete, baute er Dämme und leitete Wasser um. Da er Wasser liebte, paddelte er häufig ganz allein in einem kleinen Boot in den Sümpfen von Sumer und Babylon umher und untersuchte Fische, Insekten und die Gräser an den Ufern. Enki liebte diesen Planeten. Ich glaube, er hat das von Id; die Schönheit von Terra fließt im Blut ihres uralten Volkes.

Unglücklicherweise sandte Anu Enlil nach Terra, nachdem Enki schon eine Zeitlang dort gewesen war. Als Enlil eintraf, um die Oberherrschaft über die Kolonie zu übernehmen, strich er heraus, daß er der wahre Sohn von Anu war, und so hatte Enki keine Wahl. Die Herrschaftsbereiche wurden geteilt. Enki behielt Abzu und Ägypten. Enlil übernahm die Herrschaft von Sumer, den Bergbau in Afrika, den Weltraumbahnhof und das Kommando über die Astronauten, jene, die Terra umkreisten wie auch jene, die auf Terra lebten. Ninhursag erzählte mir, daß Enlil und Enki schon als Kinder miteinander gestritten hatten. Im Stillen glaubte sie, es sei Antus Idee gewesen, sie alle beide nach Terra zu verfrachten, damit ihre endlosen Händel nicht mehr ihre Feste störten.

Enki ermutigte die Drachenleute nicht unbedingt, mit seinem Halbbruder Enlil zusammenarbeiten. Die Drachen zogen natürlich Enki vor, denn er war einer von ihnen, und er nahm seine Mutter Id immer sehr in Schutz. Welche Entscheidung Enlil auch immer traf, Enki war dagegen. Dies rächte sich, und es gab Verheerungen auf Terra. Keiner der beiden Söhne war im Recht oder im Unrecht, jeder wollte, daß es nach seinem Willen ging. Sie wollten beide die ganze Herrschaft. Die Söhne von Enki und Enlil übernahmen diese Feindseligkeiten, und keiner der Väter zögerte, sie bei ihren Auseinandersetzungen als Werkzeug zu benutzen. Die ganze Familie und die Lulus wurden in diese Rivalität mit hineingezogen, die der Auslöser für die ganze unglückliche Geschichte von Terra war.

Auch wenn ich die Enkelin von Enlil bin, so freue ich mich stets der Gesellschaft von Enki. Enki ist jemand, mit dem du Spaß haben kannst. Enki liebt die Frauen, alle! Enlil ist so ernst. Enki und Enlil sind wie Öl und Wasser.

Wie die Zeit auf Terra verging, wurden die Bereiche wieder unter den Söhnen von Enki und den Söhnen von Enlil aufgeteilt, um Kriege zu verhindern. Es war leicht zu erkennen, wenn ich meine Angelegenheiten nicht in meine eigenen Hände nahm, würde ich in dieser streitsüchtigen Gruppe bald ohne alles dastehen, und so beschloß ich, Enki einen Besuch abzustatten.

Ich legte mein feinstes Gewand und den schönsten Schmuck an und flog nach Abzu. Ich wußte, daß Enki die *Göttlichen MEs* in Abzu aufbewahrte, und ich hoffte seine Schwäche für Frauen und Bier ausnutzen zu können. Die *MEs* beruhen auf einer Technologie, die erst jetzt auf Terra entdeckt wird. Stelle dir einen Computer vor, der alles Wissen des Universums enthält. Dieser Computer überträgt das Wissen in den Geist des Benutzers in Form eines Hologramms. Auf diese Weise wird das Wissen dem Benutzer holographisch übermittelt, so daß das Lernen nicht Stück für Stück auf lineare Weise stattfindet. Der Eigentümer der *MEs* hat augenblicklich das volle Verständnis der Information in jeder *ME*. Wissen ist Macht – die Macht, Zivilisationen zu erschaffen, die Bewegungen der Sterne vorherzusagen, in Bereiche jenseits von Terra zu reisen, die Atmosphäre zu beeinflussen, alle Wissenschaften und Künste. Ich wollte diese Macht für mich.

Wie immer war Enki sehr erfreut, mich zu sehen. Meine Schönheit und meinen Liebreiz preisend, drückte er mich auf fast schon ungehörige Art an sich. Enkis Diener folgten uns in ein betörendes Gemach mit Schalen voll feinster Köstlichkeiten aus Nibiru, wunderbar hergerichteten Kuchen und sumerischem Bier. Als Enki abgelenkt war, goß ich etwas von meinen Zauberkräutern in sein Bier. Diese Kräuter beschleunigen die Frequenz, besonders die älterer Herren, deren Potenz vielleicht schon nachläßt. Enki hatte eine wunderbare Zeit, und er konnte seine Blicke nicht von mir abwenden, bezaubernd wie ich war. Enki schüttete sich bald einen Pokal mit Bier nach dem anderen hinein. Enki hat einen wunderbaren Sinn für Spaß, und ich erzählte ihm die lustigsten Geschichten über die Priesterinnen in meinen Tempeln. Wir feierten, tranken und lachten drei Tage lang. Mehr als einmal tanzte ich für Enki, etwas wie die Nummer mit den sieben Schleiern, die so wirkungsvoll sein kann. Er liebte das!

Endlich bat ich ihm um die *MEs*. Viele der Söhne besaßen sie bereits, und ich wollte nur meinen eigenen Satz. Erst widerstrebte er; er wußte, es war verboten. Es würde Enlil rasend machen, wenn ich sie ohne seine Zustimmung bekam. Er mußte gefragt werden. Also goß ich Enki noch einen Trank ein. Ich sah nicht ein, warum der große Enki seinen Bruder für irgendetwas um Erlaubnis bitten sollte! Ich erzählte ihm eine besonders deftige Tempelgeschichte. Während er noch lachte, bat ich in mit meiner süßesten Stimme um die *MEs*. Enki war von meinen Lockungen so aufgereizt, daß er schließlich ja sagte! Ich glaube, ihm selbst gefiel der Gedanke, wie sehr dies Enlil erzürnen mußte.

Enki spürte die Wirkungen der Kräuter und nickte ein. Als er anfing zu schnarchen, tat ich die *MEs* in einen goldenen Koffer, den ich mitgebracht hatte. Die *MEs* erscheinen als zwölfseitige Kristalle von großer Schönheit und Färbung und können nur aktiviert werden, wenn man die geheimen Laute kennt, die sie zum Schwingen bringen und sie ihre Geheimnisse preisgeben lassen. Ninhursag hat mich auf Nibiru diese Laute gelehrt.

Als Enkis Schnarchen lauter wurde, schlüpfte ich mit den *MEs* aus der Tür. Ich hatte zwei Raumschiffe mitgebracht. Das eine war das offizielle, das andere mein privates Schiff. Ich hatte das Gefühl, Enki könnte seine Meinung ändern und die *MEs* zurückhaben wollen, wenn er aufwachte. Also schickte ich zur Tarnung mein offizielles Schiff nach Hause und flog in meinem kleinen Schiff, das ich sehr gut steuern kann, allein mit den *MEs* davon.

Als Enki aus seinem Schlummer erwachte, erinnerte er sich nicht mehr an alles, und seine Diener mußten ihm erst in Erinnerung rufen, daß er die *MEs* seiner geliebten Inanna gegeben hatte. Da er sich ein wenig benutzt und mißbraucht vorkam, fühlte sich sein männliches Ego herausgefordert. Mit lauter Stimme befahl er seinen Dienern, mich zu verfolgen und mich und die *MEs* zu ihm zurückzubringen. Ich wußte, im Grunde tat er nur so, als wolle er mich zurückhaben, um auf diese Weise Enlil und die anderen Götter zu beschwichtigen.

Schlauerweise hatte ich diese Möglichkeit vorhergesehen und mich mit meinen *MEs* in einem unterirdischen Heiligtum der Drachen versteckt.

Es ist die Art meiner Familie, daß du dir mit dem Willen zur Macht Achtung erwirbst. Enki und Enlil waren von meinem Wagemut derart beeindruckt, daß ich die *MEs* behalten durfte. Sie machten mich zum Mitglied des Familienrates, dem Pantheon der Zwölf. Ich hatte alles bekommen, was ich begehrte, und mehr dazu: Ich ließ mich zur Königin des Himmels und der Erde ausrufen. Ich besaß nun die Technologie, meine eigenen Städte zu gründen, und ich bekleidete innerhalb meiner Familie eine stärkere Machtstellung. Ich erhielt Macht, weil ich sie mutig ergriffen hatte, und ich liebe Enki immer noch sehr!

DUMUZI

Auch wenn es scheinen mag, daß ich ein herrliches Leben führte und vollkommen verwöhnt war, wurden die Dinge für mich allmählich sehr scheußlich. Um meinen rechtmäßigen Platz in der Familie von Anu einnehmen zu können, mußte ich jemanden heiraten, dessen Abstammung mir Macht verleihen würde. Als ich aufwuchs, maß ich mich mit meinem Bruder Utu und den anderen jungen Männern, und ich betrachtete mich als ihnen gleichgestellt. Die Vorstellung, zu heiraten und von jemanden aus diesem Genkreis bevormundet zu werden, hatte wenig Reiz für mich.

In der plejadischen Kultur wurde die weibliche Kraft hochgeschätzt, und das Gesetz gab den Frauen gleiche Rechte wie auch die Möglichkeit, die ihnen innewohnenden Anlagen zum Ausdruck zu bringen. Die große Mehrheit der Frauen verließ sich jedoch auf eine »gute Partie«, um ihren Platz in der Welt zu finden. Man könnte sagen, die plejadischen Frauen wurden als ihren Männern gleichberechtigt angesehen, aber nur unter bestimmten Bedingungen, und diese Bedingungen wurden von der persönlichen Natur jeder einzelnen Frau geschaffen.

Mein Bruder Utu und natürlich meine Eltern drängten mich andauernd, einen mächtigen Mann zu heiraten, wodurch unser Zweig der Familie umso eindrucksvoller dastehen würde. Utu verhöhnte mich, indem er fragte, ob ich so enden wolle wie Ninhursag. Ich habe das Leben meiner Großtante als mädchenhafte alte Jungfer gesehen, und es gefiel mir nicht besonders. Sicher in der Macht aufgehoben, die sie durch die Heirat erlangten, nahmen die meisten Frauen meiner Familie still ihren Platz an der Seite ihrer Ehemänner ein. *Still* war ein Wort, das mir wenig bedeutete. Ich wollte Macht für mich selbst; ich wollte nicht von irgend jemandem gegängelt werden!

Angesichts des Drucks, mich zu verheiraten, schaute ich mich dann aber doch um und fragte mich, wer wohl noch frei war und mich interessierte.

Enlil hatte es geschafft, Ninhursag einen Sohn zu zeugen; eine weitere Niederlage für Enki, der mit ihr nur Töchter hatte. Der Name des Jungen war Ninurta, und er wuchs mit mir und Utu zusammen auf Nibiru auf. Ich hatte schon als Kind zu viel Zeit mit Ninurta verbracht, und wir wetteiferten ständig miteinander, meistens streitend. Seine Mutter war einfach vernarrt in ihn auf eine geradezu lächerliche Weise; er wurde so verhätschelt. Ninurta mochte genetisch passend sein, aber er kam überhaupt nicht in Frage.

Enki hatte mehrere Söhne, aber der einzige, der noch frei war, war Dumuzi. Oh ja, Dumuzi. Selbst der Name läßt dich kalt, nicht wahr?

Weil Dumuzi der jüngste von Enkis Söhnen war, hatte er die niederste Arbeit; ihm war das Amt des Königlichen Schafhirten zugewiesen worden. Ich frage mich, wer diesen Titel erfunden hat! Na gut, so war er für alle Haustiere auf Terra zuständig. Ich weiß, wir alle müssen essen, und die Herden sind für das Überleben der Lulus sehr wichtig. Ich habe all diese Argumente von meinem Bruder Utu zu hören bekommen. Aber hat dich jemals der Geruch von Schafen am Ende eines Tages betört? Meine Eltern sprachen sich für diese Verbindung aus. Ich glaube, sie hatten es eilig, mich zu verheiraten und damit keine Sorgen mehr zu haben.

Ich freundete mich mit dem Gedanken an, Teil von Enkis Familie zu werden. Gewöhnlich konnte ich Enki dazu bringen, etwas Spaßiges mit mir anzustellen, und ich hatte vor, Königin von Ägypten zu werden. Ich sah mich schon auf einer goldenen Barke auf Blumen gebettet den Nil hinabgleiten und hörte das Volk jubeln. Mit den *MEs* in meinem Besitz und einer guten Heirat nahm mein keimender Ehrgeiz Gestalt an. So heiratete ich Dumuzi.

Die Hochzeit war, nun, eine Hochzeit. Dumuzi war nicht besonders prächtig, und er war für mich bestimmt keine gute Partie. Ich glaube, seine älteren Brüder haben ihn sehr roh behandelt, besonders Marduk, der älteste. Dumuzi war eingebildet und selbstsüchtig. Er saß doch tatsächlich herum, betrachtete sich im Spiegel und erwartete von mir, daß ich ihm ständig zu Diensten war. Ich fing an, Dumuzi wann immer möglich aus dem Weg zu gehen.

Ich war gelangweilt. Ich übernahm zusätzliche Aufgaben in den Liebestempeln, wie meine Tempel inzwischen genannt wurden. Ich erfand alle möglichen Ausflüchte und flog mit meinem Schiff von Tempel zu Tempel, um jegliche neuen Zeremonien einzuleiten. Ich benahm mich genau wie jene heutigen Manager, die sich auf Geschäftsreisen begeben, um von ihren Ehefrauen wegzukommen. Ich schuf eine Unmenge neuer Rituale, die sich um mich und Dumuzi drehten, um auf diese Weise Dumuzi und unsere Familien zu besänftigen. Die Rituale enthielten all diesen ausgefeilten Kram von unserer Hochzeit und unserer Liebe und von der scheuen Braut und ihrem wunderbaren Ehemann. Diese erste Seifenoper gab den Lulus Vorbilder, nach denen sie ihr eigenes Leben ausrichteten. Die Rituale waren darauf angelegt sie anzuregen, ihre Kinder in einer glücklichen Umgebung zu zeugen. Für mich war es eine Flucht in Einbildungen. Ich schuf mein Leben in den Ritualen so, wie ich es mir wünschte, aber es war nicht so.

Vielleicht war es meine mangelnde Begeisterung für Dumuzi, die uns kinderlos blieben ließ. Um unseren Anspruch auf die Macht zu sichern, mußten wir einen Sohn haben, dem wir diese Macht vererben konnten; so war das Gesetz. Doch, aus welchem Grund auch immer, wir zeugten keinen Erben. Also kam ich auf folgende Idee: Wenn ein jeder ein Kind mit seiner Schwester zu zeugen hatte, warum nicht Dumuzi? Anu und Antu hatten Enlil zur Welt gebracht. Enlil hatte mit Ninhursag diesen Balg Ninurta hervorgebracht. Das brachte mich auf eine Idee.

Es war einfach, Dumuzi zu überzeugen, er solle seine Schwester verführen. Ich schwärmte von der wunderbaren Erblinie seiner Familie, und seine narzistisches Bedürfnis, sich selbst fortzuzeugen, gab den Rest. Die Schwester von Dumuzi hieß Geshtinanna, und sie war schrecklich unschuldig und überhaupt nicht ehrgeizig wie ich. Ich ließ meine Dienerinnen ein ausgetüfteltes Picknick vorbereiten, dabei natürlich die Kräuterweine, die die Libido anregen. Sie sollten sich auf einem schönen Berghang begegnen, wo die Tiere in den Herden taten, was alle Tiere im Frühling tun. Ich hatte an alles gedacht, und Geshtinanna, einfältig wie sie war, hatte keinen Verdacht geschöpft. Nach einem oder zwei Gläsern Wein brachte Dumuzi das Gespräch darauf, wie schön es wäre, zusammen ein Kind zu haben, und damit war der Spaß am Picknick vorbei. Geshtinanna weigerte sich; sie hatte diese Vorstellung, bis zur Hochzeit für ihren Ehemann rein zu bleiben, wer immer das auch sein mochte. Dumuzi versuchte, sie zu überreden, aber sie blieb standhaft. Dumuzi verlor die Selbstbeherrschung und vergewaltigte sie! Ich vermute, es waren diese Kräuter, die ich in den Wein getan hatte und die bei Männern so stark wirken.

Vergewaltigung! Das war etwas, damit würde Dumuzi nicht davonkommen. Nicht einmal Enlil war für dieses Verbrechen ungestraft geblieben. Dumuzi und ich hatten damit seinem älteren Bruder, Marduk, einen idealen Grund verschafft, seinen kleinen Bruder loszuwerden. Marduk hatte planvoll daran gearbeitet, Ägypten selbst unter die Fuchtel zu bekommen. Marduk mag mich nicht, und er nutzte jede Gelegenheit, meine Bestrebungen zu durchkreuzen und die Dynastie, die ich errichten wollte, zu verhindern.

Dumuzi lief zu seiner Mutter und mir, von Alpträumen und Vorahnungen seines Todes geplagt. Wir ermutigten ihn zu fliehen und trafen Vorkehrungen, um ihm im Geheimen mit Nahrung und Wasser zu versorgen. Er sollte sich verstecken, bis Gras über die Sache gewachsen war und ich mich bei Anu für ihn verwenden konnte. Aber Marduk verlor keine Zeit. Seine Leute verfolgten Dumuzi in die Berge und fingen ihn wie ein kleines Kaninchen. Es war furchtbar. Vielleicht schlugen Marduks Männer über die Stränge. Was auch immer an diesem Tag tatsächlich geschah, Dumuzi starb unter den Strahlenwaffen, die erbarmungslos auf ihn gerichtet waren. Mein Ehemann war tot, und ich war noch immer kinderlos.

Das war der Augenblick, da ich mich eines nützlichen plejadischen Gesetzes erinnerte: wenn ein Mann starb, ohne einen Erben zu hinterlassen, aber einen Bruder hatte, dann mußte dieser Bruder, verheiratet oder nicht, die Witwe heiraten und mit ihr ein Kind zeugen. Zum Glück hatte Dumuzi einen solchen Bruder, Nergal, stattlich und intelligent; und ich hatte ihn immer bewundert. Was für ein Pech nur, daß er schon mit meiner Halbschwester in der Unterwelt verheiratet war. Je nun, kleine Verwicklungen konnten mich nicht hindern. Ich beschloß, der blonden Sexbombe selbst einen Besuch abzustatten, Ereshkigal, der Königin der dunklen Unterwelt, um meinen rechtmäßigen Gatten zu beanspruchen, *ihren* Ehemann Nergal.

ERESHKIGAL

Ereshkigal ist meine Halbschwester. Mit einer Frau so süß und schön wie meine Mutter, sollte man meinen, müßte mein Vater Nannar zufrieden sein. Doch Treue war die Sache der Familie von Anu nicht. Vielleicht war es der Gegensatz zu meiner Mutter, der Ereshkigals Mutter so anziehend für ihn machte. Das einzige Wort, das einer Beschreibung ihrer Spezies zumindest nahekommt, ist *Raksasas*. Sie war halb Schlange und halb Dämon, total sexy, triefend und sich windend in der Kundalinikraft. Ihre Haut war von einem kupfernen Hellgrün, ihr Haar war lang und kraus, und ihr Leib war kräftig und wollüstig. Ihre Augen waren die einer Kobra und hatten die Macht, Nannar zu hypnotisieren. Wie der Mondgott hatte mein Vater sicherlich auch seine dunkle Seite.

Die leidenschaftliche Anziehung zwischen diesen beiden kann man nur als Selbstentzündung beschreiben. Ereshkigal war ein echtes Kind erotischer Verschmelzung. Niemand stellte je Ereshkigals verblüffende Schönheit in Frage; sie vereinte das beste ihrer Eltern in sich, und sie wußte es.

Ich kann es ihr nicht vorwerfen, daß sie mich nie mochte. Ich vermute, sie hatte zu mir ein ähnliches Verhältnis wie Enki zu Enlil. Ich war die richtige Tochter von Nannar, und sie war Nachkomme einer Konkubine. Enki spürte ein Band der Zuneigung zu Ereshkigal, außerdem war er natürlich von ihrer Schönheit eingenommen. Er und meine Halbschwester bekamen sogar einen Sohn zusammen, dessen Name war Ningishzidda. Enki konnte sich, wie gewöhnlich, nicht beherrschen, und als oberster Bergbauingenieur hatte er Ereshkigal die Unterwelt als ihr Reich zugewiesen. Enki ist leicht zu beeindrucken, und ich hätte gerne zugesehen, als Ereshkigal ihre beträchtlichen Reize auf ihn wirken ließ; wir Mädchen tun, was wir können, um in dieser Welt zurechtzukommen. Aber das Blond ihrer Haare ist genauso falsch wie die Perücken, die sie sich aufsetzt, um etwas herzumachen...

Die Unterwelt ist nicht wirklich *unter* der Erde, das heißt, nur zum Teil. Sie befindet sich in dem Land, das jetzt Afrika heißt, und die großen Goldvorkommen, die wir begehrten, waren dort. Es war ein umfassendes Bergbauprojekt. Raumfähren flogen unablässig von Terra zu der die Erde umkreisenden Raumstation und lieferten die geläuterten Erze dort an. Aus den Tiefen der Erde holten wir Gold und andere kostbare Güter wie Silber, Kupfer, Uran und Diamanten. Dafür brauchten wir ungeheuer viele Arbeitskräfte, und im Laufe der Jahrhunderte wurden die Männer und Frauen zu immer leistungsfähigeren Arbeitern herangezüchtet. Unsere Genetiker verbesserten ständig ihre Gehorsamkeit und Gelehrigkeit; dennoch waren disziplinarische Maßnahmen manchmal nicht zu vermeiden.

Auf Terra gab es mindestens drei Arten, die Menschenfleisch aßen, und diese Menschenfresser waren ein sehr nützliches Mittel, um die Menschen zu disziplinieren. Wie konnte man einen widerspenstigen Arbeiter besser in Furcht und Schrecken versetzen als mit der Vorstellung, bei lebendigem Leib gefressen zu werden?

Seht es von unserem Standpunkt: Wir taten unsere Pflicht. Wir mußten unseren Heimatplaneten Nibiru mit Goldstaub für die beschädigte Atmosphäre versorgen, andernfalls würden wir alle sterben. Wir taten alles, was nötig war, um das Gold aus den Minen zu bekommen. Ereshkigal war für diese Arbeit wie geschaffen; es störte sie überhaupt nicht, die Arbeiter mit Geschichten von Kannibalen zum Arbeiten zu bewegen. Sie selbst hatte auch ein wenig von dieser Neigung zum Menschenfleisch Essen in sich. Nicht daß sie ständig Menschen aß, bloß hin und wieder einen Bissen.

Kannibalismus hat für unterschiedliche Spezies verschiedene Bedeutungen. Die einen mögen ihn als einen Weg ansehen, die Stärke, Weisheit und Macht der verzehrten Person in sich aufzunehmen. Für sie ist er ein ritualisiertes Mittel, ihr Bewußtsein wie auch ihr körperliches und sexuelles Vermögen zu erweitern. Indem sie ihren Feind verzehren, gewinnen sie seine Lebenserfahrung. Andere aßen nur das Gehirn ihres Opfers, um sich seine Intelligenz anzueignen. Es gibt heute noch Überbleibsel von diesen Bräuchen auf eurem Planeten.

Die vorherrschende Art von Kannibalismus ist viel subtiler. Da gibt es jene, die kennen die Kunst, die Energie andere Menschen zu verschlingen, ohne daß sie es wissen. Bedenkt, wie Angst euch krank machen kann, wie ausgelaugt und müde man sich von Zorn, Wut oder Eifersucht fühlt. Wo geht diese Energie hin? Warum wirken jene, die alkohol- oder drogenabhängig sind, so müde und blaß. Vielleicht brauchen eure Beherrscher euer Fleisch gar nicht mehr essen.

Jetzt wißt ihr woher all diese Geschichten kommen von Leuten, die in die Unterwelt entführt und dort von Teufeln geröstet und gegessen werden! Für manche war es Wirklichkeit. Aber es gibt keine Teufel, sondern bloß verschiedene Spezies, die euch durch Angst beherrscht haben.

Dies ist ein Universum des freien Willens, und das heißt, daß ihr frei seid zu tun, was immer ihr möchtet, und das gilt auch für alle anderen. Das ist *das* Problem. Wenn wir anfangs alle gleichberechtigt sind, wie bringen wir andere dazu, zu tun, was wir von ihnen wollen? Gibt es irgendwelche Gesetzte? Kannst du andere hereinlegen? Wer bewertet wen und was? Wenn du jemanden tyrannisierst, fällt das wieder auf dich zurück? Wirst du schließlich blockiert? Das ist die Frage, die uns jetzt am allermeisten interessiert, jetzt, da wir hinter der *Wand* festsitzen.

Ich habe ganz bestimmt nicht über metaphysische Fragen nachgedacht, als ich mit meinem Schiff in die Unterwelt hinunterflog. Mein Bruder Utu und meine Mutter und mein Vater sagten, ich hätte wohl keinen Verstand mehr im Kopf. Sie schienen nicht daran zu glauben, daß Ereshkigal ihre frisch verwitwete Halbschwester mit offenen Armen empfangen würde, und sie warnten mich davor, zu ihr zu gehen. Ich aber hatte andere Dinge im Sinn, zum Beispiel die Erbanlagen ihres Mannes Nergal und seine großen blauen Augen. Ganz legal würde er auch mein Mann werden, und wir würden Erben hervorbringen.

Von Ereshkigal hieß es, sie habe einen märchenhaften Palast, alles mit Gold bedeckt. Ich glaube, sie brauchte das Glitzern, damit es sie aufheiterte. So weit entfernt von Sumer und Ägypten zu leben, muß ziemlich deprimierend für sie gewesen sein.

Als ich mich den Toren näherte, überwältigte mich der Anblick von Gold- und Marmorsäulen, auf denen sich ringelnde Schlangenungeheuer dargestellt waren, die entsetzte Lulus verspeisten. Ein bißchen viel, dachte ich. Das war nur der Anfang.

Ich war klug genug, meine Dienerin Ninshubar zu meinem Schiff zurückzuschicken, um dort auf mich zu warten. Ich sagte ihr, wenn ich nicht in drei Tagen wieder da sei, sollte sie nach Hause fliegen und Hilfe holen. Ganz war das, was Utu und meine Eltern gesagt hatten, nicht an mir vorbeigegangen. Dennoch war ich zuversichtlich; ein Mädchen muß Gelegenheiten nutzen, muß Mut haben. Immerhin hatte ich ja auch den Schneid gehabt, mir bei Enki die *Göttlichen MEs* zu besorgen; ich konnte sehr überzeugend sein. Ereshkigal kam nicht gerade aus dem Palast gerannt, um mich zu begrüßen. Tatsächlich war sie nirgends zu sehen. Ich begegnete ihrem grausigen Torwächter, der sagte, er heiße Neti. Mein Gott, war er oder es groß!

Ich sagte diesem übergroßen Ungeheuer, wer ich war, und es führte mich durch einen Irrgarten mit eine Reihe von Toren, welche wohl ein Sicherheitssystem darstellten, das errichtet war, um Ereshkigals ganzes Gold zu schützen. Dann befahl dieser Torwächter mir, Inanna, alle meine Schutzsteine und den Schmuck abzulegen. Wir trugen alle verschiedene Schutzvorrichtungen, um vor Strahlungen sicher zu sein, und auch ich war mit dem üblichen Kopfschmuck mit Feldregulatoren und Kommunikationssystemen ausgerüstet. In mein Kleid waren die normalen Schutzschilde eingewoben. Man wußte nie, was einem begegnen mochte, wenn man in den Raum flog, oder genauso auf Terra.

Als wir am siebenten Tor ankamen, wurde mir befohlen, mein Kleid auszuziehen. Nicht daß ich schamhaft war, aber ich wurde etwas ärgerlich über die Art und und Weise, wie man mich behandelte. Außerdem wollte ich wissen, wo mein ganzer Schmuck abgeblieben war. Endlich betrat ich einen Raum, in dem Ereshkigal Hof hielt.

Es war genau so, wie alle es beschrieben hatten; da war ein riesiges, goldenes Podest mit einem erhabenen, über und über mit Diamanten bedeckten Thron, auf dem Ereshkigal saß. Ich wollte mich höflich verhalten, wenn ich auch nackt war, als sich diese menschenfressergleichen Richter erhoben und mir Anschuldigungen von Verrat und Heimtücke entgegenschleuderten. Es war lächerlich. Ich konnte mir gar nicht vorstellen, wovon sie sprachen, und ich war durstig.

Plötzlich zog Ereshkigal ihr Plasmagewehr hervor, und in einer plejadischen Minute pumpte sie mich mit einer schweren Strahlendosis voll, die mehr als ausreichend war, mich zu töten. Ich war verblüfft! Bald fand ich mich selbst über meinem hübschen blauen Körper schweben, der sich schnell vom warmen natürlichen Blau in das tote Indigo verfärbte!

Ereshkigal befahl ihren Wachen, meinen schönen Leib an die Wand zu hängen wie in einem Schlachterladen. Gaga! Ich hielt mich nicht damit auf, meinen Körper verfaulen zu sehen. In meinem Astralleib folgte ich meiner Dienerin Ninshubar nach Nippur zurück, der Stadt meines Großvaters Enlil. Ich sah zu, als sie zu seinem Tempel ging und Enlil bat, mich zu retten. Er lehnte ab! Er sagte, ich hätte es von Anfang an besser wissen müssen; es war allgemein bekannt, daß Ereshkigal mich nicht liebte.

So ging meine Dienerin zu meinem Vater Nannar. Auch er sagte nein! Ich schwebte da einfach in der Luft, während mein Vater erklärte, wie eigensinnig ich sei und daß jedermann wußte, ich würde in Schwierigkeiten kommen, als ich da hinunterging, um Ereshkigals Mann nachzujagen. Er ging sogar soweit zu sagen, es sei wohl das, was ich verdiente! Mein eigener Vater! Vielleicht hatte er sich noch einen Jungen gewünscht?

Ich verweilte noch im Raum und versuchte, mich daran zu gewöhnen, keinen Körper zu haben. Ich übertrug eine Gedankenform in den Geist meiner geliebten Dienerin, und sie flog auf dem schnellsten Weg nach Enkis Abzu. Inzwischen hatte sie sich eine sehr zu Herzen gehende Rührgeschichte zurechtgelegt, und, Enkis Herz sei Dank, er beschloß einzugreifen. Er mußte Ereshkigal etwas zurechtstutzen; er hatte ihr die Unterwelt schließlich gegeben. Er veranlaßte, daß mein Körper zur Großen Pyramide geflogen wurde, und mit Hilfe meiner Großtante Ninhursag brachte er mich wieder ins Leben zurück.

Drei Tage lang hatte ich furchtbare Kopfschmerzen. Ich beschloß, diese Hexe nie wieder zu besuchen und alles über die DNS ihres Mannes zu vergessen.

Außerhalb meines Körpers zu sein, war gar nicht so schlecht, veranlaßte mich aber, darüber nachzudenken, wie sehr ich mich an gewissen Dingen wie Tanzen oder sogar Essen erfreut habe. Ich hatte es liebgewonnen, ich selbst zu sein und mit den Lulus auf Terra zu leben. Die

Zeit, die ich außerhalb meines Körpers verbrachte, verstärkte meine Liebe umso mehr. Ich lernte auch, mich nicht allzusehr auf andere zu verlassen.

Ich entschloß mich, meine Liebestempel auf Südindien auszudehnen, wo mir ein Gebiet zugestanden worden war, das niemand sonst haben wollte. An den Ufern des Indus baute ich die Städte Mohenjo-Daro und Harappa.

DIE TEMPEL DER LIEBE

Die Mündung des Indus war zu jener Zeit das Handelszentrum des Ostens. Ich richtete meinen Geist und die *Göttlichen MEs* auf das Ziel, den Handel und die Geschäfte zwischen Sumer, Babylon und Ägypten und dem Industal in Gang zu bringen. Ich liebe die Schätze von Terra, und ich habe ein gute Hand fürs Geschäft. Ich bin die geborene Händlerin. Meine Tempel waren sowohl Umschlagplätze für Güter, wo gehandelt und getauscht wurde, als auch Stätten des Lernens und der Gottesverehrung.

Ich lud meine Mutter Ningal ein, mir beim Entwerfen und Bauen der Tempel zu helfen. Sie hat eine Vorliebe für die Architektur, und mit ihr kam ihre gute Freundin Maya, die berühmteste Baumeisterin unserer Zeit, um Mohenjo-Daro und Harappa zu planen. Maya hatte bereits Tempel in Sumer entworfen, aber Ningal, Maya und ich hatten vor, die früheren Bauwerke nochzu übertreffen. Wir drei bauten so bemerkenswerte und schöne Gebäude, daß sogar Anu und Antu kamen, um sie zu bewundern.

Schon immer hatte ich Lapislazuli gern; sein tiefes Blau paßt gut zu meinem Hautton. Aber es gab nie genug davon, um ganze Tempel daraus zu bauen, also bat ich Enki, in seinen Laboratorien einen Ersatzstoff dafür zu entwickeln. Nach kurzer Zeit hatte ich so viel Lapis, wie ich mir immer erträumt hatte, und ich bedeckte die Böden, die Säulen und die Dachziegel mit diesem neuen, nachgemachten Lapis, meinem Geschenk von Enki. Marmor und Gold wurden geschmackvoll mit Türkis, Malachit und Lapis zu geometrischen Mustern zusammengefügt.

Ich lud auch Tara ein, bei den Tempeln zu helfen. Tara ist die Frau meines Freundes Matali, der Enkis Pilot ist. Matali hält nicht viel von unserer Familie. Ich glaube, er kennt uns »Götter« schon zu lange. Er zog es vor, den Schlangenleuten zu vertrauen, und so heiratete er Tara, seine entzückende Schlangenprinzessin.

Taras Erblinie geht auf dem Planeten Terra weiter zurück als alle anderen. Matali meint, die Schlangenleute seien viel weiser als jene von Nibiru! Er hat mir zauberhafte Geschichten von ihrem Königreich tief im Inneren des Planeten erzählt. Es heißt, sie spielten mit Frequenzen, die wir nicht verstehen, und der Erwerb weltlicher Macht interessiere sie nicht.

Was ich wußte, war, daß Tara besser tanzen konnte als sonst irgend jemand, den ich gesehen hatte. Ich wußte, daß Taras Tanzstil die Händler aus dem ganzen Osten zu meinen Tempeln locken würde. Sie würde eine große Bereicherung sein, also lud ich sie ein, meine Tempeltänzerinnen auszubilden. Tara ist eine liebreizende Frau mit einer kremig blaßgrünen Haut und Mandelaugen, die wie Sterne am Nachthimmel funkeln. Ketten aus schwarzen und goldenen Perlen bedecken ihre festen nackten Brüste. Meine Freundin Tara half mir, eine großartige, blühende Kultur zu schaffen.

Auch Ninhursag lud ich ein. Es war zu Nins Lieblingsbeschäftigung geworden, in ihrer Pyramide Hof zu halten und ihren geliebten Lulus Heilung zu spenden. Ihre Liebe und ihr Mitgefühl mit allen Lebewesen machte sie zu unserer größten Ärztin. Sie hatte einen Stab wunderbarer Schwestern, die ihr zur Hand gingen, aber ich wußte, daß sie einsam war. Sie verbrachte viel zu viel Zeit mit ihrem Sohn Ninurta, und das war für beide nicht gut. Ihr kennt die Art Mutter, die mit ihrem Sohn endlos über die übrige Familie tratscht? Nun, das war meine Nin.

Ich wollte, daß Ninhursag aufbauen sollte, was ihr Krankenhäuser nennen würdet; aber wir betrachten eure moderne Medizin als absolut barbarisch. Wir arbeiten mit Gedankenformen und Frequenzen, nicht mit Drogen und Skalpellen. Daß sie die einzige unverheiratete Matriarchin auf Terra war, forderte von Nin einen Tribut, und ich liebte sie. Sie schien sogar allmählich zu altern, auch wenn sie das niemals zugeben würde. Nin stellte sich so knusprig und leistungs-fähig dar wie immer, nur ich wußte es besser. Ich fühlte mich selbst ein wenig einsam und sah, wie tapfer sie weitermachte.

Wenn ich Ninhursags Leben betrachtete und mit meinen eigenen Erfahrungen in Beziehung setzte, bekam ich langsam ein Gefühl für Frauen. Je mehr Zeit auf Terra verging, umso vorherrschender wurden die Männer in meiner Familie. Es war, als würde die Atmosphäre dieses entlegenen Planeten uns alle irgendwie verändern.

Auf den Plejaden werden Frauen als Symbole für die Große Göttin verehrt und mit Hochachtung behandelt. Nach plejadischem Gesetz ist es streng verboten, eine Frau zu schlagen oder zu vergewaltigen. Die Frequenzen auf der Erde an der Grenze der Galaxis schienen einen Umschwung in dieser Tradition zu bewirken. Unsere Männer ent-wickelten eine neue Haltung gegenüber dem weiblichen Teil ihrer Spezies. Die Söhne von Enki, angeführt von Marduk, schufen Gesetze, die den Frauen in ihren Gebieten bestimmte Rechte vorenthielt. Ich war natürlich zornig und aufgebracht über diese lächerlichen Gesetze, und so legte ich in meinem Land umso größeren Wert auf die Betonung und die Steigerung der weiblichen Energie, und ich beschloß, die Lulus einige der plejadischen Mysterien zu lehren.

Als Ninhursag und Enki die Lulus schufen, ließen sie einige Schlüsselkomponenten unaktiviert. Obgleich die Lulus und alle ihre

Nachkommen, einschließlich der heutigen Bewohner von Terra, unsere Gene besitzen, kommen einige dieser Gene nicht zur Wirkung, weil sie absichtlich ausgeschaltet worden sind. Die Lulus wurden dazu angehalten, uns als »göttlich« zu betrachten, aber das waren wir kaum. Die Kinder von Anu sind ewig Heranwachsende, und Worte wie »ehrgeizig« und »gierig« würden sie wohl zutreffender beschreiben. Wir hatten die genetischen Codes unserer Arbeiterrasse in der Absicht nur teilweise funktionsfähig gemacht, um sie so leichter steuern zu können. Ich wußte, daß ich auf die Funktion der DNS der Lulus keinen Einfluß nehmen konnte, aber niemand konnte mich davon abhalten, sie gewisse Geheimnisse zu lehren. Und da Gedanken die Wirklichkeit erzeugen, hoffte ich, einige meiner Priesterinnen und Priester würden ihre »göttlichen Gene« entzünden, die in allen Lulus vorhanden sind, und so durch Hormonausschüttungen ihre verborgene Entwicklungsmöglichkeit in Gang setzten.

In eurer gegenwärtigen Zeit ist das *Samkhya* das einzige, was von der plejadischen Weisheit noch übrig geblieben ist. »Samkhya« ist ein Sanskritwort, das aufzählen/spezifizieren bedeutet. Nach den Vorstellungen des *Samkhya* besteht das Universum aus zwei grundlegenden Elementen, Bewußtsein und Energie, die sich ergänzen und auf einander angewiesen sind. Materie ist lediglich organisierte Energie. Es ist der bewußt zielgerichtete Gedanke, der die Energiefrequenzen dazu bewegt, sich zu den zahllosen, unendlichen Spielen aller Welten zu formen! Die Physiker in eurer Zeit nähern sich diesem Verständnis, aber sie lassen einen Bestandteil außer acht, und das ist die Liebe. Nicht die Art Liebe, die ihr als Menschen erfahren habt, etwas Begrenztes und nicht Vorhersagbares, sondern Liebe als eine Urkraft. Es würde einem heutigen Wissenschaftler nie in den Sinn kommen, einen Bewußtseinszustand wie den der Liebe zu quantifizieren, aber genau das ist das Geheimnis. Liebe ist das fehlende Glied in all den integrierenden Feldtheorien.

Es ist die Liebe des Urschöpfers, welche die erste Ursache dieses Universums und aller anderen Wirklichkeiten in anderen Dimensionen ist. Haben nicht eure größten Geister gesagt, daß Liebe die größte aller Qualitäten ist? Und doch ist dies für die meisten zu einfach, zu augenscheinlich.

Also lehrte ich dieses Samkhya in meinen Tempeln. Ich lehrte meine Mädchen und manche meiner Männer, die es lernen wollten, wie sie ihre schönen Seelen und Körper einsetzen konnten, um diese Kraft, die Kraft der göttlichen Liebe, auf Terra, in unsere Städte, auf unsere Felder und in unsere Kinder zu bringen.

Es war eine wundervolle Zeit für uns alle. Die Geschäfte gediehen, und die Frauen durften eigenen Besitz haben und ihn für sich behalten, wenn sie es wollten. So gehörten sie niemandem. Beide Geschlechter waren eigenständig, und die Männer waren ebenfalls glücklich. Die Zivilisation und die Künste blühten auf. Unsere Felder trugen reiche Frucht, der Handel mit Sumer und Ägypten entwickelte sich, und die Künste des Tanzes, des Gesangs, der Malerei und der Bildhauerei schwangen sich zu neuen Höhen auf. Die Kunde von Mayas Baukunst ging um die Welt.

Von allen Ritualen, die wir in unseren Tempeln vollführten, war das Hochzeitsritual das beliebteste. Die Priesterinnen kleideten die Braut ein und bereiteten sie vor. Sie wurde in der Kunst unterwiesen, ihren Ehemann zu erfreuen und die Empfängnis zu ermöglichen, wenn sie gewünscht war. Der Gatte wurde ebenfalls in diesen Dingen unterwiesen und ausgebildet. Zu jener Zeit war es Allgemeingut, daß die größte Lust erreicht wurde, wenn die Frau in die Höhe der Ekstase geführt wurde. Die Braut wurde zum Kanal für die ganze weibliche Energie in der Schöpfung, und der Mann wurde ganz zu männlicher Energie. Ihre Vereinigung erlaubte es den Kräften des Urschöpfers und der Großen Göttin, sich auf Terra auszudrücken.

Das Geheimnis dieser Vereinigung ist der Fokus. Wir bildeten das Paar darin aus, äußerste Konzentration zu erreichen, indem sich beide in die Augen schauten, während sie in der Vereinigung verschmolzen waren. Jede Zelle des Körpers und jedes Gewahrsein des Wesens muß in dem einen Augenblick sein, jeder Gedanke mußte auf das Jetzt ausgerichtet sein. Eine Frau konnte nicht hoffen, höhere Bewußtseinszustände in der Vereinigung zu erreichen, wenn sie sich um ihren Einkaufszettel oder irgend einen anderen Unsinn Gedanken machte. Über die Vergangenheit nachzudenken oder sich um die Zukunft zu sorgen, schwächt nur die Erfahrung.

Wir stellten Weine und Elixiere zur Förderung des Fokus für jene zusammen, die ein bißchen Hilfe brauchten, aber unsere fähigsten Praktiker brauchten für ihren großen Fokus keine Unterstützung. Die Energien, die sie erzeugten, stellten die Fruchtbarkeit unserer Landwirtschaft und das Glück des Volkes sicher, und oft heilten sie die Kranken.

Ein Bestandteil meines Industales war die Liebe und Verehrung für die Tiere. Wir verwendeten Elefanten und Rinder für unsere Handelsgeschäfte, und wir gewannen unsere Tiere so lieb, daß wir sie in den Tempeln verehrten. Ich habe für die alten Tiere Reservate geschaffen, wo sie in Sicherheit alt werden konnten. Dort wurden sie geliebt und beschützt, und häufig besuchten sie Kinder. Viele der Lulus besaßen noch die Gabe, mit den Tieren zu sprechen, und das waren gesuchte Leute, um Elefanten, Wasserbüffel, Rinder, Löwen, Gazellen und alle Arten von Tieren auszubilden und anzuleiten.

Bis zum heutigen Tage kommen mir Tränen, wenn ich an meine Löwengefährten denke. Diese beiden Geschöpfe liebten mich mit ihren ganzen, bemerkenswerten Herzen und waren ein großer Segen für mich. Die Weisheit, die sie mich lehrten, wird immer bei mir bleiben. Der männliche Löwe erlaubte es mir, auf seinem Rücken durch die Straßen zu reiten und blieb fast ständig an meiner Seite. Das weibliche

Tier beschützte mich mit all seinen wilden Mutterinstinkten. Ich erfuhr bestimmt keine größere Liebe und Treue als durch sie.

Nach ein paar hundert Jahren flachte die Aufregung, im Industal zu sein und eine neue Zivilisation zu schaffen, ab. Die Geschäfte gingen großartig, die Tempel waren erbaut und meine Priesterinnen waren so gut ausgebildet, daß sie die Dinge sehr gut ohne mich weiterführen konnten. Mein Freund Matali flog mich zur sumerischen Stadt Uruk hin und zurück, damit ich mich um Getreidelieferungen und dergleichen kümmern konnte. Es fehlte mir, in Sumer zu sein; ich vermißte Ägypten und Enkis Abzu. Meine Städte boten weniger geistige Anregung, und ich hatte keinen Weltraumbahnhof mit einem Zugang zur Orbitstation. Ich fühlte mich im Hinterland festgefahren.

Und ich hatte keinen Mann. So wie er sie einschätzte, meinte Matali, habe ich Glück, weil ich nicht mit einem meiner Verwandten verheiratet war.

Aus dieser Zwangslage heraus, kam mir ein wunderbarer Gedanke. Wieder in Uruk, verlieh Anu die Königsmacht an einen der leuchtenderen Lulus jener Zeit. Anu überließ jenen, die die Städte und Stadtstaaten regierten, begrenzte Macht. Wir gaben den Lulus die Zuständigkeit über jene menschlichen Angelegenheiten, die unsere Interessen nicht berührten.

Das Königtum wurde ein wichtiger neuer Bestandteil des Lebens auf Terra. Warum sollte nicht ich diejenige sein, die diese Macht verlieh? Wenn ich Anu davon überzeugen konnte, mir diese Aufgabe zu übertragen, müßte er sich nicht mehr darum kümmern und hätte mehr Zeit für sich und Antus Festlichkeiten. Ich wußte, Antu würde diese Idee gefallen.

Antu hatte mich immer geliebt, und ich habe ihr Gesicht auf den Statuen der Göttin in meinen Tempeln anbringen lassen. Als Anus Schwester hatte sie unzweifelhafte Macht, und sie hatte politische

Beziehungen in die ganze Galaxis. Ihre Verbindungen waren lehrbuchmäßig. Antu schien es nicht zu stören, daß Anu ständig neue Liebschaften hatte. Ich hatte immer den Verdacht, daß sie wußte, wie sie sich selbst in ekstatische Bewußtseinszustände bringen konnte. Sie ist eine so glückliche Frau, erfüllt von dem, was ihr *joie de vivre* nennt!

Um Anu und Antu davon zu überzeugen, daß ich für die Aufgabe, Könige auszuwählen, geeignet war, baute ich in Uruk einen Tempel. Der Tempel war Anu geweiht. Tief im Inneren, dem wichtigsten Bereich, stellte ich eine Tafel aus massivem Gold auf, in die kunstvoll und unübersehbar Antus Name eingraviert war. Die Tafel war auf einem erhöhten Podest aufgestellt und herrlich mit frischen Blumen und fließender Seide eingefaßt. Dieser Tempel in Uruk hieß die Wohnstatt von Anu. Aber die darin als Heiligtum verwahrte Tafel zeigte jedem, auf welche Frau Anu hörte. Was für ein Wurf! Sie liebten den Tempel beide! Als ich darum bat, das Recht zu erhalten, Könige zu ernennen, willigten sie ein. Wir einigten uns, daß Anu über meine Entscheidungen unterrichtet wurde. Meine Urgroßmutter war Antu war über meinen neuen Karriereschritt hoch erfreut. Und was hätte mir besseres passieren können, um einen Mann zu finden?

MARDUK UND KRIEG

Marduk, der älteste Sohn von Enki, ist in der ganzen Galaxis der letzte Mann, den ich heiraten würde! Enki, der das Leben und Frauen aller Rassen liebte, zeugte viele, viele Kinder. All diese Kinder wetteiferten miteinander um Länder, Königreiche, Armeen und Reichtum.

Mein letzter Ehemann Dumuzi, der jüngste von Enkis Haupterben, ruhte in Frieden und war für die anderen keine Bedrohung mehr. Nergal, der mit meiner Halbschwester Ereshkigal verheiratet war, war der zweite in der Machtfolge. Enki zeugte sogar mit seiner Schwiegertochter Ereshkigal ein Kind. Vielleicht bekam sie deshalb die Unterwelt, wo Nergal und sie herrschten. Es gab zahllose weitere Kinder von Enki, eine ganz hübsche Schlangengrube zankender Brüder und Schwestern.

Und dann war da Marduk, der alles für sich selbst beanspruchte. Manche meinten, Marduk stamme vom Mars. Wo auch immer seine Gene wirklich herkamen, jedenfalls war er der geborene reptilische Tyrann! Kaum war er aus dem Bauch seiner Mutter gekrochen, da dachte er auch schon darüber nach, wie er alles und jeden unter seine

Fuchtel bekäme. Alle klassischen reptilischen Merkmale schienen sich in einem großen Marduk zu vereinen.

Marduk ist sehr hochgewachsen, mit stechend roten Augen und einer goldoliv schimmernden Haut, die etwas schuppig ist. Er hat Überreste von Kiemen auf seinen Wangen. Ursprünglich war er mit einem Schwanz geboren worden wie sein Vater Enki, aber später ließ er sich den Schwanz durch eine Laseroperation entfernen. Er behauptete, der Schwanz sei ihm einfach im Weg, aber wie alle wußten, war es schiere Eitelkeit, die ihn trieb. Viele finden Marduk außerordentlich schön, von kalter Würde, einem blitzenden Verstand und dem Blick einer Kobra. Und er ist tatsächlich schön, wenn du diese Art Schönheit magst.

Enkis Söhne waren immer am streiten, schon als Kinder. Wie Enki und sein Bruder Enlil um die Macht kämpften, so taten es auch ihre Kinder. Es gab wohl zeitweilige Bündnisse, aber früher oder später wollte jeder, daß es nach seiner Nase ging, und es kam zu Schlägereien. Als Kinder fügten sich manche der Jungen mit den kleinen Spielzeug-Plasmagewehren entsetzlich Wunden zu. Einige der rivalisierenden Mütter lehrten ihre Kinder, wie sie Gedankenformen von eingebildeten Ungeheuern in die Träume der anderen Kinder lenken konnten. Die Mütter wußten, wenn Ihre Söhne Macht hatten, dann auch sie, und so vernachlässigten sie ihre Töchter und suchten für die armen Dinger nur möglichst mächtige Ehemänner.

Ein Familientreffen war gewöhnlich eine einzige Katastrophe, die sich gelegentlich zu der Pracht eines regelrechten Tumultes ausweitete. Die Jungen rauften und die Mütter feuerten sie an. Enki hielt sich meist aus Furcht und Verzweiflung zurück; er hatte es nie gemocht, jemanden zu disziplinieren.

Nach erheblichem Streit und Ränkeschmieden, wurde Ägypten Marduk zugesprochen. Enki blieb lieber im Abzu, wo er an verschiedenen genetischen und anderen Vorhaben herumexperimentierte, und so übergab er die Oberherrschaft über den Nil und die ihn umgebenden

Länder seiner Hoheit Marduk. Marduk machte sich auf der Stelle daran, überall gewaltige monolithische Statuen von sich aufzustellen. Diese Kunstwerke stellten seine Schönheit noch größer dar und hatten den Zweck, die Lulus einzuschüchtern oder einfach, ihnen Angst zu machen. Herrschaft durch Einschüchterung, das war Marduks Leitsatz. All die Tyrannen in der Geschichte Terras sind mehr oder weniger von Enkis Erstgeborenem beeinflußt worden.

Weil Ägypten Enkis Herrschaftsbereich war, war es seinem Gutdünken überlassen, das Wetter in der Nilgegend zu regeln, um die Wasserversorgung sicherzustellen und die Überflutungen zu kontrollieren. Auf Nibiru wird das Wetter durch Frequenzregler gesteuert. Auf Terra zog eine goldene, elektrisch geladene Satellitenscheibe über den Himmel, und durch Magnetfelder, die ihr bis heute nicht versteht, wurde die Wassermenge, die im Himmel über der Erde Wolken bildete, geregelt. Diese Tatsache ließ die Lulus meinen, wir hätten Macht über die Sonne und seien Götter, denen man Ehrfurcht erweisen müßte. Marduk unterstützte das natülich, nannte sich selbst sogar Ra, Herr der Sonne, und errichtete ihm geweihte Tempel überall in Ägypten. Er war überaus eitel, und es sollte immer nach ihm gehen.

Sonnengott, Leuchtender, Herr über Himmel und Erde und eigentlich jeder andere Titel, der einem der Götter verliehen worden war, wurde früher oder später von Marduk beansprucht. Selbst Enki hatte Angst vor ihm. Marduk schien die Macht zu haben, Enkis Willen durch eine Art Gedankenkontrolle zu unterwerfen. Die ganze Kraft Enkis wurde von Marduk aufgesogen, und Enki blieb machtlos.

Wir nannten die große Pyramide in Gizeh Ekur, ein Wort, das ein Haus bezeichnet, welches wie ein Berg ist. Enki und seine Söhne bauten dieses Ekur in Gizeh. Marduk legte den Platz an und Ningishzidda, der Sohn von Enki und Ereshkigal, baute die plejadische Technologie ein. Die Pyramide war der eigentliche Generator der Energie, die wir für all unsere Raumfahrzeuge, die Wetter-Satellitenscheiben und das

Kommunikationssystem benutzten. Botschaften von den Plejaden, unserem Heimatplaneten Nibiru und der Raumstation im Orbit von Terra kamen zu jener Zeit zum Ekur. Wer die Große Pyramide beherrschte, hatte in der Familie die Macht.

Marduk und Nergal fingen an, um das Kommando über das Ekur zu kämpfen. Marduk klonte sich und schuf so eine Armee von entsetzlichen Kriegern von großer Gestalt, die leicht zu ersetzen waren. Mit seinen Legionen von Klonen griff er Nergals Streitkräfte an und es kam zum Krieg. Als es den Söhnen von Marduk gelang, das Ekur zu erobern, bemächtigte Gier und Ehrgeiz sich ihrer. So gegeneinander kämpfend führten sie ihre Legionen auf den Raumbahnhof zu, der Enkis Bruder Enlil gehörte. Indem sie Enlil und die ganze Familie mit diesem Gesetzesbruch herausforderten, lösten die Söhne von Marduk einen langen und blutigen Familienkrieg aus, der schließlich die Familie von Anu in zwei festgefügte Lager spaltete, die Enliliten und die Enkiliten.

Enlil würde es nie zulassen, daß die Söhne seines mit ihm rivalisierenden Bruders sowohl das Ekur als auch den Weltraumbahnhof kontrollierten. Er konnte nicht alle Kommunikationswege zu den Plejaden, nach Nibiru und zur Orbitstation den Enkiliten überlassen. Enlil und seine Söhne nahmen den Kampf auf.

Ninurta wurde erwählt, die enlilitischen Kräfte gegen Marduk ins Feld zu führen. Als Sohn von Enlil und Ninhursag, lebte er nur dafür, seinem Vater zu gefallen. Er führte Enlils Befehle geradezu mit Besessenheit aus und hatte in der Regel auch Erfolg. Ich fand ihn immer ziemlich merkwürdig, äußerst egozentrisch, einen richtigen Balg. Als alleiniger Mittelpunkt für seine Mutter hatte er einige unangenehme Eigenschaften mitbekommen, und Ninurta und ich hatten als Kinder wütende Kämpfe ausgetragen. Doch diesmal kämpften wir gemeinsam auf derselben Seite. Als Enkelin von Enlil bin ich eine geborene Enlilitin, und so war ich diesmal froh, Ninhursags Sohn Schlachten für meine Seite der Familie gewinnen zu sehen.

Mein Vater Nannar hatte auch Streitkräfte unter seinem Kommando und ich bestand darauf, auch in die Schlacht zu ziehen! Ich hatte in der Waffenkunst den Grad des Goldenen Falken erreicht. Ich kämpfte wirklich an Ninurtas Seite, und einmal brachte ich ihm eine Waffe, die er dringend brauchte. Ich nehme an, das war das einzige Mal, daß er wirklich froh war, mich zu sehen!

Der Krieg war von unbeschreiblicher Grausamkeit und wir benutzten die Lulus als Soldaten. Manchmal waren ganze Dörfer im Schußfeld unserer großen Strahlungswellen, und unschuldige Lulus starben zu Tausenden. Noch viel mehr starben in Nergals afrikanischem Gebiet am Hunger, denn Ninurta ließ die Flüsse austrocknen und verbrannte die Ländereien mit Plasmafeuer. Ninurta setze auch ein, was ihr Chemiewaffen nennen würdet; das schreckliche Madhava-Geschoß vergiftete alles in weitem Umkreis. Es wurden viele verschiedene zerstörerische Waffen eingesetzt, aber die ausgeklügeltste war die Ruadra-Waffe. Sie erzeugte ein Hologramm von riesigen Armeen anstürmender Dämonen und Ungeheuer, bewaffnet mit Plasmagewehren und schrillem, blutrünstigem Kriegsgeschrei. Marduks Lulu-Heerscharen konnten sich nicht vorstellen, daß es nur eine Erscheinung war, und sie wandten sich zur Flucht, sodaß es Marduks Klone allein mit den Legionen Ninurtas aufnehmen mußten.

Gegen Ende des Krieges gelang es Ninurta, den Abzu zu überfluten, und Enki und seine Söhne waren gezwungen, in der Großen Pyramide Zuflucht zu suchen. Im Schutz des Ekur erzeugten die Enkiliten eine Mauer aus giftigem Licht um den ganzen Komplex. Diese Mauer war ein Kraftfeld, das von den beträchtlichen Kapazitäten der Großen Pyramide selbst gespeist wurde. Keine unserer Waffen konnten sie durchdringen.

Ninurta rief meinen Zwillingsbruder Utu zu sich und befahl ihm, das Ekur von jeglicher Wasserversorgung abzuschneiden. Wie lange konnten sie ohne Wasser leben? In seiner Verzweiflung unternahm einer von Enkis jüngeren Söhnen einen waghalsigen Versuch zu fliehen und

Wasser zu besorgen. Bei diesem tollkühnen Unternehmen wurde der arme Junge von Ninurta und seiner Glanzlichtwaffe geblendet. Ein Familienmitglied verletzte ein anderes ernsthaft; das hatte es noch nie gegeben. Selbst Marduk hatte gedungene Mörder eingesetzt, um meinen Mann Dumuzi zu töten.

Also griff Ninhursag ein. Es reichte ihr. Es war schlimm genug für sie, daß wir ihre Lulus abschlachteten, daß wir aber die Mitglieder unserer eigenen Familie verstümmelten oder töteten, das war nicht hinzunehmen. Sie befahl ihrem Sohn Ninurta, ihr einen Strahlenschutzanzug zu geben und dann ging sie langsam auf das Ekur zu. Niemand würde es jemals wagen, Ninhursag anzugreifen, noch nicht einmal Marduk! Sie ist die Tochter von Anu, und ihr könnt darauf wetten, daß Enki sich ziemlich unbehaglich fühlte, als sie ihm befahl, die giftige Lichtwand niedriger zu machen.

Die Friedensverhandlungen begannen. Ninhursag erklärte Enki und seinen Söhnen, daß Anu sie bevollmächtigt hatte, dem Wahnsinn ein Ende zu machen. Enki wurde aufgefordert, sich auf der Stelle Enlil zu unterwerfen. Enki blickte Zustimmung heischend auf Marduk, und Marduk willigte ein. In jenen Zeiten hatte Marduk noch Angst vor Anu.

DAS EKUR

Die Große Pyramide von Gizeh, das Ekur, ist ein natürlicher Energie-
kollektor. Selbst ohne die Verbesserungen durch die plejadische Technologie wird jede Pyramide die umgebenden Frequenzen bündeln
und verstärken. So wurde der Haß und die Wut, die von unserem
Krieg hervorgerufen wurden, durch das Ekur ungeheuer verstärkt.
Die Atmosphäre von Terra verdunkelte sich und wurde schwer durch
unseren Haß auf einander. Diese neue Dichte, diese Verminderung
der Frequenz, sickerte in jedes lebende Wesen auf Terra ein und veränderte es. In ihrer Weisheit sah Ninhursag, was vorging, aber wir
übrigen sahen es nicht.

Eure heutigen Wissenschaftler kennen das Magnetfeld, das alle Astral-
körper umgibt und als Magnetosphäre bekannt ist. Wenn die Magnetosphäre auch den ganzen Planeten umgibt, so wird sie doch an den
beiden Polregionen von Terra gebündelt und konzentriert. Sie wissen
auch, daß die Magnetosphäre Terra vor den Sonnewinden schützt,
die aus hochenergetischen Plasmapartikeln bestehen, die sich mit
einer Geschwindigkeit von 320 km pro Stunde fortbewegen. Diese

Sonnenwinde würden euren Planeten direkt bombardieren, gäbe es nicht das umgebende Magnetfeld, das das Solarwindplasma abhält.

Plasma ist die energiereichste Materie in unserer Galaxis und deshalb als Energiequelle sehr begehrt. Die Pyramiden enthielten eine plejadische Technologie, die euch gegenwärtig unbekannt ist und die das Plasma der Solarwinde aufnahm und in Energie umwandelte. Die Pyramiden waren wohldurchdacht um den ganzen Planeten herum aufgestellt worden und wurden als Kollektoren genutzt, um das Plasma aufzufangen. Das Ekur war das größte dieser Kraftwerke auf Terra. All unsere Raumfahrzeuge enthalten ähnliche, sehr viel kleinere Kollektoren. Natürlich haben alle Planeten, die die Plejadier kolonisierten, Pyramiden, die die Plasmaenergie sammeln.

Das Ekur war darauf ausgelegt, das Plasma der Sonnenwinde mit dem Magnetfeld vom Erdkern zu verbinden. Dieses hochenergetische Plasma wurde trichterförmig entlang der vertikalen Achse der Pyramide herabgeführt, während der Magnetismus aus dem Erdkern entlang derselben vertikalen Achse nach oben gelenkt wurde. Beide wurden in einer starken, zusammenhängenden Leitung konzentriert, analog etwa zu dem, was eure Wissenschaftler mit dem Licht in der Lasertechnologie machen. Tausende von uns so genannter »Singender Steine« empfangen diese Energie und wandeln sie um. Es gibt riesige Stücke aus Bernstein, Rubin und Saphir; hohe Kristalle von Citrin, Smaragd und Aquamarin stehen in harmonischer Ordnung zusammen mit Amethyst, Diamant und Bergkristall. Viele der Steine, wie etwa Uzup, sind euch nicht bekannt, denn sie stammen aus dem plejadischen Sternsystem.

Diese »Singenden Steine« befinden sich in Abständen zu einer deutlichen Spirale angeordnet genau in der Mitte des Ekur, und in der Mitte der Spirale ist ein monolithischer blauer Kristall. Die Spitze des Kristalls befindet sich, für die größtmögliche Energieverstärkung, genau auf einer Linie mit der Spitze des obersten Decksteines der Pyramide. Die »Singenden Steine« zu erblicken ist wirklich wunderbar.

Wenn das Plasma von der Spitze des Ekur eintritt und der Magnetismus von der Erde heraufströmt, treffen sie sich in dem blauen Kristall in der Mitte. Die beiden Energien vereinen sich, wirbeln in einem massiven und mächtigen Strudel in Form eines Wulstes, einer geometrischen Form, die wie ein Donat aussieht. Wenn sich der Wulst bildet, werden die beiden Energien in einer wunderschönen, spiralförmigen Vereinigung von Kräften zu einer einzigen Kraft. Der Wulst des Magnetflusses wird letztlich in Gang gesetzt, indem der eine Ring sich einwärts, der andere auswärts dreht. Auf diese Weise erzeugen wir fortwährende Bewegung.

Die Schönheit dieser Technologie ist für uns nicht ungewöhnlich. Die Formen, die wir Plejadier benutzen, müssen im Einklang mit ihrem Zweck sein; daher ist die Funktion nie von größerer Bedeutung als die Form. Das eine muß das andere widerspiegeln und ihm gleichwertig sein, oder die Wirksamkeit ist vermindert. Unsere Raumfahrzeuge und unsere Städte sind ebenfalls von vollkommenster anmutiger Schönheit.

Mir ist bewußt, daß darüber gestritten wird, ob die äußere Hülle des Ekur aus weißem Alabaster oder aus Türkis bestand. Es stimmt beides. In einem Zeitraum von 300.000 Jahren machten wir Versuche mit verschiedenen Eindeckungen um festzustellen, welche die meiste Energie hervorbringen würde, aber der oberste Deckstein bestand immer aus Gold, denn Gold ist ein ganz hervorragender Umwandler.

Nachdem das Friedensabkommen durch Schwüre besiegelt worden war, wurde Ninurta beauftragt, alle Waffensysteme aus dem Ekur zu entfernen und lediglich genug Energie dort zu belassen, um das Wetter zu regeln und ein paar Kommunikationsgeräte aufrecht zu erhalten. Ich folgte ihm in die Große Pyramide. Als Ninurta die »Singenden Steine« entfernte, bat ich ihn um ein paar Smaragde. Ninurta weigerte sich und erklärte scheinheilig, daß alle diese Steine zu dem neuen Machtzentrum in Heliopolis gebracht werden mußten, das im Herrschaftsbereich von Enlil lag.

Ninurta, stets streng und unnachgiebig, lebte im Schatten meines Vaters Nannar. Sie waren beide Enlils Söhne, aber mein Vater Nannar ist so bezaubernd und stattlich und so begabt, daß Enlil meinen Vater ganz offensichtlich Ninurta vorzog. Ninurta konnte nur hoffen, Enlils Anerkennung zu finden, wenn er fortfuhr, seine Pflichten gewissenhaft zu erfüllen; daher war Ninurta sehr gründlich und nicht besonders lustig. Pflichterfüllung und Treue sind wunderbare Eigenschaften, aber Ninurta hatte keinen Sinn für Spaß.

Enlil ist streng in der Befolgung der nibiruischen Gesetze, und wenn Enlil auf Terra ein Gesetz erlassen hatte, folgte er ihm bis auf den letzten Buchstaben. Sein Bruder Enki ist flexibler und hat eine stärkere Vorstellungskraft. Enlil stellte sich gewöhnlich auf die Seite von Nibiru, während Enki eine tiefe Liebe für Terra und die Lulus empfand und oft für die Besserstellung der Menschheit eintrat.

Als Teil des Friedensabkommens hatte Enki gewisse die Lulus betreffende Forderungen erhoben, die von unserem Krieg schwer getroffen waren. Viele Städte waren zerstört worden, und die Lulus waren in großer Zahl umgekommen. Enki verlangte, daß die zerstörten Städte wieder aufgebaut und neue errichtet werden sollten. Er wollte den Lulus die Möglichkeit geben, mehr als Arbeitssklaven zu sein; deshalb wurden Gesetze erlassen, die den Lulus die Chance gab, sich die Arbeit ihren Anlagen entsprechend auszusuchen. Man gab ihnen eine größere Zahl von Berufen und mehr schöpferische Aufgaben in ihren gesellschaftlichen Strukturen.

Wegen der Verheerungen des Krieges, sollten Enkis Söhne in ihrer Macht beschränkt werden. Marduk tobte, als er mitbekam, daß die Gegend von Gizeh und Unterägypten seinem Halbbruder Ningishzidda zugesprochen wurde. Ningishzidda wurde in dem Familienkrieg als neutral angesehen, weil er ein Sohn von Enki ist, seine Mutter Ereshkigal aber eine Enkelin von Enlil. Marduk beanspruchte ganz Ägypten. Marduk wollte die ganze Welt.

Ninurta wurde die Herrschaft über Sumers neuer Hauptstadt Kish übertragen, wodurch er noch mehr Macht bekam, was Marduk noch mehr aufbrachte. Marduk beanspruchte Kish und die Herrschaft über Sumer für sich. Er wollte auch seine Lieblingsstadt Babylon. Wir alle liebten Babylon; es war so reizend in jenen Tagen, und seine bekannten Gärten waren der Ort für viele unserer berühmtesten Feste. Das Volk von Babylon nannte mich Ischtar, und mir zu Ehren baute es ein wunderbares, mit Gold und Lapislazuli bedecktes Steintor. Wenn ihr heute dort hinfahrt, könnt ihr in der alten Stadt die Überreste der Tempel sehen, die wir alle dort für uns gebaut hatten.

Marduk war von den Herrschaftsbereichen ausgeschlossen, die er ammeisten begehrte. Über seine Verluste brütend, entschloß er sich, ein paar kleine Ränke zu schmieden, und entwickelte einen Plan, die Lulus als Werkzeug gegen die anderen Götter zu benutzen.

Sich Kasteiungen unterziehend – starken Fokussierungsübungen – aktivierte Marduk seinen kobra-artigen Willen. Unter Zuhilfenahme von Kristallen und Frequenzstrahlungen, legte er Gedankenformen in die empfänglichen Seelen der Menschen. Marduks Magie war ein großer Erfolg. Zum ersten Mal überhaupt kam den Menschen in den Sinn, daß sie sein konnten wie wir! Sie wachten in der Nacht auf mit der Vision eines großen Turms, der sich in den Himmel erhob, und mit dem Wissen, wie er zu bauen war.

Die Lulus schienen von ganz Terra zu kommen, als sie sich auf den Feldern vor Babylon versammelten. Sie fingen an, einen Turm zu bauen, um in den Himmel zu gelangen und von den Göttern die Gleichberechtigung zu fordern. Sehr gefährlich! Marduk muß geglaubt haben, er könne einen solchen Unsinn hinterher wieder aus ihren Hirnen entfernen. Der Herr Marduk gibt es und der Herr Marduk nimmt es!

In jener Zeit benötigten die Lulus nur eine sehr einfache Sprache. Weil ihr Wortschatz sich auf das beschränkte, was erforderlich war, um niedrige Arbeiten auszuführen und Befehle entgegenzunehmen, kamen in ihrem Reden vielschichtige Zusammenhänge selten vor. Doch sie besaßen noch Reste ihrer ursprünglichen telepathischen Fähigkeiten aus jener Zeit, als sie mit den Tieren Terras im Einklang lebten, und diese telepathischen Fähigkeiten kamen voll zur Entfaltung, als die Lulus zusammenkamen und auf so geheimnisvolle Weise anfingen, ihren Turm zum Himmel zu bauen.

Als Enlil vernahm, was die Lulus taten, begab er sich eilig an die Stätte und ging unter ihnen umher, um sie zu warnen. Er sagte ihnen, was sie taten sei gegen den Willen ihrer Schöpfer, und sie müßten aufhören oder sie würden bestraft werden. Zu Enlils Erstaunen, hörten sie nicht auf ihn. Es war, als sahen oder hörten sie ihn gar nicht. Nur ein Gott konnte diese Magie erstehen lassen, und der einzige Gott, von dem er sich das vorstellen konnte, war Marduk, der verachtete Sohn von Enki. Enlil wußte, er mußte drastische Maßnahmen ergreifen und ein Kraftfeld erzeugen, das größer war als Marduks.

Enlil zerstörte den Turm zu Babel mit einem Partikelstrahl. Die Lulus wußten nicht, was da zuschlug. Die meisten starben; und jene Unglücklichen, die überlebten, erfuhren die Schmerzen der Strahlenkrankheit. Zudem hatten sie ihr Gedächtnis verloren; es war leergefegt. Die Lulus stolperten ziellos umher und fragten sich, wohin sie gehen sollten oder woher sie kamen. Es war ein mitleiderregender Anblick. Alle Lulus auf ganz Terra spürten eine unsichtbare Trennwand um ihr Sein emporwachsen, Städte und Dörfer wurden von Enlils Frequenzen der Trennung überschwemmt. Und seit jener Zeit wurden alle Menschen ermutigt, ihre Unterschiede zu betonen und zu entwickeln. Neue Sprachen entstanden für jede Gegend. Rassen fingen an, andere Rassen herabzusetzen, und die Menschen lernten Angst vor einander zu haben. Die Lulus lernten zu hassen und sie fingen an, sich zu bekriegen.

Um die Verwirrung noch zu steigern, wurden jedem Gott viele verschiedene Namen gegeben. Menschen stritten darüber, welcher

Gott der wahre Gott sei – dabei war es oft derselbe, nur mit einem anderen Namen. Ich wurde zu Ischtar, Venus, Hathor, Aphrodite, Lakshmi, Rhiannon und zahllosen anderen. Der Hader unter den Lulus wurde geschürt. Niemals wieder würde man es euren Vorfahren erlauben, sich gegen uns zu vereinen, und nie wieder würde sich das Menschengeschlecht daran erinnern, daß alle demselben Ursprung entstammten, ein wildes Geschöpf von Terra und meiner Großtante Nin.

Mein letztes Erlebnis mit dem Ekur betrifft mich und Marduk. Ihr erinnert euch, daß Marduk dahintersteckte, als mein Mann Dumuzi getötet wurde. Es ist wahr, sowohl vor wie auch nach dem Krieg hatte ich den Herzenswunsch, über Ägypten zu herrschen, und Dumuzi war zu schwach gewesen, es allein seinen Brüdern wegzunehmen. Ägypten war so reich, und mit meiner Hilfe und Ermunterung hätte Ägypten Dumuzis werden und ich seine Königin sein können. Marduk war entschlossen, mein Vorhaben zu vereiteln. Ich habe mich in seiner Nähe noch nie wohlgefühlt; sein Bedürfnis, jeden zu gängeln und zu bevormunden war so unerfreulich. Selbst seine äußere Erscheinung stieß mich ab. Seine grausige, majestätische Schönheit war einzig dazu da, Furcht zu wecken.

Nach Dumuzis Tod hatte es eine Befragung gegeben. Marduk behauptete, obwohl er nur den Befehl gegeben hatte, Dumuzis Flucht aufzuhalten, sei er unglücklicherweise zu Tode gekommen, ein Unfall als Folge des Übereifers seiner Truppe.

Während des Krieges hatte ich mir wegen meines Mutes und der Beherrschung der Waffen einen guten Ruf erworben. Als ich von Marduks verstiegener Ausrede für den Mord an meinem Ehemann hörte, war ich wie von Sinnen. Ich ließ verlauten, daß ich mir Marduk vorknöpfen würde. Mein Ruf als tüchtige Kriegerin machte ihm Angst, und so floh Marduk in das Ekur. Ich flog zu den Pyramiden hinab. In eine goldene Rüstung gehüllt und meine Waffen schwingend, befahl ich Marduk mit herrischer Stimme, herauszukommen. Er hörte nicht auf mich, etwas, das ich hasse, und natürlich verlor ich meine Fassung. Alle möglichen Verwünschungen ausstoßend, hob ich meinen Plasmastrahl und fing an, die Seiten der Großen Pyramide zu beschießen. Die Steine des Ekur begannen zu zittern.

Das muß ein Anblick gewesen sein, als ich, barbusig und schön, meine schreckliche Wut losließ. Ich bin leidenschaftlich. Wir alle machten abfällige kleine Witze über Marduk und seinen Schwanz, den er sich hatte entfernen lassen; so beschimpfte ich ihn als Große Schlange und bedachte ihn noch mit anderen hervorragenden Namen, die ich hier nicht wiederholen will.

Die anderen Götter wurden ein bißchen unruhig. Mein Bruder Utu rief Enlil, und da Enlil wußte, daß Anu der einzige war, auf den ich hörte, rief er Anu. Ein Hologramm von Anu erschien im Himmel über Gizeh. Anu beschwor mich, seine vielgeliebte Inanna, aufzuhören und von meinem Vorhaben abzulassen. Anu wußte, daß Marduk geheime Waffen im Ekur hatte, und wollte nicht, daß seiner Inanna etwas zustieß. Er liebt mich. Anu riet mir, Marduk vor ein Gericht der Götter zu bringen. In Ordnung, dachte ich. Ich wußte sowieso nicht, wie ich in die Pyramide vordringen sollte, und außerdem gingen mir langsam die Verwünschungen aus.

Wir hatten noch nie zuvor eine richtige Gerichtsverhandlung gehabt. Enlil war verbannt worden, weil er seine zukünftige Frau vergewaltigt hatte, aber er war nie in einem Gerichtssaal vernommen worden. Eigentlich wußte niemand so recht, was zu tun war, und niemand mochte einen anderen Gott für etwas verurteilen, das er selbst vielleicht einmal tat, denn der Präzedenzfall einer Bestrafung konnte eines Tages auf ihn selbst zurückfallen. War Marduks Verbrechen mit dem Tode zu bestrafen? Denn er hatte Dumuzi ja von anderen töten lassen. Keiner war gewillt, über ein Mitglied der Familie von Anu das Todesurteil auszusprechen.

Es war an mir, die Forderung zu erheben. Und mein Adrenalinspiegel war vom Angehen gegen die Pyramide noch ziemlich hoch.

Ich ersann die perfekte Strafe: Marduk im Ekur zu versiegeln, ihn lebendig zu begraben ohne Nahrung und Wasser. Da niemand die Initiative ergreifen wollte, stimmten alle meinem Plan zu. Marduk würde im Ekur lebendig begraben werden. Ich war glücklich.

Ich wußte, auch ohne Nahrung und Wasser würde die Energie der Pyramide Marduk eine ganze Zeit am Leben halten. Das würde einen langsamen, grausigen Tod bedeuten. Ich war sehr zufrieden mit mir. Ich kann so erfinderisch sein; und ich hatte Dumuzi gerächt. Nicht daß ich Dumuzi all zu sehr geliebt hätte, aber ich hatte Marduk hassen gelernt und ich wollte ihn aus dem Weg haben. Ich war bei den Zeremonien persönlich anwesend. Sie zogen lediglich an Hebeln, und gewaltige Steinblöcke fielen an ihren Platz, einer auf dem anderen, um Marduk einzuschließen.

Nun, selbst Marduk hat eine Mutter. Sie war über das Begräbnis ihres Sohnes nicht erfreut und fing sogleich an, sich bei Enki für ihn zu verwenden. Noch überschwenglicher tat das Marduks Schwester und Frau, Sarpanit, die Tag und Nacht nackt vor dem Ekur auf und ab schritt. Sie machte ein ganz schönes Spektakel, weinte und schlug mit ihren winzigen blutenden Händen gegen die Mauern. Eine große Menge von Lulus sammelte sich, um zuzuschauen, und Enki gab nach. Er drängte mich, einzuwilligen. Wir standen uns sehr gut, Enki und ich. Er hatte mir schließlich die göttlichen *MEs* gegeben, also stimmte ich der Freilassung widerstrebend zu.

Ich wußte, daß es ein Fehler war, aber ich konnte mit Enki nicht lange streiten. So gab ich unter der Bedingung nach, daß Marduk in all meinen Tempeln Opfer bringen und um meine Gnade bitten sollte. Der oberste Deckstein des Ekur wurde mit mächtigen konzentrierten Plasmastrahlen wieder an seinen Platz gesetzt und Marduk wurde befreit. Wenn Marduk und ich uns schon vorher nicht gemocht hatten, so könnt ihr euch wohl vorstellen, daß dieser kleine Vorfall unsere Beziehung nicht gerade verbesserte. Vielleicht wachte er manchmal in der Nacht auf und hörte meinen Schrei: »Begrabt ihn lebendig!«, der ihm das Blut in den Adern gefrieren ließ. Er war jetzt mein Feind. Ich wußte, er würde eines Tages Rache nehmen. Für den Augenblick wurde er zur Strafe für den Mord an Dumuzi ins Exil geschickt.

Marduks Ehrgeiz, die Welt zu beherrschen, würde nicht so einfach vergehen. Eines Tages würde er wieder da sein. Dunkel und brütend durchbohrten Marduks rote Augen meine Seele. Ich spürte ihn warten und in stiller Wut seine Pläne schmieden.

GILGAMESCH

Im plejadischen Sternsystem sehen wir uns als Informationssammler für den Urschöpfer. Der Urschöpfer *ist*, und wir sind ausgesandt worden, um in Zeit und Raum Erfahrungen zu sammeln. Ihr mögt mich nach den Maßstäbe eurer Welt beurteilen, ich aber beurteilte mich nicht. Ich lebte einfach und lernte. Wenn ich eine Erfahrung nicht erfüllend fand, ging ich zu einer anderen über.

Der Urschöpfer stellt eine Mutterleib-Matrix dar, die wir Muttergöttin nennen, und sie bringt viele andere Quellen der Schöpfung hervor. Eine Vielzahl höherer Wesen formen Gedanken; und diese Gedanken werden Klang; und Klang wiederum fließt hinaus zu seiner entsprechenden Frequenzebene und verkörpert Wirklichkeiten.

Meine Abenteuer waren Teil der Bewegung all dessen, das vor mir erschaffen worden war. Ich rühre von einer Linie her: Ich bin Urschöpfer, Muttergöttin und meine uralten Urahnen von anderen Dimensionen und Sternsystemen. Ich bin Teil von Anu und Antu, Ich bin Enlil und Ninhursag, und ich trage meinen Vater und meine Mutter in mir. Das Bewußtsein all dessen kam mir, und ich drückte es in meiner Schöpferkraft aus.

In jener Zeit auf Terra erkannte ich nicht, daß meine Taten den Lulus und ihren Nachkommen – euch – Schaden zufügen konnten. Und ich wußte bestimmt nicht, daß solcher Schaden in mein eigenes Leben zurückfluten und die *Wand* bilden könnte.

Nachdem Anu mir das Recht gewährt hatte, die Königswürde zu verleihen, pendelte ich zwischen Uruk und dem Industal hin und her. Getreide und andere Waren flossen reichlich auf meinen Handelsrouten, meine Priesterschaft wurde mit jedem Tag reicher, und alle waren glücklich. Dennoch, ich hatte keinen Mann.

Ich befand mich in derselben Lage wie meine Großtante Nin. Es stand kein passender Mann zur Verfügung. Mit den Jahren verfolgte ich, wie Ninhursag sich immer mehr zurückzog und verbitterter wurde, und ich wollte nicht enden wie sie. Ich bin nicht der Alte-Jungfer-Typ, und ich fühlte mich wie eine lose Kanone an Deck. Ich war so schön und nur ein bißchen grausam. Was war zu tun?

Um mit diesem kleinen Problem fertigzuwerden, kam ich auf die Idee, die Rituale des Königtums mit denen der heiligen Hochzeit zu verbinden. In dieser herrlichen Zeremonie wurde der künftige König für eine Nacht zu meinem Gemahl. Der Tempel wurde mit Blumen bedeckt und in Kerzenlicht getaucht. Der Duft der Blumen und der Wohlklang süßer Musik erfüllte die Tempelhallen. Ich wurde mit Seide angetan, mit einer goldenen Tiara gekrönt und von Priestern und Priesterinnen zu dem heiligen Bett geführt, wo mein Geliebter wartete.

Ich hatte viele Kinder auf diese Weise und schuf in diesen Zeremonien viele königliche Linien. Ich, die ich keinen echten Ehemann meiner Rasse hatte, konnte mich an der Hochzeitszeremonie immer wieder und wieder erfreuen. Die Zeremonie der heiligen Hochzeit war bei den Lulus sehr beliebt. Wegen dieser Zeremonien liebten sie mich, und so gewann ich Macht über die Städte.

Der Brauch, mit den Lulus Kindern zu haben, wurde auch von den Männern der Familie Anus praktiziert. Enki konnte die vielen

Liebschaften gar nicht mehr zählen, derer er sich erfreute, und nicht die Kinder, die er zeugte. Mein Vater Nannar und mein Bruder Utu waren nicht anders. Ich machte aus einer allgemeinen Übung nur ein feines Ritual, und die Zeremonie der heiligen Hochzeit machte mich bei den Lulus sehr populär.

Das Ritual der heiligen Hochzeit erlaubte es mir auch, Männer zu schaffen, die mächtig genug waren, um mein Interesse zu wecken. Ich lehrte sie Weisheit, Wissen und Magie. Der sicherste Weg, diese Frequenzen zu vermitteln, ist der Akt der sexuellen Vereinigung, wenn er mit dem höchsten Bewußtsein und einem klaren Fokus vollzogen wurde. In diesen Dingen bin ich ein Naturtalent, und viele Männer zogen aus diesen Einweihungen großen Nutzen.

Das DNS der Lulus wurde durch meine genetischen Infusionen gestärkt und potenziert. Unbewußt verband ich mich umgekehrt mit den Erblinien Tausender menschlicher Wesen und so auch mit ihrem zukünftigen Leben. Meine Gene verwoben sich in einem Strom von Menschen, und ohne es zu wissen, wurde ich Teil von ihnen.

Ihr kennt das: Man sitzt etwas gelangweilt herum und möchte, daß etwas passiert, und durch den Gleichklang der Zeit wird man in eine neue Welt gezogen. Ohne einen bewußten Gedanken daran, wo das alles hinführt, zieht dich die Aussicht von frischen, neuen Erfahrungen an, und das Gewebe der Zeit fängt dich in seinem Netz. Ebenso wurde ich für immer in das Netz von Terra und des Lebens ihrer Bewohner hineingezogen.

Mein Bruder Utu war recht glücklich mit Aya verheiratet, und gelegentlich besuchte ich sie. Utu und ich standen uns immer sehr nahe, und ich weiß, er hat mich gern. Aber er war so sehr mit den all den Flügen der Raumfähre von Terra zur Raumstation und zurück beschäftigt, daß wir kaum Zeit hatten, uns zu sehen. Aya war von den Kindern, ihrer Schule und ihrer Kleidung voll in Beschlag genommen. Ninurta und seine Frau Gula waren genauso. Gula redete nur von ihren Kindern. Ninurta hatte so viele Verpflichtungen, daß selbst er und Gula sich nicht sehr häufig sahen. Ich bewunderte diese Frauen für ihre Hingabe an ihre Kinder, aber das war mir nie genug. Ich konnte gar nicht erwarten, zu den Tempeln zurückzukehren und die Wareneingangsberichte zu prüfen. Die Zeremonie der heiligen Hochzeit verschaffte mir die Freiheit, meine Geschäftsinteressen zu verfolgen und gleichzeitig die Freuden vieler Ehemänner und Kinder zu genießen.

Meine heiligen Hochzeiten zogen Männer von ganz Terra an. Ich beobachtete die Männer, die in die Tempel kamen, und stellte ihre Intelligenz und ihre Fähigkeiten auf die Probe. Und ich machte es mir zur Gewohnheit, mir die besten herauszusuchen, so wie sie mir gefielen. Dann begegnete ich eines Tages einem Mann, der mich zurückwies – Gilgamesch!

Gilgamesch war von meinem Bruder Utu zum fünften Herrscher der Dynastie von Uruk ernannt worden. Ich war gerade geschäftlich im Industal, und Utu lag sehr daran, Gilgamesch die Königswürde zu verleihen. Utu war ihm sehr zugetan, denn er stammte aus Utus Erblinie. Utu hatte sich einmal sehr zu einer meiner Tempelpriesterinnen hingezogen gefühlt, und aus ihrer Vereinigung ging ein Mann hervor, der seinerseits so begehrenswert war, daß er mit einer rein nibiruischen Dame verheiratet wurde. Ihr Sohn war Gilgamesch, und der nahm für sich in Anspruch, zu zwei Dritteln Gott und zu einem Drittel Mensch zu sein, ein Anspruch, aus dem er gewisse Rechte ableitete.

Gilgamesch war äußerst stattlich, man könnte ihn einen Hünen nennen, und er war beim Volk sehr beliebt. Gilgamesch wurde von allen geliebt, und Utu war in diesen Heldenkönig, in dessen Adern das Blut meines Bruders floß, geradezu vernarrt.

Sehr gelehrig, fing Gilgamesch an, alles über die Geschichte von Terra und der Familie von Anu zu lernen. Je mehr er lernte, umso mehr litt er unter dem Gedanken seiner eigenen Sterblichkeit. Gilgamesch wollte nicht sterben. Schließlich, so meinte er, sei er zu zwei

Dritteln ein Gott und sollte deshalb genauso unsterblich sein wie Utu und die anderen Götter. Er bat seine Mutter und seinen Großvater Utu, ihm zu helfen. Utu sagte ihm, er solle es sich aus dem Kopf schlagen. Die anderen Götter würden es nicht zulassen, und Gilgamesch solle die Zeit, die ihm zugemessen sei, genießen.

Enttäuscht und niedergedrückt, fing Gilgamesch an, heftig zu trinken. Er ging zu Saufgelagen, aß, trank und vögelte, und er forderte alle und jeden heraus, mit ihm zu kämpfen. Verzweifelt versuchte Gilgamesch sich von dem Gedanken an den Tod abzulenken. Sein sprunghaftes Verhalten und seine Gewaltausbrüche brachten den geregelten Lebensfluß in Uruk aus der Bahn.

Die Götter hatten das Gefühl, etwas tun zu müssen, um Gilgamesch zu beruhigen. Gilgamesch brauchte einen Freund, einen Ebenbürtigen, und in der Wildnis lebte ein Mann namens Enkidu. Enkidu war einer von Enkis genetischen Experimenten, und mit seiner körperlichen Kraft konnte er es mit Gilgamesch aufnehmen. Die Götter beschlossen, Enkidu einzufangen und Gilgamesch zum Gefährten zu geben. Enkidu war seiner Natur nach noch wild und unschuldig. Er konnte sich telepathisch mit den Tieren der Steppen und Wälder verständigen. Um Enkidu zu fangen, schickten die Götter eine meiner Priesterinnen, um ihn zu verführen. Enkidu hatte noch nie etwas gesehen, was dieser wunderschönen Frau gleichkam. Von ihrem liebreizenden Körper verzaubert, überkam ihn die Lust und er vereinte sich wieder und wieder mit ihr. Sieben Tage und Nächte verlor Enkidu sich im Meer ihrer Schönheit in der Trance ekstatischer Leidenschaft. Als er schließlich befriedigt war, sah er sich nach seinen Freunden, den Tieren um. Aber sie kannten ihn nicht mehr, und als er versuchte, sich ihnen zu nähern, flohen sie seine Nähe und liefen voll Angst davon. Enkidu war ein anderer geworden.

Da er sich nun verloren und allein fühlte und nicht wußte, wo er hingehen sollte, folgte Enkidu ängstlich der Priesterin nach Uruk, wo er Gilgamesch übergeben wurde. Die Freundschaft von Gilgamesch und Enkidu begann mit einem Ringkampf, bei dem sie die tiefen ihrer jeweiligen Kräfte ausloteten. Als Enkidu zeigte, daß er sich mit Gilgamesch messen konnte, schlossen die beiden Brüderschaft.

Gilgamesch offenbarte seinem Freund seine Angst vor dem Tod. Enkidu war von Gilgameschs Selbstmitleid zu Tränen gerührt und erzählte ihm von einem Ort, zu dem er mit den Gazellen im Land der Zedern gelangt war. Es war der heimliche Wohnort der Götter; dort könne Gilgamesch seine Unsterblichkeit einfordern. Ein schreckliches Ungeheuer, Humbaba genannt, war von Enlil geschaffen worden, um seinen Wohnsitz, das Land der Zedern, zu bewachen. Enkidu erzählte Gilgamesch, sie müßten das Ungeheuer Humbaba besiegen, wollten sie dort Einlaß erhalten. Erregt von der Aussicht eines neuen Kampfes, brachen die beiden wohlgemut auf.

Die Wohnstatt der Götter existiert in einer anderen Dimension als Terra, kann aber durch ein Zeittor im Land der Zedern betreten werden. Terra schwingt auf einer anderen Frequenz als Nibiru, und wir können die Schwingungsebene von Terra nur durch solche Zeittore betreten, denn sie sind die Durchgänge zwischen zwei Dimensionen. Das Humbaba war ein holographisches Ungeheuer, das eine tödliche Waffe verbarg, die diesen Eingang bewachte. Als Plejadier müssen wir regelmäßig in unsere Zeitfrequenz zurückkehren, sonst altern wir genauso schnell wie die Menschen. Weil ein Jahr auf Nibiru 3.600 Erdenjahren entspricht, erscheinen wir euch unsterblich.

Utu und ich sahen vom Himmel aus zu, als Gilgamesch und Enkidu das Zeittor erreichten und das Humbaba angriffen. Wir waren von ihrem Mut dermaßen beeindruckt, daß wir beschlossen, mit dem Hologramm zu spielen und sie glauben zu lassen, sie hätten das Ungeheuer enthauptet. Hernach konnten wir sie im Triumphzug nach Uruk zurückgeleiten, und es wäre nichts geschehen.

In dem Glauben, das Humbaba getötet zu haben, lagerten Gilgamesch und Enkidu an einem Flußufer. Gilgamesch war vom Kampf völlig verschwitzt, und er zog sich aus, um sich zu waschen. Nun, das war's! Er war so schön mit seinem langen schwarzen Haar, und einem Körper, der wie gemeißelt war, prangte derart von Männlichkeit, daß mich Begehren überkam. Ich wollte ihn.

Aus meinem über ihm schwebenden Schiff rief ich ihm zu: »Oh, Gilgamesch, ich möchte deine starken Arme um meine schlanke Hüfte spüren und mich ergötzen an deiner Manneskraft.« Ich bot ihm auch Gold und Land, Macht und Ruhm, das übliche eben.

Ihr könnt euch meinen Schock vorstellen, als er sich weigerte. Er beschimpfte mich gar in einer ganzen Litanei, ich hätte diesen Mann in einen Frosch und jenen in einen Wolf verwandelt. Er sagte, ich sei wie ein Herdfeuer, das ausgeht, wenn es kalt wird; wie eine Tür, die weder Wind noch Sturm abhält; wie ein Palast, der über jenen zusammenstürzt, die ihn mutig verteidigen; wie ein Schuh, der seinen Träger beißt! – Aber es war doch nicht mein Fehler, daß ich alle Männer überlebte, die meine Geliebten waren!

Er fuhr mit seinen Schmähungen fort: »Welchen deiner Liebhaber hast du auf immer geliebt? Welcher deiner kleinen Schäfer hat dich auf Dauer glücklich gemacht? Komm, laß mich dir deine Liebhaber aufzählen.«

Nie hatte es jemand gewagt, in so widerwärtiger Weise zu mir zu sprechen, und nicht einmal in der Hölle ist eine solche Wut wie in einer beleidigten Frau! So etwas würde ich mir von keinem Mann sagen lassen, sei er auch zu zwei Dritteln ein Gott. Ich ging stracks zu Anu, und zum Glück war Antu auch da.

Anu versuchte, mich zu beruhigen, aber er wies auch darauf hin, daß Gilgamesch zum Teil recht hatte. Nun, vielleicht hatte ich bei einigen meiner Liebhaber das Interesse ziemlich schnell verloren, aber ich konnte mich nichterinnern, irgend jemanden in einen Frosch verwandelt zu haben. Außerdem bin ich Inanna, Himmelskönigin, von Anu geliebt, und niemand redet so mit mir!

Langsam und mit süßer Stimme bat ich Anu, mir eine Waffe zu geben, mit der ich Gilgamesch züchtigen konnte, eine große Strahlenwaffe.

Und wenn Anu mir diese Waffe nicht geben würde, so drohte ich unbedacht, würde ich alle Arten astralen Schreckens aus anderen Dimensionen loslassen. Wie Anu wußte, versuchte ich nur, ihn zu überzeugen, mir Genugtuung zu verschaffen und mir zu geben, was ich wollte.

Anu gab mir zu bedenken, daß der Einsatz einer so wirkungsvollen Waffe das Getreide vergiften würde. Er fragte mich, ob ich genug Getreide für mein Volk im Speicher hätte, und als ich ihm das bestätigte, gab er nach.

Ich erkenne jetzt, daß ich manchmal eine garstige Laune habe. Diesmal war mein Bruder Utu ganz und gar gegen mich. Gilgamesch war von seinem Blut, und Utu hatte den Jungen sehr gern. Utu sorgte dafür, daß die Strahlenwaffe nicht funktionierte, und das muß Anu insgeheim gefreut haben.

Ich war wütend, als meine Rachepläne gescheitert waren, und ich erhob eine förmliche Klage. Anu besprach sich mit seinem Sohn Enlil, der entschied, daß Gilgamesch und Enkidu für ihren Angriff gegen das Humbaba bestraft werden müßten, denn damit hatten sie den Waffen der Götter getrotzt. Anu schlug die Todesstrafe vor, aber Enlil wollte Gilgamesch nicht sterben lassen und machte deswegen den Vorschlag, nur Enkidu zu töten.

Enkidu hielt es nicht aus, daß so kalt über seinen Tod verhandelt wurde, und er fiel in eine tiefe Bewußtlosigkeit. Während Enkidu krank und bewußtlos dalag, wurde Gilgameschs Angst vor dem Tod noch größer. Er ging dazu über zu weinen und über sein Schicksal zu jammern, den kranken Freund kaum beachtend. Diese vollkommen narzißtische Selbstsucht überzeugte mich, daß Gilgamesch wirklich einer von uns war, ein echtes Kind der Familie von Anu.

Die Götter in ihrem Mitleid erbarmten sich Enkidus und wandelten sein Todesurteil in lebenslange Zwangsarbeit in den Minen um, ein Schicksal, aus dem es keine Wiederkehr gab. Kein Lulu kehrte jemals aus Ereshkigals Unterwelt zurück. Armer Enkidu.

Gilgamesch seinerseits veranlaßte seine zunehmende Verzweiflung dazu, seinen Großvater Utu unter Druck zu setzen, ihm zu helfen. Er war nun umso mehr entschlossen, die Unsterblichkeit der Götter zu suchen, etwas, das viele Menschen in ähnlicher Weise erstrebt haben.

UTU UND DIE
SCHLANGENTUNNEL

Als Anu anfing, Terra vor etwa 500.000 Jahren zu kolonisieren, gab es bereits Tausende von Meilen unterirdischer Tunnel. Diese Tunnel und Höhlen waren von den Drachen- und Schlangenleuten gegraben worden. Anu kämpfte damals nicht nur um Terra, sondern auch um diese Tunnel, die von entscheidender strategischer Bedeutung sind, denn in ihnen befinden sich die Zeittore. Da wir auf einer anderen Zeitfrequenz existieren, kann keiner von uns die Dimension von Terra anders erreichen als durch diese Zeittore.

Der Vertrag, mit dem der Frieden zwischen den Enkiliten und den Enliliten besiegelt wurde, sprach die ganze Sinai-Halbinsel meinem Vater Nannar zu. In diesem Gebiet befand sich das Kontrollzentrum der Mission, der Weltraumbahnhof und der Eingang zu den Tunneln. Als Sohn Nannars war Utu der Oberbefehl über diese Einrichtungen übertragen worden.

Utu war die Pflichterfüllung in Person, und unser Großvater Enlil vertraute ihm völlig. Utu und ich haben uns immer sehr geliebt, und weil wir Zwillinge sind, sind wir telepathisch verbunden. Aber Utu ist eher wie meine Mutter Ningal als wie ich. Utu hat einen ruhigen Geist und strahlt Würde und Milde aus. Ich bin mehr wie mein Vater, abenteuerlustig und leidenschaftlich. Mein Vater konnte jeden mit seinem dunklen, geheimnisvollen Blick verzaubern.

Utu hatte, wie ich schon gesagt habe, Gilgamesch außergewöhnlich gern und wollte ihm wirklich helfen. Nachdem Enkidu fortgeschleift worden war, um für den Rest seines Lebens in den Minen zu arbeiten, stattete Utu Gilgamesch einen Besuch ab. Nun begann Gilgamesch sogleich, Utu um die Unsterblichkeit der Götter zu bitten!

Utu meinte, wenn Gilgamesch irgendwie beweisen könne, daß er es wert sei, dann würden die anderen Götter ihm vielleicht ein längeres Leben gewähren. Schließlich hatte Enlil Noah auch die Unsterblichkeit gegeben. Also übermittelte Utu Gilgamesch in seinen Träumen Visionen von Tilmun, dem Land der Lebenden, um nicht den Argwohn der anderen Götter zu wecken.

Tilmun ist das Land der Lebenden, weil es sich außerhalb der irdischen Zeit und der Dimension von Terra befindet. Wie ich schon erwähnt habe, müssen wir die Zeitfrequenzen von Terra in regelmäßigen Zyklen verlassen. Täten wir das nicht, würden unsere Körper irgendwann an Terra gebunden sein, und wir würden altern wie Menschen es tun. Wir alle begaben uns von Zeit zu Zeit nach Tilmun und hatten dort recht schöne Häuser. Um nach Tilmun zu gelangen, mußte man durch die Schlangentunnel reisen.

Die Tunnel selbst sind wunderbar. Ursprünglich von den Schlangenwürmern angelegt, drehen sich die Tunnel wie konzentrische Kreise in endlosen Windungen. Im Licht in diesen Tunneln, das in einem grünlichen Gold glüht, sieht man an den Wänden eine schleimige Schicht glitzern. Der Schleim ist bloß ein Dichtungsmittel, er stößt aber die Menschen ganz schön ab. Viele Meilen der Tunnel liegen in völliger Finsternis.

Nur ganz selten haben Menschen einen Weg zu diesen Tunneln gefunden. Um die Eingänge zu finden und eintreten zu können, muß man die Schlangenkraft erwecken, die ihr Kundalini oder Chi nennt.

Ohne die Meisterung dieser feinen Kräfte bleibt ein Eingang unsichtbar. Die Mythologie von Terra ist voll mit Geschichten von solchen Plätzen. Manche Menschen sind unabsichtlich in veränderten Bewußtseinszuständen auf sie gestoßen, aber nur wenige von ihnen sind jemals zurückgekehrt. Die Schamanen der sogenannten primitiven Stämme von Terra haben häufig den Zugang gefunden, aber sie ziehen es vor, über solche Dinge Stillschweigen zu wahren.

In eurer Zeit gibt es sieben Eingänge zu den Tunneln. Einer liegt unter der Sphinx in Ägypten, ein weiterer in Jerusalem. Ein dritter Eingang liegt am Grunde des Pazifischen Ozeans in der Nähe eines Gebietes, das Vanuata genannt wird. Der Titicaca-See in Peru, der Mount Shasta in Kalifornien und der Berg Meru im Himalaja enthalten drei weitere. Der siebte Eingang liegt unter dem dicken Eis der Antarktis. Die Antarktis ist auch der Ort, wo ein magnetischer Wulst liegt, der alle Tunnel mit Plasma-Energie versorgt.

In Träumen erzählte Utu Gilgamesch, er würde, wenn er die Schlangentunnel betrat, Tilmun finden, das Land der Lebenden, wo Noah lebte, der Überlebende der Sintflut. Wenn Gilgamesch Noah fand, würde der ihm vielleicht das Geheimnis der Unsterblichkeit verraten. Da die Tunnel sein Herrschaftsbereich waren, hatte Utu vor, Gilgamesch zu helfen, seinen Weg zu finden, indem er in Gilgameschs Gehirn einige nützliche Hologramme projizierte.

Mich langweilte die Gilgamesch-Geschichte ganz schön, die nun ganz und gar nicht meine Sache war! Aber Utu konnte nicht anders, er mußte mir jede Einzelheit von der Reise des armen Gilgamesch erzählen. Utu wachte über jeden Schritt, den sein kostbarer Enkel tat. Später teilten die Lulus sein begieriges Interesse, und die Legende von Gilgameschs Suche nach der Unsterblichkeit wurde sehr populär. Diese Geschichte machte all die Ängste, Hoffnungen und Niederlagen der Menschen anschaulich. Wenn Gilgamesch nicht hoffen konnte, ewig zu leben, wer dann aus ihrer Rasse?

Enki hatte in den frühen Jahren der Kolonisierung von Terra die Tunnel erweitert. Enki fand die Wurmmethode zu langsam, deshalb nutze er Antimaterie-Strahlen, um den Fels auszuhöhlen. An manchen Stellen hinterließ dieser Vorgang große Blasen in den Wänden, die das Licht in unheimlicher Weise widerspiegeln. Enki liebte sie und fand Gefallen an seinen Tunneln mit diesen Blasen. Auch hatte er ständig neue Mutanten in seinen Laboratorien im Abzu, und so erschuf er Mengen von häßlichen Ungeheuern, um die Tunneleingänge, die zu anderen Dimensionen führen, zu bewachen.

Mit ein wenig Unterstützung von Utu überquerte Gilgamesch die Berge und erreichte den Eingang eines dieser Tunnel. Dort stieß er auf einige von Enkis Skorpion-Wächtern, Ungeheuern mit Menschenbeinen und skorpionartigen Köpfen und Leibern. Sie jagten Gilgamesch einen ordentlichen Schrecken ein. Diese Skorpion-Wächter warnten Gilgamesch vor den endlosen, dunklen Tunneln, die für die meisten Menschen ein Irrgarten des Todes waren, und weigerten sich, ihn einzulassen. Da, wie durch einen Zauber, gab Utu das Zeichen, Gilgamesch einzulassen.

Eine scheinbare Ewigkeit lang wanderte Gilgamesch in völliger Finsternis durch den Irrgarten der Tunnel. Er rannte gegen Wände, stieß sich die Knochen wund und rief wild nach Utu. Die Luft war so stickig, daß Gilgamesch kaum atmen konnte, aber Stunde um Stunde ging er weiter. Er glaubte, verrückt zu werden, als er sich alle Arten von Dämonen vorstellte, die ihn gegen die schleimigen Wände drängten. Jedes Richtungsgefühl war ihm abhanden gekommen, und Schwärze wurde zu seiner einzigen Wirklichkeit.

Dann geschah etwas Außergewöhnliches. Gilgamesch fing an, in der Dunkelheit zu sehen, aber nicht auf gewöhnliche Weise; vielmehr sah er mit dem Auge eines Gottes. Die Gene, die er von Utu hatte, fingen an, die Netzhaut von Gilgameschs Augen zu aktivieren. Zuerst sah er nur zarte goldene Umrisse der Wände mit den Bläschen wie auf einem Infrarot-Bild, und wenngleich er noch immer in völliger

Schwärze ging, waren die Umrisse stark genug erkennbar, um ihn zu führen und ihn davor zu bewahren, mit seinem Körper gegen die Wände zu rennen.

Als er aus dem Tunnel auftauchte, betrat Gilgamesch den Garten der Götter. Zuerst war er benommen, aber bald labte er sich an Früchten und Wasser. Gilgamesch befand sich in einem der berühmten Gärten meiner Großmutter Antu. Sie schuf diese Dinge nicht nur auf Nibiru, sondern überall, wo Anu sie ließ. Es gibt viele Legenden, die auf diese Gärten bezug nehmen, denn abgesehen von den Blumen und Früchten, gibt es immer einen Bereich, der aus Gold und Edelsteinen besteht. Stellt euch Weinranken aus Gold und Silber vor, mit Weintrauben aus Amethyst und Peridot; Reihen von goldenem Weizen und Mais in Hülle und Fülle; und in der Überfülle künstlerischer Vollkommenheit waren die Rosen das wunderbarste. Antu hatte diese Kunstform zu einer Leidenschaft der Plejadier gemacht, und die Edelfrauen wetteiferten in Wettbewerben, indem sie die Hologramme ihrer Gärten durch die Galaxis projizierten.

Gilgamesch, blutig und verdreckt von seiner quälenden Reise durch die Tunnel, war nicht schlecht erstaunt. Utu sprach zu ihm, schlug ihm ein Bad in dem Gartenteich vor und führte den Reisenden dann zu einer verschleierten Frau, die am Ufer des Meeres saß, Siduri genannt. Siduri von den Drachenleuten schenkt den Göttern Wein ein, bevor sie über das Meer in ihre Heimat fahren. Gilgamesch fragte sie, wo er Noah finden könne.

Siduri erklärte, dieses Meer sei von Menschen nicht zu überqueren. Den Lulus war dieses Meer als die Wasser des Todes bekannt. Gilgamesch erzählte Siduri seine ganze Geschichte und erhob wieder den Anspruch, zu zwei Dritteln ein Gott zu sein, während Utu über ihnen schwebte. Als sie Utu sah, rief Siduri die Bootsleute, um Gilgamesch zur Wohnstatt von Noah zu bringen.

Der alte Mann Noah holte für seinen Gast wieder die Erinnerungen an die große Flut hervor und betonte nachdrücklich, daß es die

Götter selbst waren, die beschlossen hatten, die Lulus zu vernichten. Er hatte über die Jahrhunderte viel über die Götter gelernt, und so wußte Noah, daß uns nicht zu trauen war. Und er warnte Gilgamesch und sagte, er solle seine Suche nach der Unsterblichkeit aufgeben.

Aber Gilgamesch ließ sich nicht überzeugen, also schlug Noah vor, Gilgamesch solle sich Entsagungen unterziehen, um den Göttern zu beweisen, daß er würdig war. Vielleicht wenn Gilgamesch sieben Tage und Nächte wach bleiben konnte, würde er die Götter beeindrucken und sie ihm seine Bitte gewähren. Also setzte der arme Gilgamesch sich hin, um sich zu beweisen, aber er fiel auf der Stelle in tiefen Schlaf.

Gereizt erzählte Noah danach Gilgamesch von einer Pflanze, die am Grunde des Meeres wuchs und die ihm vielleicht die Unsterblichkeit verschaffte. Heldenmütig tauchte Gilgamesch in das Wasser hinab und brachte die Pflanze ins Boot, nur damit sie von einer Schlange gestohlen wurde. Die Unsterblichkeit der Götter war Gilgamesch für immer verloren, trotz all der Hilfe von Utu.

Utu brach es das Herz, aber es gab nichts, was mein Bruder für Gilgamesch noch hätte tun können. So lautete das Gesetz: die Lulus müssen in einem Zustand des Unbewußtseins, in einer Art Schlaf gehalten werden. Vor Äonen hatten die genetischen Manipulationen ihnen die Göttlichkeit geraubt. Selbst Utus Liebe zu Gilgamesch konnte daran nichts ändern. Gilgamesch kehrte nach Uruk zurück, wo er bis zu seinem Tode regierte und wo er als jener bekannt wurde, der die Tunnel gesehen hatte.

SARGON DER GROSSE

Sargon war auf Terra die Liebe meines Lebens, und gemeinsam erlebten wir die schönste körperliche Liebe, zeugten die wunderbarsten Babys und schufen großartige Reiche. Ich begegnete ihm zum ersten Mal in meinem Tempel. Sargon war der Kelchträger von Ur-Zababa, dem König der Stadt Kish. Er fiel mir auf, weil er eine bemerkenswerte Ähnlichkeit mit meinem Vater Nannar hatte. Auf jeden Fall hatte er Nannars Augen. Wenn auch nie herauskam, wer Sargons Vater war, hatte ich doch so meine Vermutung.

Sargons Mutter war eine Hohepriesterin in einem meiner Liebestempel. Bei seiner Geburt wickelte sie Sargon in Decken, legte ihn in einen Schilfkorb und ließ ihn in diesem Korb den Fluß hinabtreiben.

Betend wachte sie sorgsam über ihm, als er an Akki vorbeitrieb, der für die Bewässerung der Felder mit Flußwasser zuständig war. Akki zog Sargon aus dem Wasser, nahm ihn an Sohnes statt an und lehrte ihn, seinen Garten zu hegen. Als er zum Manne herangewachsen war, brachten ihn seine angeborenen Führungsqualitäten an den Hof von Kish, aber es war seine Schönheit und sein Sinn für Humor, die mich für ihn einnahmen. Er war hochgewachsen und stark, mit hohen Wangenknochen und von sanftem Wesen. Sehr klug war er, und allein seine Präsenz erheischte Gehorsam.

Ich fühlte mich vom ersten Augenblick an zu ihm hingezogen, und wunderbarerweise ging es ihm genauso. Wie ein elektrischer Strom durchfuhr es unsere Leiber. Er hatte keine Angst oder Scheu vor mir. Er wußte, was ich wollte, und wie ein Gott nahm er mich, und unsere körperliche Liebe war göttlich. In der ersten Zeit blieben wir vierzehn Tage lang oder mehr in einem ekstatischen Rausch. Wir sicherten die Tür des Schlafzimmers mit Sargons mächtigem Schwert, und nur hin und wieder durften Diener uns Wein oder einen Imbiß zu bringen. Wir brauchten nichts zu essen, denn wir lebten allein vom Nektar unserer Liebe und Leidenschaft.

Unser einziger Wunsch war, uns stundenlang eng umschlungen in den Armen zu liegen und die neu entdeckten Bereiche unserer Körper mit unseren Lippen und Fingerspitzen zu erkunden. Unsere sehnsuchtsvollen Blicke tauchten suchend in die Augen des anderen, so als wären wir schon einmal zusammen gewesen und hätten uns dann irgendwie verloren. Als wir uns in der Vereinigung verloren, wuchsen wir noch stärker zusammen und wurden wir eins.

An den milden Nachmittagen badeten wir im tanzenden Sonnenlicht unter Obstbäumen in meinen Gartenteichen. Am Leib trug ich nichts als meine Juwelen. Halsketten aus Gold, Lapislazuli und Perlen fielen über meine Brüste herab, eine Kette von Diamanten umfing meine schmale Hüfte und mit Smaragden besetzte Reife umspannten Hand- und Fußgelenke. So im warmen Wasser sitzend, umgeben von duftenden Blüten, küßte Sargon zärtlich meinen Körper, liebkoste meine festen, vollen Brüste, nahm sich Zeit die starke Kraft meiner Leidenschaft zu entfachen, bis ich ihn bat, in mich einzudringen.

Seine Männlichkeit schenkte mir Erfüllung, wenn Wellen der Freude mein ganzes Sein durchwogten. Unsere beiden Leiber schienen sich aufzulösen, in weißem Licht zu pulsieren, als wir im Meer zeitloser Schöpfung eins wurden. Das Bewußtsein von zwei in Einem stand in der weiten Leere der Ewigkeit, und unsere Freude wurde zu Musik auf den höheren Ebenen.

Sargon liebte mich über alles, und ich machte ihn zu meinem König. Weil alles, was wir anfaßten, blühte und gedieh, errichteten wir ein neues Königreich, das wir Akkad nannten. Dort entwarfen und bauten wir eine wunderschöne neue Stadt, Agade.

In Agade bauten wir einen wunderbaren Tempel, der mir geweiht war, und nannten ihn Ulmesch, was »leuchten« und »glitzern« bedeutet, und das tat er wirklich. Ich wies Musiker an, Tag und Nacht in meinem Tempel zu spielen. Unser Volk war glücklich und wuchs. Es hatte Häuser aus Silber und Lapis. Unsere Lagerhäuser waren bis oben hin voll mit Getreide und Früchten. Alte Menschen wurden geachtet, Frauen geehrt und die jungen Leute strahlten freudige Zuversicht aus. Kinder spielten glücklich in dieser Stadt der Liebe. Sargon der Große und seine geliebte Inanna herrschten über das sagenhafte Königreich Akkad, und es war eine wundervolle Zeit für mich.

Sobald Akkad gefestigt war, ermutigte ich Sargon, sich mehr Land anzueignen. Die Lulus hatten gegeneinander Krieg geführt, und ich überzeugte meinen Bruder Utu davon, daß eine Vereinigung unter Sargon eine Zeit des Friedens und Wohlstandes bringen, die uns allen von Nutzen wäre. Utu traf sich mit unserem Vater Nannar und unserem Großvater Enlil. Enlil liebte Sargon sehr. Vielleicht erinnerte Sargon ihn an seinen eigenen Sohn Nannar. Was der Grund auch war, Enlil gewährte Sargon die Herrschaft über ganz Sumer und über Akkad. Wir schufen eine neue Schrift, die akkadische, um unsere Errungenschaften damit festzuhalten.

Ich hätte einen solchen Landgewinn niemals ohne die Zustimmung von Enlil erreichen können. In späteren Jahren, so scheint es, vergaß ich diese kalte und harte Tatsache.

Nach eurer Zeitrechnung reichte die Herrschaft von Sargon von 2334 bis 2279 v. Chr. Dies war eine Zeit großen Glanzes für mich. In jenen Tagen war ich die herrschende Königin des Himmels und Terras! Enlil erlaubte es Sargon, die ganze bekannte Welt von Ägypten bis nach Indien zu erobern, und wir schlossen Bündnisse und Handelsabkommen mit Ninurta, Nergal und Ningishzidda. Getreide und Wein, Kupfer und Gold und alle möglichen anderen Handelswaren flossen frei auf den Handelswegen. Unser Volk wurde reich, und selbst die Götter schienen zufrieden zu sein. Aber dem menschlichen Zug zur Selbstüberschätzung folgend, machte Sargon einen schrecklichen Fehler. Ich habe es kommen sehen; die Macht war ihm zu Kopf gestiegen. Er glaubte, den Göttern ebenbürtig zu sein, und traurigerweise fing er an, übermäßig zu trinken.

Sargon und ich hatten ein liebreizendes Mädchen hervorgebracht, deren Name war Enheduanna. Sie war wie ich, schön und eigenwillig. Enheduanna hatte eine dichterische Begabung und verbrachte Stunden damit, Hymnen auf die Größe ihres Vaters, auf seine Eroberungen und seine körperliche Schönheit zu verfassen. Sie war verliebt in ihren Vater und entschlossen, einen Keil zwischen Sargon und mich zu treiben.

Ich kann ihr wegen ihrer Gefühle keinen Vorwurf machen. Es gab niemanden auf der ganzen Welt, der ihrem Vater das Wasser reichen konnte. Jedenfalls hatte ihre ständige Aufmerksamkeit eine tückische Wirkung auf Sargon. Enheduanna wurde Priesterin, um nicht heiraten zu müssen, und sie wartete im Tempel auf Sargon. Sie gab seinem alternden Ego Träume ein von Jugendlichkeit und Mannhaftigkeit, sie trug ihm ihre Gedichte vor und goß ihm Wein ein. Aus ganzem Herzen wünschte sich Sargon, eine Heldentat zu tun, um seiner Tochter zu gefallen.

Es gab in Babylon einen Tempel, dessen Grund und Boden Marduk geweiht und ihm heilig war. Dieser geweihte Boden war Marduks Art, während der Zeit des Exils Babylon weiter in seinen Klauen zu halten. Er war in bezug auf Babylon seit jeher leicht reizbar und besitzergreifend.

Sargon vollzog eine Zeremonie, bei der er diesen heiligen Boden an einen anderen Ort brachte, wo er als sinnbildliches Fundament für ein neues Babylon dienen sollte – das Sargon bauen würde. Es war ihm kaum bewußt, daß ihm diese Handlung zum Verhängnis werden würde. Als Marduk von diesem Sakrileg hörte, nahm er seine Pasupata-Plasmawaffe mit in sein Raumschiff und flog damit über die Felder von Akkad und Sumer. Wellen hochenergetischer Strahlung vernichteten die Ernte binnen Minuten, und die nachfolgende Hungersnot führte zu einer Revolte gegen Sargon. Sargon war gezwungen, hunderte von Aufständen niederzuschlagen. Menschen, die ihn einst verehrt und geliebt hatten, erhoben ihr Schwert gegen ihn, und die Huldigungen verwandelten sich in Flüche, als die hungernden Lulus ihre Kinder in ihren Armen sterben sahen. Unser Weltreich begann zu zerfallen.

Ich alterte nicht, Sargon jedoch sehr wohl. Er fing an, vor meinen Augen zu schrumpeln. Ich konnte nur voll Schrecken zusehen, als sein Trinken zum Alptraum wurde. Er begann sogar mich zu verfluchen, seine geliebte Inanna. Sargon zog in den Tempel, um Enheduanna nahe zu sein. Des Nachts lag ich in dem gewaltigen Bett aus Zedernholz, das wir für uns gebaut hatten. Eine sanfte Brise wehte die weißen Seidenvorhänge über unser Bett, und die nun schmerzhaften Erinnerungen an unsere herrliche Leidenschaft quälten mich. Eine kalte Einsamkeit griff nach meinem Herzen. Ich konnte nicht zulassen, daß all das dahinging, was wir aufgebaut hatten – die friedlichen Zeiten, die schönen Städte. Ich mußte mich allein meinem Schicksal stellen, ich mußte kämpfen. Ich würde nicht verlieren, was Sargon und ich aufgebaut hatten, koste es, was es wolle.

Der Anblick von Sargon, der schweißgebadet und zitternd auf seinem Totenbett lag, Enheduanna an seiner Seite, bleibt in mein Gedächtnis eingebrannt bis zum heutige Tage. War das derselbe Mann, dessen Kraft mich zur Ekstase gebracht hatte, derselbe Mann, den ich zum König gekrönt hatte als einen Ebenbürtigen? Für mich war Sargons

Tod eine Tragödie, die mein Leben auf immer verändern sollte. Ein Teil von mir starb an jenem Tag; das übermütige Mädchen, das lachend über den Lapisboden lief, war für immer verloren.

Es gab keinen Prinzen, der mich oder mein Volk retten konnte. Ich wußte, es lag allein an mir, zu nehmen, was mir gebührte, und ich war mir völlig im klaren, daß die anderen Götter herbeieilen würden, um mein Land für sich zu beanspruchen, wenn ich nicht kämpfte. Ich legte meine Kriegsgewänder an und paradierte auf meinem gezähmten Löwen vor meinen Heerscharen. Mit gewaltigen Kriegsrufen tief aus meinem Inneren rief ich die Truppen zusammen. Meine Soldaten waren ergriffen. Die Göttin Inanna selbst würde sie in die Schlacht führen. Ich kämpfte wie ein Mann mit ihnen und wurde zur Göttin von Tod und Zerstörung. Ich tötete Männer zu Tausenden.

Einen nach dem anderen setzte ich die Söhne von Sargon auf den Thron, um in meiner Abwesenheit zu regieren. Enheduanna schrieb Gedichte, in denen sie meine Massaker beschrieb und sagte, daß ihre Mutter Inanna die Flüsse in Ströme von Blut verwandelte. Indem ich wütend um das kämpfte, was ich für mein Eigentum hielt, brachte ich das Gleichgewicht zwischen den Göttern durcheinander. Im Haus von Enlil wurde eine Zusammenkunft einberufen. Enlil und Ninurta kamen zu einem Entschluß: Inanna mußte Einhalt geboten werden. Die Götter entschieden, Marduk zu erlauben, wieder nach Babylon zurückzukehren. Enlil und Ninurta wußten, daß Marduk nur zu gerne die Absichten von Inanna durchkreuzen würde; jener Inanna, die Marduk dazu verurteilt hatte, ihn bei lebendigem Leibe zu begraben. Wie der alte Spruch lautet: Der Feind meines Feindes ist mein Freund.

Marduk hatte nicht vergessen, wie er in der Großen Pyramide von Gizeh gefangen war, als Utu die gesamte Wasserversorgung abschnitt, und deshalb traf er, als er nach Babylon kam, sofort Vorkehrungen, den Euphrat zu sichern, der die Stadt mit Wasser versorgte. Durch seine Baumaßnahmen wurde die Wasserzufuhr der umliegenden Städte verringert, was die anderen Götter aufbrachte. Sie riefen Nergal aus Afrika und baten ihn, zu seinem Bruder Marduk zu gehen und mit ihm zu sprechen.

Nergal verließ meine liebe Schwester Ereshkigal und begab sich nach Babylon. Nergal betrat das Haus von Marduk und fing an, seinem Bruder zu schmeicheln. Was für herausragende technische Leistungen er doch vollbracht habe; dennoch könne nicht in Abrede gestellt werden, daß die Umleitung des Euphrats die Städte der anderen Götter ihres Wassers beraubt hatte. Anu und Enlil seien darüber ungehalten.

Marduk entgegnete, daß das Gleichgewicht der Macht auf Terra seit der Großen Flut auf unannehmbare Weise verändert worden sei, künstlich neu verteilt, und dies nicht zu Marduks Vorteil. Bestimmte Waffen und Energiequellen seien ihrem Vater Enki weggenommen worden. Marduk forderte, diese sollten richtigerweise ihm zurückgegeben werden und nicht Nergal. Dann drohte Marduk, das gesamte Flußsystem des Euphrat zu vergiften, wenn seine Forderungen nicht erfüllt wurden.

Ich witterte eine Gelegenheit. Ich hatte Nergal immer sehr gern gehabt, der so klug und stattlich war. Und ich war immer der Meinung, es sei eine Schande, ihn an meine Schwester Ereshkigal zu verschwenden. Enki hatte schon vor Jahren die Kontrolle über seine Söhne verloren, und Nergal und Marduk standen nun an der Schwelle eines echten Bruderkrieges. Wenn ich mich mit Nergal verbünden könnte, dann würde er vielleich meinen Zwecken dienlich sein. Also bereitete ich ein gemütliches Abendessen für meinen Schwager. Nergal schien meine Anwesenheit zu beglücken. Wir befanden uns in voller Übereinstimmung, wir machten Pläne und wir liebten uns.

Die Mitglieder der Familie von Anu waren selbstbezogen und selbstverliebt. Nur von unseren eigenen Interessen getrieben war es leicht, uns zu Krieg oder Frieden zu bewegen, je nach dem, was uns im Augenblick am dienlichsten schien. Gefangen in unserem Ehrgeiz, verloren wir den Charakter aus den Augen, und wir vergaßen die schlichte Wahrheit, daß der Charakter das Schicksal bestimmt.

Am nächsten Tag kehrte Nergal zum Haus von Marduk nach Babylon zurück und handelte eine Übereinkunft aus. Nergal würde Marduk die Waffen und die Singenden Steine zurückgeben, aber Marduk müßte Babylon verlassen und zum Land der Minen nach Afrika fliegen, um sie sich selbst zu holen.

Vor seiner Abreise warnte Marduk, Nergal solle bloß nicht sich an den Schaltstellen zu schaffen zu machen, die den Euphrat regelten. Wie Geschwister nun mal sind, brach Nergal in den Kontrollraum ein, sobald Marduk außer Sicht war, aber zu Nergals großer Überraschung entdeckte er, daß der Raum voller Fallstricke war. Als Nergal die Kontrollen entfernte, wurden Gifte in den Fluß geleitet. Marduk hatte auch einen Mechanismus eingebaut, der die Satelliten irreführte, die das Wetter regelten, wenn jemand seine Kontrolleinrichtungen zerstörte.

Der Himmel über Babylon wurde schwarz. Gewaltige Stürme brachen los, die Flüsse wurden vergiftet und die ganze Gegend von Akkad und Sumer wurde verwüstet. Die Flußläufe von Sumer hatte Enki sehr geliebt; er konnte den Anblick des vergifteten Euphrat nicht ertragen. Entsetzlich wütend machte er seinen Sohn Nergal für dieses Unheil verantwortlich. Nergal reagierte auf die Wut seines Vaters, indem er sich weigerte, ein Standbild von Enki aufzustellen, das bereits geplant war. Und bloß um ein Zeichen zu setzen und auf meinen Rat hin brannte Nergal Marduks Haus nieder!

Da Marduk, wenigstens für den Augenblick, in Afrika war, setzte ich den Enkel von Sargon, Narim-sin auf den Thron von Akkad. Mein Vater Nannar liebte diesen Jungen und auch Nergal mochte ihn. Mein Bündnis mit Nergal, das auf dessen Feindschaft mit Marduk beruhte, gab mir genug Macht, sodaß Narim-sin und ich den Krieg für einige Zeit fortführen und Gebiete erobern konnten.

Ich glaube, ich verhärtete, und die Brutalität des Krieges veränderte mich. Einige der Geschichten über mich stimmen nicht, andere schon. Ich lieferte gefangene Sklaven in die Arbeitslager ein. Getrieben von meiner Wut, meinem Ehrgeiz und meiner Einsamkeit war ich herzlos geworden. Ich benahm mich wie eine in die Enge getriebene Wölfin. Die Handlungen meines Lebens begannen, in meinem Gesicht Spuren zu hinterlassen; meine Schönheit wurde hart und grausam. Ich legte mir mehr Schminke auf, aber es half nichts. Ich war ungeduldig und reizbar, außer wenn ich etwas wollte, und ich manipulierte andere für meine Zwecke. Ich war ein böses Weib, eine Schönheit, die sich in ein Biest verwandelt hatte.

Narim-sin war sehr erfolgreich, und auf den Tontafeln sind seine Feldzüge festgehalten. Doch eines Tages ging er zu weit. Wir erreichten die Zedernberge des Libanon und kamen dem Weltraumbahnhof zu nahe. Enlil rief die anderen Götter zusammen, und alle waren sich einig, daß Inanna den Krieg begonnen hatte und ihr Einhalt geboten werden müsse. Es wurde ein Haftbefehl für mich ausgestellt!

Ich würde es Enlil nicht erlauben, mich in Ketten zu legen, also floh ich in meinem Schiff. Enlils Truppen drangen in meinen Tempel in Agade ein, und als sie mich dort nicht mehr fanden, nahmen sie alle Waffen und Energiequellen mit. Ich verbarg mich in Nergals Palast in Äthiopien, wo er täglich mit mir Verbindung hielt und berichtete, was vorging.

Die Geschichte, daß ich mich Anu widersetzt habe, machte bei den Göttern die Runde. Das war eine Lüge, aber sie gab Enlil den Vorwand, den er brauchte. Als Strafe für mein Aufbegehren gegen Anu wurde die Stadt Agade zerstört, vernichtet! Die wunderschöne Stadt aus Lapis und Silber, die Sargon und ich gebaut hatten, wurde zu Staub. Antimaterie-Strahlen wurden auf sie gerichtet, und Agade verschwand. Bis zum heutigen Tage hat noch keiner entdeckt, wo mein geliebtes Agade einst gestanden hat.

Enlil holte in seiner wie üblich gründlichen Weise seine Bergstämme, die gutianischen Horden, um ganz Akkad wieder in Besitz zu nehmen. Jene, die mir treu waren, wurden abgeschlachtet. Ohne mich und meine Führung waren meine Truppen demoralisiert und flohen in die Steppe.

In Nergals Palast wurde ich von einer Niedergeschlagenheit zu Boden gedrückt, die ich nie zuvor erfahren hatte. Niederlage und Verlust drückten mir ihren häßlichen Stempel auf, als ich tagelang zusammengesunken auf meinem Thron saß, und niemand konnte mich dazu bringen, zu sprechen oder etwas zu essen.

Mir träumte, ich kroch durch eine Wüste. Meine geliebte Ninhursag rief mich mit meinem Kosenamen, wie sie es getan hatte, als ich ein kleines Mädchen war: »Nini! Nini!« Ich sah das traurige Gesicht von Dumuzi, dem Ehemann, den ich nicht geliebt hatte. Das mörderische Gelächter von Ereshkigal, meiner Schwester, hallte in meinem Innern. Einen Augenblick spürte ich die zärtliche Liebkosung von Sargon, nur um mich gleich darauf allein in einem Bett voller Schlangen wiederzufinden. Zu Tode erschrocken lief ich durch eine eisige Nacht, landete im Netz einer monströsen Spinne, deren rote Augen und scharfe Klauen auf mich gerichtet waren, bereit, mich zu verzehren. Ich erwachte schreiend... schreiend.

War ich, Inanna, verletzlich? War ich so viel anders als die Sklaven, die ich gefangen hatte, oder die Frauen, die mir goldene Becher mit Wein reichten? War ich irgendwie eingeschränkt in meiner Macht? Warum war ich überhaupt hier und lebte in diesem blauen Körper?

Meine Mutter Ningal sandte mir Botschaft und bat mich, nach Hause zu kommen. Sie versprach mir, ich würde in ihrem Haus und in ihren Armen sicher sein. Sie gab mir ihr Wort, daß mein Vater Nannar mir Schutz vor jeder möglichen Strafe zusicherte und sagte, ich sei schon genug bestraft. Sie flehte mich an, nach Hause zu kommen, ich müsse jedoch meine abenteuerlichen neuen Wege verlassen.

Herzensfroh begab ich mich nach Ur, zurück zu meiner lieben Mutter Ningal. Ich, Inanna, einst Himmelskönigin, kehrte heim zu meiner Mutter.

TARA

Was tut ein Mädchen, wenn es alles verloren hat? Nach einer Zeit, da ich mich in den Armen meiner Mutter in den Schlaf weinte, kam ich mir albern vor. Hier war ich, Inanna, Himmelskönigin, und verbarg mich im Haus meiner Eltern. Während ich genas, wurde ich mir etwas klarer aber auch verwirrter über mich selbst. Zum ersten Mal fing ich an, über den Sinn meines Lebens und über das, was ich geschaffen hatte, nachzudenken. Tief in meiner Seele fühlte ich eine solche Pein, und ich fragte mich, ob auch andere so gefühlt hatten wie ich. Es war sehr eigenartig und neu für mich.

Jeden Tag rief ich meinen Freund Matali zu mir, und wir führten lange Gespräche. Matali wurde als der führende Ingenieur für Plasmaenergie angesehen. Er war ein Mechaniker, der alles reparieren konnte. Aus Freundschaft flog er gelegentlich noch Enkis Raumschiff, aber er machte sich, was die Wege der Götter anging, schon längst keine Illusionen mehr. Matali hatte Tara geheiratet und bei ihrem Volk ein neues Leben angefangen.

Tara gehörte zur uralten Rasse der Schlangenleute, zu den Nagas, einer Rasse, die schon Äonen vor meiner Familie auf Terra wohnten.

Die Schlangenleute kamen aus einem anderen Abschnitt der Galaxis, von Altair, um im Inneren der Erde zu leben. Matali schlug vor, ich solle mit ihm und Tara ins Schlangenreich kommen. Er meinte, die Veränderung würde mir gut tun und Tara sich freuen, mich bei sich zu haben. Also holten sie mich bei meiner Mutter ab und wir flogen davon.

Tara und ich waren im Industal enge Freunde geworden, wo sie meine Priesterinnen in der Tanzkunst unterwiesen hatte. Tara hatte die Kunst des Himmelstanzes von den Apsarases, den Tänzern des Himmels, gelernt, und sie war eine Meisterin. Durch starke innere Sammlung war sie in der Lage, ihren schlanken Körper in die Luft zu heben und himmlische Bewegungen von äußerster Anmut und Grazie zu vollführen. Von den Fingerspitzen bis hin zu den sanft klingenden Glöckchen an ihren Knöcheln ist Taras Tanz ein äußerst feiner Ausdruck von Gefühlen.

Ich liebe Tara so sehr! Als sie mich so verloren vor sich sah, schlang sie ihre Arme um mich und fing an zu weinen. »Oh, meine liebste Freundin«, schluchzte sie. Einen Augenblick noch hielt mein Stolz mich zurück, aber bald weinte auch ich. Taras Schönheit war nicht nur körperlich, sie kam aus ihrem Innern. Ihr war eine stilles inneres Gleichgewicht eigen, eine milde Weisheit, die dich ihre Nähe suchen ließ. Kein Wunder, daß Matali sie liebte. Matali betrachtete uns liebevoll, als wir uns weinend in den Armen lagen und unser Schiff sich in den Himmel erhob und auf ein Zeittor zuhielt.

Das Königreich der Schlangenleute ist in der Tat riesig. Es gibt viele Städte im Innern von Terra, und der Glanz weißer Alabastertürme überstrahlt sie. Die Luft ist frisch und wird durch ausgedehnte Systeme geregelt, die von Energiequellen an den Polen von Terra gespeist werden. Es gibt Gärten und Felder, die das Volk reichlich mit Nahrung versorgen. Die Schlangenleute haben verschiedene Körpertypen: manche sind menschenähnlich, andere sind halbe Schlangen oder Reptilien. Sie können im Dunkeln sehen, und sie können mit ihren telepathischen

Fähigkeiten ein Gruppenbewußtsein erreichen, wenn sie das wünschen.

Im Laufe der Tage im Reich der Schlangenleute stellte ich Tara Fragen ohne Ende und bedrängte sie, ihre Geheimnisse preiszugeben. Was gab ihr eine solche Ganzheit und Schönheit? Wie konnte ich ihren magischen Zustand erreichen? Tara erzählte mir von vielen Dingen, davon, wie ihr Volk vor langer Zeit zu diesem Planeten gekommen und sie ihre unterirdischen Städte und Gänge gebaut hatten. Sie sagte mir, es gäbe nur eine unter ihnen, die alles wußte, und sie wurde die Weise, die Alte Schlangenfrau genannt.

Ich bat Tara flehentlich, mich zu diesem Wesen zu bringen, und es wurden für Tara, Matali und mich Vorkehrungen getroffen, gemeinsam zur Wohnstatt der Alten Schlangenfrau zu fahren. Ihr Name ist in eurer gegenwärtigen Sprache nicht auszusprechen – es ist ein Laut, ein Klang, der sich wie Liebe *anfühlt*. Von den Schultern abwärts ist sie eine Frau, aber oberhalb davon trägt sie den Kopf einer Schlange. Von ihr geht eine Energie aus, die ich seither nie wieder gespürt habe. Sie ist weder alt noch jung, und wenn du versuchst, deinen Blick an etwas an ihr festzumachen, dann wandelt sie sich ununterbrochen vor deinen Augen um. In einem Augenblick ist sie von vortrefflicher Schönheit, im nächsten ein rasender Dämon; und doch hat man in ihrer Gegenwart niemals Angst. Es ist, als verkörpere sie alles, was ist, und das ist auch in Ordnung.

Als ich vor ihr saß, nickte sie mir zu. Sie wußte, was ich begehrte. Sie wußte, wer ich war und alles, was ich getan hatte. Sie schien sogar noch zu wissen, was jenseits meines Lebens als Inanna lag. Es war, als hätten wir uns schon immer gekannt und als sei ich irgendwie schon immer Teil ihres Bewußtseins gewesen. Sie sah mit vertrautem Erstaunen und Mitleiden in mich hinein. Sie zeigte nicht den geringsten Wunsch, mich zu kontrollieren oder zu manipulieren; stattdessen hatte sie Freude an meinen Abenteuern, an meinem Entzücken und strahlte bedingungslose Liebe aus.

Allmählich verwandelte sich alles um uns herum in goldenes, pulsierendes Licht. Zeit fing an zu zerfließen, und ich fühlte die Dimensionen dahinschmelzen. Vor meinem geistigen Auge sah ich, daß Terra schon äonenlang existierte. Es hatte an diesem Ort in der Galaxis drei Sphären gegeben, und diese gegenwärtige Erde war die dritte. Am Ende eines jeden großen Kreislaufes, war die Sphäre zerstört worden und ein neuer Planet war an seiner Stelle getreten.

Ich hatte eine Schau von der Zeit der ersten Erde. Sie war freundlicher und feiner als jene, die wir als Nibiruaner kolonisierten. Es gab eine große Liebe auf dem Planeten, und die Wesen, die dort existierten, widmeten sich der Rückkehr zum Urschöpfer.

Ich sah einen Tag in jener Zeit. Wie Ozeanwellen lagen da Berghänge mit großen Volksmengen, die in Weiß gekleidet waren. Auf dem Gipfel eines Berges stand ein weißer Marmorpavillon mit hohen Säulen, und unter den Säulen waren halbmondförmig zwölf Paare, Mann und Frau. Sie fingen an zu singen: »IIIiiii… OHhhhh… Ahhh… « Wieder und immer wieder flossen diese Töne hinaus und die Berghänge hinab, bis alles im Klang vibrierte. Es gab eine große Zahl von hellgesichtigen Wesenheiten, die dieselben Frequenzen hervorbrachten, und als die Energie anwuchs, verwandelten sich diese Wesen in Licht. Zuerst umfing das Licht nur ihre Körper, aber bald *waren* sie Licht. Jeder Mann, jede Frau und jedes Kind auf jenen Bergen wurde Licht. Als ihre Frequenzen weiter pulsierten und aufstiegen, bildete der Klang eine Spirale. Engel und andere Wesen aus höheren Dimensionen wurden durch die sich aufbauenden Energien in dieses sich in Spiralen drehende Licht hineingezogen. Schließlich atmete Urschöpfer die Spirale ein und Freude strahlte ins ganze Universum aus.

In unserem Zustand des Entzückens und der Wonne waren wir Zeuge einer Massen-Himmelfahrt des Lebens geworden, das freudig in seine Quelle, den Urschöpfer, zurückkehrte. Irgendwie waren Tara, Matali und ich dort in jenem Marmorpavillon, und doch saßen wir in der Gegenwart der Alten Schlangenfrau. Es war, als gäbe es die

Trennung zwischen den Äonen gar nicht, als seien wir gleichzeitig in beiden Zeiten und an beiden Orten. Tränen des Glücks strömten über unsere Wangen.

In unseren Herzen dankten wir der Alten Schlangenfrau und zogen uns zurück. Unsere Körper waren mit elektrischer Kraft aufgeladen, und es war genug für einen Tag.

In den Reichen der Götter jedoch sann Marduk und schmiedete Ränke. Nergal hatte nicht aufgegeben und schloß Bündnisse mit den Enliliten, den Feinden seines Vaters Enki. Die Rivalität zwischen den Söhnen von Enki und von Enlil baute sich in der Atmosphäre von Terra auf. Aus der Tiefe des Schlangenreiches schauten wir zu, wie die Götter auf ihre Vernichtung zusteuerten.

GANDIVA

Enkis Söhne waren in dem Bewußtsein groß geworden, daß ganz Terra ihnen gehören würde, wenn es nicht Enlil und seine Söhne gäbe. Enkis Verbitterung und Groll gegen seinen Bruder Enlil war in ihr Leben getröpfelt wie ein Gift. Die Enkiliten, leidenschaftlich entschlossen sich zu rächen, widersetzten sich jedem von Enlils Vorhaben. Als Enki die Kontrolle über seine Söhne verlor, unterminierte ihr Haß seine Familie. Marduk wollte zusammen mit seinem Sohn Nabu den eigenen Brüdern die Macht wegnehmen. Nergal, der nicht Marduk die ganze Macht überlassen wollte, beschwor den größten Kampf herauf, indem er sich sogar mit Enlils Sohn Ninurta verbündete.

Ninurta befehligte die enlilitischen Fluggeschwader, die über Terra patrouillierten. Er hatte die berühmten gutianischen Horden nach Akkad geführt, die vernichteten, was von meinen Heerscharen noch übrig war, und Ninurta wurde die Aufgabe übertragen, das Flußsystem des Euphrats wieder instand zu setzen, nachdem Marduk es vergiftet hatte.

Ninurta und seine Frau Gula waren in der Stadt Lagash ansässig. Ninurta, der es liebte zu fliegen und zu befehlen, baute und konstruierte auch gern. Er freute sich auf die Aufgabe, den Fluß zu reinigen. Jedoch verabscheute er die täglichen Mühen des Regierens und hatte keine Geduld mit dem gesellschaftlichen Leben, das mit solchen Verpflichtungen einherging. Seine Frau Gula war ihm ergeben, aber leider war Ninurta zu absonderlich, um jemandes Gefährte zu sein. Vielleicht hatte er eine Mauer um sich errichtet, um die ständige Fürsorge seiner Mutter Ninhursag abzuwehren.

Ninurta lebte immer zurückgezogener, verkroch sich in sich selbst. Er vernachlässigte das Regieren der Städte und verschwand manchmal für Tage. Dann flog er mit seinem Lieblingsschiff, dem Schwarzen Vogel.

Ninurta wollte Pyramiden bauen. Seit dem großen Krieg war er auf die großen Pyramiden von Ägypten eifersüchtig gewesen, und so lud er die ägyptischen Architekten zu sich, die beim Planen und Bauen in Gizeh beteiligt gewesen waren, damit sie in Sumer mit ihrer Arbeit begönnen. Zur Freude seiner Frau beschäftigte ihn dies für einige Zeit, und er blieb mehr zu Hause. Aber nach und nach erlag er wieder der Verlockung, allein in seinem Schiff umherzufliegen. Er flog weit von jeglicher Zivilisation fort und wanderte in entlegenen Bergen umher. In diesen Bergen bildete er eine Schar von Kämpfern aus und lehrte sie die Kampfkünste. Die einfache Gesellschaft dieser bodenständigen Menschen gefiel ihm.

Was die Wege seiner Familie, der Götter anbelangte, machte Ninurta sich nichts mehr vor. Besorgt in seinem Herzen ob unserer endlosen Streitereien, dachte er an seine Kindheit zurück, da Terra für ihn ein unbekanntes Abenteuer war. Er sehnte sich nach der Zeit zurück, als er frei war von der unheilvollen Verantwortung, Enlils Sohn zu sein. Ich muß offen zugeben, daß ich Ninurta nie ganz verstand. Er ist eine vielschichtige Persönlichkeit, stets hin- und hergerissen zwischen der Last seiner Pflichten und dem unwiderstehlichen Bedürfnis, einfach ein verspielter kleiner Junge zu sein; der kleine Junge, der er vielleicht nie hatte sein dürfen.

Da ihm Ninurta nun über lange Zeiträume nicht mehr im Wege stand, sah Marduk wieder nach Babylon und den Städten der Umgebung. Er und seine Gefolgsleute begannen, die Dörfer des umgebenden Landes zu durchsetzen, und indem er Holographie benutzte, erschien Marduk vor den Führern verschiedener Stämme, wobei er sich unter vielen Namen vorstellte. Diese Stämme wurden dazu angehalten, sich vor dem Herrn Marduk zu verbeugen und ihn zu verehren. Er führte viele Wunder für sie auf, gab ihnen Macht und Reichtum und warnte vor den Göttern von Enlil und seiner Sippe, denn sie seien falsche Götter. Marduk erzählte den Menschen dieser Stämme, daß jene, die ihn nicht verehrten, bestraft würden und auf immer zur Hölle verdammt seien.

Die Menschen waren über die Jahrhunderte dazu abgerichtet worden, etwas außerhalb von sich zu anzubeten, namentlich uns; und sie hatten wenig Widerstände gegen solche Beeinflussungen. Wie sollten sie wissen, welcher der wahre Gott war? Gewiß, die Götter waren alle unberechenbar, sie hatten die Menschen mehr als einmal im Stich gelassen. Die Stammesmenschen dachten vielleicht, sie sollten dem Gott folgen, der am besten für sie sorgte; oder war es nicht besser, jenem zu gehorchen, der mit den schrecklichsten Strafen drohte?

Marduk schaffte es ganz hervorragend, die Leute zu verwirren. Indem er heimtückisch die Macht der anderen Götter untergrub, gewann er nach und nach die Ergebenheit der Lulus. Das war der Anfang der Wissenschaft von der Gedankenkontrolle und der propagandistischen Gehirnwäsche.

Während Ninurtas Abwesenheit wurde Enlil klar, daß er jemanden ernennen mußte, der die Aufgabe, über Sumer zu herrschen, besser bewältigte. Er entschied sich für Nannar, meinen Vater. Von der Stadt Ur aus begannen Nannar und Ningal, meine Eltern, die alten Handelswege wieder in Betrieb zu nehmen und Landwirtschaft und Geschäftsleben wieder aufzubauen. Die Tempel nahmen ihre Tätigkeit wieder auf, und neue Zikkurats wurden errichtet.

Jedoch, die Dinge waren nicht richtig. Es lag Streit und Feindschaft in der Luft von Terra. Es war so, als sei der Planet ein Wesen, das die Kämpfe und den Haß der Götter nicht ertragen konnte, und ein unbehagliches Gefühl machte sich überall breit. Ehrgeiz und Gier griffen überall im Land um sich; ein Königreich wurde ausgerufen, nur um von einem anderen niedergeworfen zu werden. Die Scharmützel nahmen zu, als der Zorn immer öfter aufloderte. Marduks Augen blickten begierig auf seine künftigen Länder.

Ihr könnt die Geschichte dieser Zeit selber nachlesen, denn viel ist auf den Tontafeln niedergeschrieben worden. Marduk und sein Sohn Nabu fochten und bekriegten sich immer wieder mit den Enliliten, um Gebiete zu erobern und die Herrschaft über den Weltraumbahnhof zu gewinnen. Auf der Seite von Enlil waren mein Vater Nannar, mein Bruder Utu, Ninurta und Nergal, der Sohn von Enki.

Gegen Ende dieser furchtbaren Kriege, ging Matali zu seinem alten Freund Enki. Matali war stets der Kommandant von Enkis Schiff, und die beiden verbrachten manche Stunde zusammen. Matali bat Enki, mit seinen Söhnen zu reden. Was war mit diesen endlosen Kämpfen zu gewinnen? Es würden das Land und die Leute von Terra doch nur noch mehr leiden. Was wäre, wenn die Söhne von Enlil und Enki in der Schlacht umkommen würden? Was würde den beiden Patriarchen dann noch bleiben? Der Ausgang des Krieges konnte nur gegenseitige Vernichtung bedeuten, denn beide Seiten hatten entsetzliche Waffen. Wenn Anu nach der Gandiva rief, konnte niemand sie aufhalten. Wer wollte das Ende eines solchen verheerenden Krieges vorhersagen?

Nachdem er Matali gelauscht hatte, suchte Enki seinen Sohn Nergal auf und versuchte, ihn zu überzeugen. Aber Nergal stellte sich stur; er war stets der Meinung, daß Enki Marduk bevorzugte. Die Wahrheit war kläglicher. Marduk besaß eine subtile Art, das Denken seines Vaters zu steuern, und Enki war in Marduks Gegenwart einfach machtlos. Enkis Versuche, ihn zu einem Friedenschluß mit Marduk zu zwingen, machten Nergal nur noch wütender. Der zornige Nergal befahl seinem Vater zu gehen und verfluchte sie beide, seinen Vater und seinen Bruder. Er schwor, sie zu vernichten!

Wieder allein, weinte der arme Enki. Er wußte nicht, was er tun sollte und sehnte sich nach glücklicheren Zeiten, sogar nach Antus Festen!

Die Propheten des Untergangs wurden zahlreich. Überall im Land flüsterte jeder Priester und Wahrsager Geschichten von der bevorstehenden Zerstörung, und in allen Tempeln prophezeiten die Orakel das Ende der Welt. Viele der Vorhersagen waren absurd und wurden niemals wahr, aber es schien, als seien die Leute geradezu süchtig nach solchen Ankündigungen. Je furchterregender und grauenhafter die Vorhersage war, desto mehr Geld waren die Leute bereit zu bezahlen, um sie zu hören. Die Propheten machten wirklich einen guten Profit!

Neue Bauten wurden errichtet, um all die Lulus aufzunehmen, die sich versammeln und Angst in sich aufsaugen wollten. Die Berichte von kommenden Hungersnöten und der Verwüstung ganzer Städte waren unter den populärsten Prophezeiungen, während Erbeben und Fluten an zweiter Stelle rangierten. Die Lulus gaben ihr letztes Geld, um solchen Geschichten zu lauschen, die sie in Todesangst versetzten. Diese Angst erzeugte eine Energie, von der Marduk lernte sich zu nähren. Und er vergrößerte die Angst, indem er holographische Bilder an den Himmel projizierte, die furchterregende Szenen darstellten. Er machte Versuche mit dieser Angstenergie, beeinflußte und veränderte sie, um seinen Appetit zu stillen. Sie war besser als Menschenfleisch und leichter zu handhaben.

Die Prophezeiungen erfüllten sich aus sich heraus. Eines schrecklichen Tages überrannten Marduks Heere Enlils heilige Stadt Nippur. Ninurta sammelte seine Truppen zur Verteidigung, aber der Tempel und die heiligen Schreine waren zerstört. Ein unerbittlicher Enlil antwortete, indem er den Auftrag zur Zerstörung von Babylon erteilte – der Stadt, die Marduk am meisten liebte – und mit ihr alle logistischen Zentren von Marduk. Enlil berief einen Kriegsrat ein und die gefürchtete Frage wurde seinem Vater Anu vorgelegt. Die Gandiva-Waffe konnte nur durch den Befehl von Anu aktiviert werden, denn wenn die große Gandiva einmal losgelassen war, war der Ausgang nicht vorhersehbar.

Nergal machte einen letzten Versuch und traf sich mit seinem Bruder Marduk. Wenn Marduk seinen Anspruch auf die Oberherrschaft aufgab, würde man die Gandiva ruhen lassen. Enki, der mit Nabu dabei war, schien sich in einem Zustand der Umnachtung zu befinden, als sei sein Wille gebrochen. In Dunkelheit gestürzt, spie Enki seine Wut und seine Frustration über Nergal aus, und Nergals Zorn wuchs. Als er seinen Vater und Marduk verließ, war Nergal entschlossen, die Gandiva einzusetzen. Niemand konnte sie jetzt noch aufhalten.

Alle Götter waren sich über die möglichen Gefahren der Gandiva im klaren. Selbst Marduk bekam Angst, als er erkannte, daß sein Bruder Nergal sie wirklich einsetzen wollte.

Anu war von Traurigkeit erfüllt. Die Eifersucht und der Neid seiner Söhne hatte Terra dahin geführt. Anu konnte sehen, wie schwach sein Sohn Enki geworden war, und Anu wollte lieber die Städte und den Weltraumbahnhof zerstören, als alles dem aufrührerischen Marduk in die Hände fallen zu lassen. Anu und Enlil sahen etwas Finsteres, fast Böses in Marduk und seinen Absichten. Marduk wollte den ganzen Planeten Terra, ja sogar die Macht von Anu und selbst noch die Plejaden beherrschen. Marduk war eine ernsthafte Bedrohung geworden. Wie eine Dampfwalze machte er alles nieder, was ihm im Wege stand – ohne Gefühl, ohne Herz, ohne Freude am *Sein*. Nichts als unbarmherzige Unterjochung kannte er.

Anu ließ die Gandiva los. Eine brennende Scheibe kam vom Himmel in blendendem Licht, das heller war als die Sonne, und rasiermesserscharfe Kanten hatte. Schrecklich und unüberwindlich schoß sie blitzschnell im Zickzack in einem Schleier von Licht dahin und radierte die Festungen des Feindes aus. Strahlend wie die Feuer des Jüngsten Gerichtes fällte sie Feind um Feind, ungestüm riß sie Tausende in Stücke.

Es war nicht nur der Weltraumbahnhof, der zerstört wurde; auch viele andere Plätze, die für Marduks Logistik wichtig waren, verschwanden. Die ganze Sinai-Halbinsel wurde in Schutt und Asche gelegt wie auch viele andere Ziele. Was aber kritisch wurde war etwas, das wir nicht eingeplant hatten und nicht beherrschen konnten: der Wind.

Es ist eine Ironie, daß der Name Enlil »Herr des Windes« bedeutet, in jenem Augenblick jedoch weder Enlil noch irgend ein anderer Gott die Winde des Todes lenken konnte, die über Sumer hinwegfegten. Strahlenwolken legten sich über die Ebenen und töteten alle Menschen und Tiere, die auf ihrem Weg lagen. Die giftige Strahlung löste die Körperzellen auf, ihre Haut fiel von den Knochen, ihr Blut verdampfte in den trockenen, sengenden Winden und sie starben unter quälenden Schmerzen. Jene an den Rändern litten am grauenhaftesten; sie brauchten am längsten zum Sterben. Das Land war schwarz vom nuklearen Feuer und das Wasser giftverschmutzt.

Aus der Sicherheit ihrer Schiffe schauten die Götter wiederum zu, wie ihre Torheit Millionen von Leben vernichtete. Ganze Dörfer verschwanden im Nichts; Tiere und Feldfrüchte, Brücken und Zikkurats wurden vom Antlitz des Planeten getilgt, als Terra selbst sich unter Schmerzen wandt.

Was hatten sie getan? Nur wenige Überlebende verblieben inmitten der schrecklichen Verwüstung, die einst ein grüner und schöner Planet gewesen war. Die Gewalt der Gandiva und der nachfolgenden Strahlenwolken lösten einen Schock aus, und dieser Schock wurde zu einer Welle, die ein Signal in das Sonnensystem hinaussandte.

Das Signal pflanzte sich noch jenseits der letzten Planeten der Sonne fort, wanderte durch die Galaxis und weiter, weiter hinaus in andere Sektoren. Durch die Weite des Raumes wurde dieses Signal vom Rat der Intergalaktischen Föderation empfangen. Diese Plejadier, die auf dem Planeten Erde herumspielten, waren nun doch zu weit gegangen. Ihnen mußte Einhalt geboten werden. Solch ein unverantwortliches Verhalten konnte und würde nicht geduldet werden. Das Gleichgewicht des gesamten Universums war gestört.

Ein Ruf wurde ausgesandt, und wir wurden in die Halle des Rates der Intergalaktischen Föderation geladen.

Wir waren so in uns und unserem Spiel aufgegangen, daß wir das ganze übrige Universum vergessen hatten. Wer waren diese Störenfriede, die es wagten, uns von unserem Spiel wegzurufen? Anu wußte sehr wohl, wer sie waren, und mit seiner ganzen Autorität rief er uns alle zusammen.

EINMISCHUNG

Die Große Halle des Rates der Intergalaktischen Föderation war ein ungeheuer großer Versammlungsraum mit einer hohen, durchsichtigen Kuppel, die den Blick in den unendlichen Weltraum freigab. Anu, Enlil, Enki, Ninhursag, Nannar, Ninurta, Nergal, Utu und ich saßen alle an unseren Plätzen im Kreis des Rates. Marduk hatte sich geweigert zu kommen. Ich fühlte mich plötzlich klein und war froh, daß Anu da war; aber selbst er schien in dieser Umgebung geschrumpft zu sein. Die bloße Anwesenheit der Ratsmitglieder machte uns bescheiden, und das war ein Gefühl, an das wir nicht gewöhnt waren.

Die zwölf Oberaufseher des Rates stellten einen Querschnitt der Galaxien dar. Unter der Zuhörerschaft befanden sich Hunderte anderer Repräsentanten aus dem ganzen Universum. So viele Spezies! Da waren Vertreter vom Sirius, Andromeda, Orion, Arcturus und zahllosen anderen Sternsystemen. Die Ätherischen waren spürbar anwesend. Ätherische haben eine sehr hohe Schwingungsfrequenz. Manchmal erscheinen sie als fest, dann wieder als durchscheinend oder durchsichtig, und man sagt, sie seien jenseits der Polarität, auch wenn ich einen solchen Zustand noch nicht erfahren habe. Ich weiß nicht warum, aber die Ätherischen schienen bei der Leitung der Zusammenkunft das letzte Wort zu haben.

Ich sah auch Wesen, die waren Kugeln oder Bälle aus Licht und flogen umher; erst golden dann rosa oder türkisfarben. Sie besaßen die eigentümliche Fähigkeit, mit deiner Erlaubnis in dich einzudringen, deine Zellen mit Licht zu erfüllen und dadurch dein gesamtes Wesen zu kennen. Ich fand dies eine höchst interessante Art der Kommunikation. Ich hatte Spaß an all diesen neuen Erfahrungen, als die Stimmung in der Halle sich plötzlich änderte.

Als Anu den Zwölfen gegenüberstand, kam genau gleichzeitig ein Laut von ihnen. Dieser Laut wurde zu Worten, die von jeder Rasse deutlich verstanden wurden: »KEINE EINMISCHUNG!«

Keine Einmischung war das Gesetz dieses Universums des freien Willens, und wir, sagten die Zwölf, hatten dieses Gesetz verletzt, indem wir unmittelbar in die Evolution einer Spezies eingegriffen hatten. Das Gesetz erlaubte, die Evolution von Wesen zu fördern, aber nur wenn sie eine solche Förderung erbaten. In ihrer DNS herumzupfuschen und mit der Gandiva-Waffe das elektromagnetische Feld eines ganzen Planeten zu sprengen, war unverantwortlich und verboten.

Bei mir dachte ich, diese Vorstellung von einem Universum des freien Willens müsse ungefähr so sein wie der frei Handel auf Terra; er ist nur frei solange er denen paßt, die an der Macht sind. Für mich sah es so aus, als wolle der Rat Macht über uns ausüben, indem er sich in das einmischte, was *unserem* freien Willen unterstand.

Für den Rat war es offensichtlich, daß wir nicht recht verstanden, also erklärten sie uns eingehend, daß niemand uns bestrafen würde, niemand würde uns schlagen oder unser Spielzeug wegnehmen. Etwas würde jedoch mit uns geschehen. Ein Bewußtseinszustand, eine Kraft, eine Stimmung, die die Endsumme all unserer Handlungen auf Terra widerspiegelte, würde ihren Weg in unsere Welt finden. Diese Energie würde langsam aber unaufhaltsam die Kreativität und Spontaneität in unserem Leben abschnüren, und wir würden uns blockiert sehen und unfähig, uns weiterzuentwickeln. Der Rat nannte die Kraft die *Wand*. Sie brachten sehr klar zum Ausdruck, daß wir nicht Opfer waren, sondern die *Wand* selbst geschaffen hatten; sie war von uns selbst geschaffen worden. Wir glaubten ihnen nicht.

Sie verboten uns auch, jemals wieder die Gandiva einzusetzen. Täten wir es, würde dies als kriegerische Handlung angesehen und wir würden uns gemeinsam dafür zu verantworten haben. Wenn wir nicht glaubten, daß ihre Waffen stärker waren als unsere, könnten sie uns ja ein paar holographische Aufzeichnungen von anderen Abweichlern zeigen, die wegen ihres Gesetzesbruchs vernichtet worden waren. Es wurde weiter ausgeführt, daß ihre Waffen nicht nur Zivilisationen zerstören, sondern auch die Seelen ihrer Bewohner verdampfen lassen konnten. Wir konnten alle zurückgeführt werden in den Geist des Urschöpfers und nicht mehr sein, und uns blieb nicht eine einzige Form mehr, in der wir inkarnieren konnten! Ein kalter Schauder lief meinen hübschen blauen Nacken hinab.

Der Rat fuhr fort und sagte, in einem späteren Stadium unserer Entwicklung würde uns offenkundig werden, daß wir in einer Phase des Heranwachsens gewesen waren. Derartige Rivalitäten wie die zwischen Enki und Enlil würden schließlich vorbeigehen, wenn sie ihre Aufgabe erfüllt hatten. In der Zwischenzeit aber würde uns nicht gestattet werden, Planeten zu zerstören und selbst die Zeit mit diesen hochenergetischen Explosionen zu durchbrechen. Erinnert euch. Sie schlossen mit den Worten: ERINNERT EUCH!!!

Anu war sichtlich verblüfft. So habe ich ihn noch nie gesehen. Als ich versuchte, seine Aufmerksamkeit auf mich zu lenken, beachtete er mich kaum. Anu machte sich nach Nibiru auf, Enki und Enlil flogen Richtung Orbitstation, und alle drei blieben in ständigem Kontakt.

Mitten hinein in die Auseinandersetzung und den Streit, bei dem die Söhne sich gegenseitig die Schuld gaben, erschien eine dringende Nachricht auf unseren Bildschirmen. Marduk belagerte das gesamte plejadische Sternsystem. Viele Jahre lang hatte Marduk auf einem abgelegenen Planeten insgeheim eine große Zahl von Armeen geklont und ausgebildet. Die Angst, die er aus der menschlichen Rasse zu extrahieren gelernt hatte, diente als Nahrung und Energie, um diese ungeheure Anstrengung zu unterstützen. Mit einem Überraschungsangriff hatte er auf den Plejaden Fuß gefaßt und die dortige herrschende Dynastie vernichtet. Jetzt der alleinige tyrannische Herrscher, befahl Marduk Anu, sich zu unterwerfen, oder er würde Nibiru zerstören. Anu entkam mit Antu zu einem benachbarten Sternsystem.

Wir waren alle tief erschüttert. Enki und ich flogen mit Matali in die innere Erde, um uns in der tiefen unterirdischen Welt des Schlangenreiches zu verbergen, wo wir vor den Rückständen der Gandiva-Strahlung geschützt waren. Enlil machte sich zu seinem Vater Anu auf. Die beiden waren entschlossen, einen Plan zu entwickeln, Nibiru und die Plejaden wieder zurückzugewinnen.

Aus der Sicherheit jenseits der Zeitfrequenzen des beschädigten Planeten mußte unsere Familie mit Schrecken mit ansehen, wie Marduk übernahm, was von Terra und ihren Bewohnern übriggeblieben war. Mit der Zeit riß er die ganze Herrschaft über euren Planeten an sich. Marduk brauchte kein Armeen, um Terra zu erobern. Stattdessen setzte er Propaganda ein. Die Priester von Marduk beschuldigten Enlil, die schreckliche Gandiva auf die hilflosen Menschen losgelassen zu haben. Es war allerdings auch die Wahrheit, und so brachte Marduk die Einwohner Terras gegen Anu und Enlil auf.

Marduk verlor auch keine Zeit, mich zu verleumden. Er behauptete, ich sei eine böse Hexe, die Männer verführte und unschuldige Frauen zu Huren machte. Da er meine Tempel begehrte und all das Land, das meiner Priesterschaft gehörte, trat er eine Kampagne los, um diese Frauen zu verleumden und zu vernichten. Meine Priesterinnen, die in geschäftlichen und künstlerischen Belangen bestens ausgebildet waren, wurden der schwarzen Magie bezichtigt. Sie würden finstere Bannflüche über das Land legen, hieß es. Wann immer etwas Schlimmes passierte, ein heftiger Sturm oder Mißernten auftraten, gab man meinen Frauen die Schuld. Und Marduk sorgte dafür, daß viel Schlimmes passierte. Meine schönen Priesterinnen wurden gefangengesetzt, geschlagen, gefoltert, vergewaltigt und lebendig verbrannt. Ihr ganzer Besitz wurde eingezogen. Marduk nahm Rache an mir, an jener, die ihn lebendig hatte begraben lassen.

Im Reich der Schlangenleute lag ich in einem hübschen Zimmer auf einem kleinen Bett, aber ich nahm meine Umgebung nicht wahr. Vor meinem geistigen Auge sah ich, wie meine Tempel von Marduks Leuten entstellt und beschädigt wurden. Alle Bilder der Göttin wurden durch sein eigenes ersetzt. Er meißelte seinen Namen in Stein, wo er meinen entfernt hatte, und schrieb die Geschichte neu. Er selbst wurde zum Helden jeder Geschichte und Überlieferung. Mit hilflosem Entsetzen sah ich zu, wie meine Priesterinnen jede nur denkbare Erniedrigung erlitten. Es gibt so viele sogenannte Märchen von Jungfrauen, die von Drachen geraubt und in dunklen Höhlen in Ketten gelegt wurden. Diese Geschichten beruhen auf wahren Begebenheiten, aber es gab keinen Ritter in strahlender Rüstung, meine schönen Priesterinnen zu retten.

Marduk hörte nicht bei meinen Frauen auf; er würde erst zufrieden sein, wenn er alle Frauen unterdrückt hatte. Um das zu erreichen, benutze er die Männer. Er erzählte ihnen, sie seien überlegen und die Frau sei aus der Rippe eines Mannes erschaffen worden, um dem Mann zu dienen. Lügen, nichts als Lügen, ausgeschüttet von den Priestern Marduks.

Als die Frauen ihre geachtete Stellung verloren, verloren die Männer ihrerseits einen Teil von sich selbst. Nichts war mehr in Ordnung. Selbst die körperliche Liebe wurde zu Krieg. Weil Marduk mehr Untertanen wollte und mehr von der aus ihrer Angst gewonnen Energie, ermunterte er seine Untertanen, sich zu vermehren. Er brachte auf dem Mond eine elektromagnetische Vorrichtung an, die den Eisprung der Frau an den Mondzyklus koppelte. Selbst die Tiere von Terra können nicht so oft schwanger werden wie die Menschenfrauen. Marduk wollte Angst erzeugen, wie andere Waren produzierten, und so befahl er den Lulus, sich zu vermehren, auf daß sie mehr Untertanen hätten, die sie tyrannisieren konnten, und er mehr Energie aus ihrer Angst gewinnen konnte.

Angst wurde das Gut, das Marduk am meisten schätzte. Angst regierte: Angst vor dem Tod, Angst vor Strafe und Angst vor Wissen. Aus einer so unerschöpflichen Quelle konnte Marduk seine Legionen von Klonen versorgen, und Terra wurde zu einem Kraftwerk für Marduk und seine Tyrannen.

Und Tyrannen gab es. Von den Herren der Länder bis zu den Vorständen der Gesellschaften, Tyrannei war das Gesetz. Einem anderen seinen Willen aufzuzwingen war der am höchsten bewertete Lebensausdruck des Menschen. Mit der Tyrannei kam ihre Begleiterin, die Gier, und da niemand denjenigen, die er beherrschte, zu nahe sein durfte, übernahmen die Trophäen von Eroberung und Herrschaft die Rolle der Liebe. Freude wurde durch Besitz definiert, und Dinge übernahmen den Platz von menschlicher Nähe.

Aus dem Schlangenreich sah ich die Zukunft dieser Welt sich vor meinem inneren Auge entfalten. Ich sah Marduk, der es immer schlauer anstellte, die Lulus zu lenken und Angst zu erzeugen. Priester und Politiker zogen an mir vorbei; die Stile änderten sich, aber die zugrundeliegende Tyrannei blieb dieselbe. Eine unsichtbare Klaue breitete sich über den Gemütern und Seelen der Bewohner Terras aus. Die Inquisition, das Feudalsystem, hundert »Ismen«, die alle Hoffnungen weckten und vergingen. Die Industrialisierung brachte eintönige Arbeit, verstärkte den Materialismus und verschmutzte das Wasser, das Land und die Nahrung.

Marduk vervollkommnete die Beeinflussung mit dem Aufkommen der Massenmedien – Fernsehen und Zeitungen. Wieder und immer wieder wurden die Menschen dazu abgerichtet, im Äußeren ihr Heil zu suchen, nie ermutigt, sich nach innen zu wenden. Immer gab es da draußen jemanden, den man anbeten mußte, jemand der besser

126

und hochstehender war. Voller Selbstzweifel hörten die Lulus bloß auf die »Fachleute«, die sich ihrerseits widersprachen und so die Verwirrung nur vergrößerten.

Die Menschen, die es schafften, selbst zu denken, wurden als Mißgeburten gebrandmarkt, bestraft oder zumindest dazu gebracht, sich schuldig zu fühlen. Wenn jemand etwas erreichte, fühlten andere sich als minderwertig, und so wurden Schuldgefühle erzeugt. Die Psychologie wurde populär, und die Menschen gaben ihr Geld denjenigen, die sich über Monate und Jahre stundenlang ihre Ängste und Schuldgefühle anhörten. Für Marduk waren Schuldgefühle ebenso nahrhaft wie Angst.

Wenn es einen Mangel an Angst gab, löste Marduk eine Hungersnot aus, ein Erdbeben oder einen Wirbelsturm. Das konnte tatsächlich in der Natur vorkommen oder einfach als ein Hologramm oder im Fernsehen gezeigt werden.

Von meinem kleinen Bett aus gesehen, endete die Zukunft von Terra in einem Abgrund.

Als ich vor und zurück durch die Zeit streifte, durchzuckte mich plötzlich wie ein Blitzstrahl die Erkenntnis, daß Marduk wir selbst waren! Marduk war das kollektive Unterbewußtsein der Familie von Anu, das auf Terra projiziert worden war. Wir hatten ihn selbst geschaffen, so gewiß, wie alles andere auch. Jeder einzelne von uns hatte Marduk in diese Dimension befördert. Bestimmt konnten wir, wenn wir ihn geschaffen hatten, auch wieder loswerden. Aber wie?

ABSTIEG

Ich ging zu meinen Freunden Matali und Tara und sagte ihnen, daß ich gerne die Alte Schlangenfrau noch einmal sehen würde. Tara führte mich zu ihren Gewölben. Die Alte Schlangenfrau schien nicht überrascht, mich zu sehen, und wenngleich sie kein Wort sprach, verstand ich, daß ich mich allein auf eine Reise begeben müsse.

Die weise Herrin führte mich einen langen dunklen Tunnel hinab, und an seinem Ende sah ich ein durchscheinendes Oval, das wie ein von einer durchsichtigen Schale aus sanftem Licht umgebene Gebärmutter aussah. Ich trat ein und setzte mich hin, und eine Ewigkeit lang schien nichts zu geschehen. Ich begann, mich Kasteiungen zu unterziehen, Übungen, um meine Frequenz durch Ausrichtung zu erhöhen. Ich atmete; ich erzeugte Tapas, göttliche Hitze; ich fastete; ich stand 2.000 Jahre lang bewegungslos auf einem Zeh; ich warf mich auf den Boden; ich weinte. Meine Seele ergoß sich in das Oval, während Stille sich in mich hineindrängte.

Doch nichts geschah. Ich betrachtete mein Leben als Inanna. Alles, was ich jemals gewesen bin oder getan hatte, lief noch einmal vor meinem geistigen Auge ab. Das Verlangen nach Wahrheit und Verständnis überwältigte mein ganzes Sein, und mein herrlicher Leib dehnte und schüttelte sich im Schluchzen und in der Verzweiflung. Schließlich gab ich mich voller Verzweiflung auf und verlor mich in der Hitze des Feuers, als ich meinen Stolz opferte und nicht mehr wußte, wer ich war. Inannas Ich verwehte.

Als jegliches Ichbewußtsein von meinem Wesen abgefallen war wie die Tränen von meinen Augen, begann sich vor mir ein Licht zu bilden. Langsam formte sich dieses Licht zu dem köstlichsten und schönsten Wesen, das ich je gesehen habe. Es war weder Mann noch Frau, aber seine Gestalt war menschlich. Es bestand aus Myriaden winziger schnell umherschießender Lichter von ständig wechselnder Farbe. Das Antlitz war wie ein Gesicht von tausend Wesen, und es strahlte alles aus, was ich nur hoffen konnte je zu sein: Liebe, Anmut, Weisheit und Eigenschaften, für die es keine Worte gibt.

»Wie heißt du?« fragte ich.

Mir Antwort gebend sprach das Wesen dieses:

»Ich habe viele Namen von einer Vielzahl von Erfahrungen und Seinszuständen, aber mein wahrer Geist, in dem meine Seele wohnt, ist nur eine Lichtfrequenz, kein Name. Ich bin das, was nicht benannt werden kann. Wenn du mich benennen willst, dann sage ich sei Altair von Alcyone, Stern vom Stern. Ich bin das, was du immer gewesen bist.

Dein Verlangen nach Wahrheit hat mich hierhergeführt. Dies sind die Augenblicke deines Erwachens, hüte sie wohl. Entfaltung findet nun statt in diesem Zeitraum. Du bist ein Resonanzsystem. Ich bin auf dich abgestimmt. Ich habe mich in deinen Kreislauf eingereiht, um besser empfangen zu können. Schwinge dich auf mich ein.

Erinnere dich, Geliebte. Erinnere dich deines wahren Zuhauses. Als Zeit für dich begann, warst du reines weißes Licht. Jetzt hast du viele Farben, viele Schattierungen, viele Erfahrungen. Du treibst durch ein Meer der Zeitlosigkeit, pulsierende Schönheit. Ich liebe dich ungeheuer.«

Ich fühlte, wie mein Leib von eine sanft wehende Brise um-schmeichelt wurde. Die ungeheure Liebe dieses Wesens legte sich um mich, heilte mich und trocknete meine Tränen. Ich fühlte mich leichter, und Wellen reiner Freude durchwogten mich.

Das Wesen sprach wieder:

»Ich liebe dich, Inanna.

Ich habe dich nie verurteilt.

Ich war entzückt von deinen Fortschritten, von deinem Mut.

Ich weinte, als du weintest.

Ich suchte Weisheit in deiner Schönheit.

Ich hielt dich in deinen dunkelsten Stunden.

Ich war niemals getrennt von dir. Ich erlaubte dir, dich auf den Wegen zu bewegen, die du wähltest, auf daß du mir Erfahrung brächtest.

Würde irgend ein Wesen weniger tun für sein Kind, seine Schöpfung?

In der Süße unseres Zusammentreffens öffne ich mich für dich.

Ich eile zu dir, um mich in dir und von dir zu erfüllen.

Du bist mein Geschöpf und ich habe mich nach deiner Rückkehr gesehnt.

Ohne zu fordern, wendest du dich mir zu,

sanft wie die Blume, die der Sonne folgt.

Dein Sein schafft einen Raum, den ich füllen kann.

Oh, meine Geliebte! Vereint sind wir!

Von allen Pfaden und Wegen

Durch die langen und einsamen Flure der Zeit,

Wie die Ströme der Erde,

Wie das Blut in deinen Adern

Treffen wir uns im Herzen,

Um dort zu brennen in den Feuern unseres Werdens.«

So war es! Ich war entflammt! Mein ganzes Wesen brannte vor Liebe, und ich erlebte einen Rausch, den ich mir nie hatte vorstellen können.

Still vermittelte das Wesen meinem Geist ein Verstehen. Liebe quoll in mir auf mit einer unbeschreiblich leidenschaftlichen Kraft. In meinem Herzen wußte ich, was ich tun würde. Die Hitze des Feuers veränderte mich für immer.

Ich sah meine Zukunft. Ich würde hinabsteigen in menschliche Gestalt, würde Mensch werden und versuchen, die göttlichen Gene in meinen Selbsten zu aktivieren. Ich würde mich in verschiedene Bestandteile aufspalten und viele Inkarnationen annehmen. Ich würde es wagen, mich verwundbar zu machen und in menschlichem Fleisch geboren zu werden. ich würde eine große Spannbreite von Erfahrungen auswählen, indem ich bestimmten Blutlinien folgte. Auch wenn ich in die irdische Zeit hinabsteigen würde, wußte ich, daß dieses Lichtwesen immer bei mir sein würde, und ich würde nie mehr wirklich allein sein.

Zuerst, das muß ich zugeben, zögerte ich etwas, mich wirklich in menschliches Fleisch zu begeben. Ich wußte genau, was man mit der menschlichen DNS gemacht hatte und wie schwierig es sein würde, mich zu erinnern, wer ich war, wenn ich einmal darinnen war. Aber mein Entschluß stand fest.

Ich beschloß, langsam zu beginnen. Im Himalaja lebte eine Gruppe von Menschen, die sich für die Suche nach Weisheit zusammengetan hatten. Durch Gebete und Meditation hofften sie, zu einer Vision zu kommen, die ihnen die Wahrheit offenbarte. Versuchsweise erzeugte ich ein holographisches Bild von mir, leicht verändert, und erschien ihnen. Weiß gekleidet, umgab ich mich mit einer maßvollen Menge an Licht und richtete mich auf den Gedanken der Liebe aus, die mir von dem großartigen Wesen in dem Oval gezeigt worden war. Ich schuf das Bild von einer Lichtsäule, die aus dem Oval kam und durch mich hindurch über die Berge floß und in die Herzen und Seelen der Sucher.

Ihre Unschuld und Dankbarkeit brachte mich dazu, sie zu lieben, und je mehr ich sie liebte, desto dichter wurde ich. Ich bekam etwas

Angst, aber ich konnte nicht anders, als sie zu lieben. Ihre Freude war von einer Süße, die ich bisher nicht gekannt hatte. Als meine körperliche Dichte zunahm, wußte ich, daß ich bald vergessen könnte und mich nicht mehr daran erinnern würde, wer ich war oder weshalb ich hierhergekommen war. Ich dachte an all die anderen, die ich werden würde. Die Kraft meiner Liebe und Hingabe setzte Hunderte von Leben in Bewegung, als ich, Inanna, mich als Lulu verkleidete, hinabstieg auf Terra, um all die Begrenzungen von Fleisch und Blut zu erfahren.

Ich hatte gehofft, diese Aufgabe leicht zu finden, ein Abenteuer. Schließlich war ich als Inanna aus einer anderen Zeitfrequenz und an Zeitreisen gewöhnt. Wie schwierig würde es sein? Mein Optimismus erwies sich jedoch als unangebracht. In der Dichte der Schwingunsgfrequenzen von Terra, verbunden mit einem Körper, dessen deaktivierte DNS nur ein Zehntel ihrer Gehirnfunktionen zuließ, überwältigten mich die fünf Sinne, und Verwirrung und Angst setzten wiederholt ein. Die Techniken der Gehirnwäsche, die Propaganda und die Frequenzkontrolle, die Marduk Lebenszeit um Lebenszeit eingesetzt hatte, erwiesen sich als zuviel für mich. Das vorherrschende Glaubenssystem würde mich einfach überwältigen und ich würde mich verlieren.

Als Mann wählte ich das Leben eines Priesters in Atlantis. Ich war Hüter der heiligen Kristalle. Ich verliebte mich in eine heilige Jungfrau, entjungferte sie und wurde von meinesgleichen beseitigt. Im alten Irland wurde ich ein mächtiger Krieger. Meine Axt schwingend, schlug ich die Köpfe von Tausenden von Männern ab und steckte sie vor meiner Burg auf Pfähle als Wahrzeichen meines Vermögens. Der Trunksucht verfallen, schlug ich meine Frau. Meinen Sohn dazu verleitend, mir im Schlaf die Kehle durchzuschneiden, stahlen meine Frau und mein Bruder mir Leben und Vermögen. In Ägypten wurde ich Bibliothekar der großen Bestände von Schriftrollen und Tontafeln in Alexandria. In ständiger Angst vor Gefühlen, lebte ich unter geschriebenen Wörtern. Als gestrenger und einsamer alter Mann starb ich in dem großen Brand, als römische Soldaten die Bibliothek niederbrannten.

Als Frau wurde ich Tänzerin in Kaschmir, dies zur Ehre meiner Freundin Tara. Als Waisenkind, das seinen Weg in den Palast getanzt war, wollte ich Sprachen lernen und Architektur studieren. Die Männer bewunderten mich sehr, aber die Frauen im Harem verachteten mich und vergifteten mich bald. Im westlichen Amerika wurde ich ein Indianermädchen, ritt auf kleinen Pferden und jagte auf den Prärien. Mein Name war Himmelsmädchen, und durch meinen Kontakt mit den Sternen segnete ich die Erde mit den Kräften der Himmel. In Liebe mit einem stattlichen Krieger namens Flammenfeder verbunden, starb ich im Kindbett, von einem abergläubischen Medizinmann an den Boden gebunden. In Spanien wurde ich ein liebreizendes, junges jüdisches Mädchen. Während der Inquisition in den Kerker geworfen, wurde ich gefoltert und lebendig auf dem Scheiterhaufen verbrannt. Bevor ich starb, kamen wunderschöne Engel zu mir und erlösten mich von meinem Körper und meinen Schmerzen.

Ich wurde viele. Ich erfuhr das Leben als Mann und als Frau. Ich ging auf denselben Straßen wie die Menschen. Ich fühlte, was sie gefühlt haben, dieselbe Hoffnung und Verzweiflung. Ich hielt ein Kind in meinen Armen; ich war ein Kind ohne Mutter. Ich schlachtete viele Männer ab und liebte viele. Und verbittert fragte ich mich, was machte das aus? Was war überhaupt von Bedeutung?

Um Hilfe betend, saß ich auf dem kalten Boden und blickte sehnsuchtsvoll zu den Sternen. Ich versuchte, mich zu erinnern.

FUR DIE KINDER

Ninhursag traf ihren Bruder Enki im Schlangenreich, und beide betrachteten mich in meinen menschlichen Inkarnationen mit großem Interesse. Ninhursag und Enki hatten die menschliche Spezies vor so langer Zeit geschaffen und kannten die Möglichkeit, ihre »göttlichen« Gene trotz des Netzes von Marduks Herrschaft zu aktivieren. Meine Großtante erregte der Gedanke an das unbegrenzte Potential, das in jedem Menschen schlummerte. Sie hatte ihre Lulus immer geliebt. Enki hatte die Lulus nach der Flut vor der völligen Auslöschung bewahrt, und er suchte eine Gelegenheit, ihnen noch einmal zu helfen. Außerdem reizte ihn die Herausforderung eines solchen Abenteuers. So schlossen Enki und Ninhursag sich meinem Abstieg in menschliches Fleisch und Blut an.

Wir kannten alle die Gefahren, die vor uns lagen. Wir würden uns vielleicht nie mehr erinnern, wer wir waren; wir konnten verlorengehen. Wir schworen uns, uns gegenseitig zu helfen, uns zu erinnern, wann oder wo immer das möglich war. Andere Götter folgten uns. Meine Mutter Ningal und mein Vater Nannar wurden von meinem Zwillingsbruder Utu und seiner hübschen Frau begleitet. Ninurta folgte

seine Mutter Ninhursag, um sie zu beschützen. Selbst meine Halbschwester Ereshkigal und ihr Mann Nergal entschieden sich, als
Menschen zu inkarnieren. Viele andere folgten in ihren Blutlinien und
inkarnierten in den Geschlechtern, die sie gezeugt hatten und von
denen sie bereits Teil waren.

Nach ihren Erfahrungen mußt du sie fragen. Vielleicht sind sie du.

Der Intergalaktische Rat war sehr beeindruckt von unserer furchtlosen
Einsatz für die Beseitigung der *Wand*. Langeweile kann ein ganz schöner
Antrieb sein. Eine neue, den Planeten Terra betreffende Botschaft
vom Rat wurde ins Universum ausgesandt. Eine spezielle Fassung
wurde Marduk und seinen Gefolgsleuten übermittelt.

Niemand von außerhalb Terras Frequenzen sollte sich dort ein-
mischen. Sie sollte in Ruhe gelassen werden und sich aus sich heraus
entwickeln dürfen – bis zum Ende des Jahres 2011. Terra würde von
einem Geschwader von Schiffen aus der ganzen Galaxis, die der Rat
bezahlte, beschützt werden.

Im Jahr 2012 würde diese Vereinbarung erlöschen. Zu der Zeit
würde Terra einen Dimensionsbruch erfahren und sich in zwei verschiedene Dimensionen aufspalten. Im Universum wurden Konflikte,
die nicht auf friedliche Weise geregelt werden konnten, häufig durch
eine Trennung in verschiedene Dimensionen gelöst. Zeit und körperliche Wirklichkeit sind den Lagen eines Zwiebel sehr ähnlich. Welten
bestehen in Welten, und dimensionale Existenzen überlappen und
durchdringen sich.

Diese Aufspaltung würde von den Bewohnern von Terra kaum zu
spüren sein, und alle würden reichlich Zeit haben, sich zwischen den
beiden Dimensionen zu entscheiden. Die Natur jedes einzelnen
Menschen würde die Wahl treffen; und niemand würde das für einen
anderen tun.

Die eine Terra würde die Frequenzen des sogenannten Lichtes
enthalten und in etwas existieren, was als vierte Dimension bezeichnet

wird. In der vierten Dimension würde jeder Gedanke, den ein Einzelwesen dachte, sich augenblicklich manifestieren, und allen würde klar werden, daß sie selbst ihre eigene Wirklichkeit schufen. Alle Bewohner von dieser Terra würden wissen, daß sie allein verantwortlich waren für das, was sie erfuhren, und Souveränität und Kreativität würden ein für alle garantiertes Geburtsrecht sein.

Die andere Erde würde Marduk und seinen Tyrannen gehören. Jene, die gesagt bekommen wollten, was sie tun und denken sollten, und keine Entscheidungen treffen mochten, würden unter der Herrschaft von Marduk bleiben. Diese Wesen konnten weiterhin das Leben unter dem Schutz seiner Regeln führen, denn dort würde weiter die Tyrannei herrschen, und Marduk durfte seine Kreation behalten. Es gab, so schien es, viele die es zufrieden waren, jemanden zu haben, der für sie dachte, und viele, die es vorzogen, etwas Äußeres anzubeten.

Es würde kein Jüngstes Gericht geben, denn Terra würde zu zwei getrennten Welten. Eines Tages würden sich alle Menschen einfach in der Dimension wiederfinden, die am besten zu ihnen paßte, und kaum einen Unterschied feststellen, wenngleich einige vage Erinnerungen oder sogar ein paar Mythen über die ferne Vergangenheit zurückbleiben mochten.

In der Zwischenzeit würden der Rat und die Ätherischen über Terra wachen. Es würde keine Kriege geben; eine Eroberung aus dem Weltraum würde nicht zugelassen. Scheinbar gab es viele andere Zivilisationen aus anderen Abschnitten, die Terra auch gerne für sich wollten. Viele behaupteten, sie hätten dort vor Äonen eingesät und wollten zurückkehren, um ihre Ansprüche zu erneuern. Dieser kleine blaue Planet scheint von vielen sehr hochgeschätzt zu werden. Irgend etwas muß es auf Terra geben, das großartiger ist als Gold.

In gewisser Weise, betrogen wir ein bißchen. Wir mischten uns ein. Wir gingen in menschliche Körper hinein und versuchten, die »göttlichen« Gene zu aktivieren. Wir wollten unabhängiges Denken ermutigen und den Widerstand gegen die Tyrannei schüren. Das erwies sich allerdings als ziemlich schwierig, und wir wurden für ein solches Verhalten oft auf die eine oder andere grauenhafte Weise hingerichtet. Wir hatten Erfolg damit, ein paar anregender Hologramme zu erzeugen, einige erhebende Visionen und andere »heilige« Erfahrungen. Und wir gaben euren besten Denkern ein paar technischer Ratschläge mit auf den Weg.

Natürlich betrog auch Marduk. Um Anhänger zu gewinnen, erzeugte er viele furchterregende Hologramme. Er spezialisierte sich darauf, die Religion vom übrigen Leben zu trennen, und er begründete viele Formen des Gottesdienstes mit riesigen Bürokratien, die die Lulus besteuerten und regierten. Er schuf eine neue Religion, die keinen offiziellen Namen hatte, aber einigen als Konsumismus bekannt war. Männer und Frauen sahen Dinge als wichtiger als Menschen an, und die Menschen wurden an der Zahl und Art ihrer Dinge gemessen.

Ein Altar, ein elektronischer Kasten, der Bilder aussandte, wurde in jedem Haus installiert, um die Menschen darin zu üben, die Dinge zu verehren und immer mehr von ihnen zu erwerben. Dieser Altar verbrauchte die meiste Freizeit der Menschen. Die übrige Zeit wurde damit verbracht, das Geld zu verdienen, damit sie Dinge kaufen konnten. Kinder wurden vor dem Altar alleingelassen, während die Eltern sich im Streben nach mehr Dingen abhetzten. Nur wenige merkten, wie leer das Leben geworden war. Marduk hatte auf der ganzen Linie Erfolg damit, ein neues Bild von sich zu malen.

Als die Ätherischen von dem Altar hörten, beschlossen sie, den Menschen von Tara ein Geschenk zu senden. Von der Mitte der Galaxis aus fingen sie an, eine *Welle* von Licht auszuschicken. Zuerst sanft, dann langsam an Herrlichkeit zunehmend umgab die *Welle* Terra. Völlig neue Gedanken kamen ganz grundlos auf, die oft die verstörten Eltern ganz durcheinanderbrachten. Menschen tanzten in den Straßen wie Primitive und riefen: »Macht Liebe, nicht Krieg!«. Viele andere spürten den Drang, nach Einsamkeit zu suchen und Zeit zu haben, nach innen zu schauen.

Die *Welle* wogte fort. Erwachsene Männer beanspruchten das Recht, Gefühle zu zeigen, und Frauen forderten Gleichberechtigung. Junge Studenten stellten sich vor gewaltige Waffen und nahmen das Recht in Anspruch, zu wählen und frei zu sein. Die Menschen versammelten sich, um Mutter Erde zu verteidigen, die im zwanzigsten Jahrhundert fürchterlich vergiftet wurde. Manche behaupteten, sie könnten mit Delphinen und anderen Tieren sprechen, und wollten sie schützen.

Die *Welle* wird mächtiger. Ich, Inanna, scheinbar in einem fremdartigen irdischen Körper verloren, öffne mich dieser *Welle*. Jeden Tag bin ich bemüht, mich zu erinnern.

Irgendwo in der Zeit sehe ich ein kleines blaues Mädchen, und ihr Gelächter hallt in meiner Erinnerung wieder. Ich weiß, ich muß mich erinnern. Wenn ich mich erinnern kann, dann können es bestimmt alle. Und bestimmt wird das Erinnern und Erwachen sich durch die Luft, die wir alle atmen, wie ein Buschfeuer ausbreiten. Ich öffne mich der *Welle*.

Manchmal bin ich verwirrt, aber dieses Erinnern wächst beständig in mir. Da ist eine Vision von einem Lichtwesen, das mich liebt, und ich kann diese Liebe fühlen. Es gibt Lichtsphären, die mich manchmal umfliegen. Die *Welle* wird stärker. Ich höre die Klänge der Wandlung. Jede Zelle meines Körpers fängt an von dieser Veränderung zu vibrieren, da unendlich süße Mysterien sich mir offenbaren.

Ich erinnere mich... Ich erinnere mich... Die weichen Wellen der Liebe und der Vergebung durchströmen meinen Körper, meine Seele, mein Herz, und ich *erinnere* mich.

Also sind wir mit euch hier auf Terra und warten auf den Zeitpunkt der Wahl. Wir, die wir euch geschaffen haben, schicken unsere Liebe zu all unseren vielen Kindern: Wir, die wir Marduk schufen, wollen, daß ihr wie »Götter« werdet, aber besser! Wir wollen, daß ihr zurücknehmt, was wir euch vor Äonen gestohlen haben; eure Macht, die Macht, auf euch selbst zu vertrauen. Die *Welle* ist für alle Menschen auf diesem Plan bestimmt.Die *Welle* ist unsere Liebe für euch, unsere Kinder.

Wir kommen des Nachts in euren Träumen, im Singen der Vögel, in der Liebkosung des Windes, dem Rascheln der Blätter, dem Blumenduft und dem Kinderlachen. Wir folgen euch hinab durch die Flure der Zeit und flüstern in euren Herzen: »Geliebte, wacht auf! Wisset, wer ihr seid!« Und vor allem senden wir euch Liebe, denn Liebe ist die größte Macht.

Wenn ihre eure Schöpferkraft erkennt, denkt hin und wieder an mich und meinesgleichen. Denkt an Ninhursag und Enki, an uns alle. Erinnert euch unserer Geschichte und habt so viel Spaß wie wir.

Was mich betrifft, sah ich den anziehendsten und interessantesten Mann beim Intergalaktischen Rat, und wenn ich mit der Sache mit der *Wand* durch bin, werde ich, glaube ich, nach ihm suchen. Vielleicht wird er mich dann bemerken. Ich habe mich verändert. Vielleicht finde ich in an der ätherischen Bar auf der siebten Bardoebene. Vielleicht fängt das Leben erst an für mich, Inanna.

ZWISCHENZEIT

Eine wunderschöne Frau, eine Göttin, schläft auf einem goldenen Drachen. Der Drache zischelt, Augen glühen rot in der Dunkelheit. Die Frau liegt unter einer dicken Samtdecke, ihre Arme schlaff, ihre feinen Finger ruhig und still. Ihre Haut ist kremig blau, warm und weich. Ihre mandelförmigen Augen bewegen sich unmerklich hinter geschlossenen Lidern und langen Wimpern.

Sie schläft. Sie träumt...

Auf einer Wolke sitzend schwebt sie am Himmel, als Tausende Männer und Frauen sich in Anbetung und Bewunderung vor ihr auf den Boden werfen.

Inanna! Sie rufen es aus!

Oh! Himmelskönigin! Sie rufen es aus! Wir verbeugen uns vor dir!

Plötzlich erscheinen unterhalb von ihr giftige Schlangen.

Sich von ihr fortschlängelnd kriechen sie auf die Menge zu.

Erst Schlangen, dann Drachen, dann Dämonen.

Sie verschlingen die Betenden.

Schrecken erfüllt die Luft. Blut überschwemmt das Land.

Nein! Die Göttin schreit. Nein!

Ich bin ihr. Verehrt mich nicht! Nein!

Ihr Schmerz überwältigt sie. Nach Luft schnappend erwacht sie, zitternd und weinend. Nein! Winzige Schweißperlen bedecken ihren Leib.

Nein! Tränen fließen über ihr liebliches Gesicht.

Der Drache zischelt... und dann herrscht wieder Stille.

DIE ROTEN SCHUHE

Das Jahr 1994, der Ort: Planet Erde, New York City, die Upper West Side. Gracie steigt an der Ecke Broadway und 78. Straße aus dem Taxi und hält dabei eine Einkaufstüte von einem Innenstadt-Kaufhaus fest in ihren Armen. Gleichzeitig belustigt und beunruhigt, denkt sie über ihren Gemütszustand nach. Sie hat gerade eben fast 300 Dollar für ein Paar hochhackiger, roter Schuhe ausgegeben, eine ungehörige Menge Geldes für ein Paar Schuhe. Nach Jahren der Meditation und Wahrheitssuche, der Reisen durch die Welt und der Suche nach Antworten in Tausenden von Büchern, steht sie hier auf den mittelmäßigen Straßen von New York und greift nach einem Paar hochhackiger roter Schuhe für ein Geld, mit dem man in einigen Dritte-Welt-Ländern eine sechsköpfige Familie ein Jahr lang ernähren könnte.

Eine laut klagende Stimme dringt in Gracies Bewußtsein. Als sie sich umdreht, erblickt sie eine junge Frau, die auf einem Betonsims herumlungert. Sie ist schäbig gekleidet, dreckig und sichtlich erschöpft; ihr Gesicht ist zerschunden. Hysterisch weinend, ruft die junge Frau mit lauter Stimme: »Ich habe nichts! Keine Bleibe! Kein Essen für meine Kinder!« Ihre Verzweiflung erfüllt die Straße, als sie die

Vorübergehenden anbettelt. Da sie in New York sind, ignorieren sie sie natürlich völlig.

Die Einkaufstüte in Gracies Armen wird schwerer. Benommen und voll Schuldgefühl, öffnet sie verstohlen ihren Geldbeutel und zieht einen Zwanzigdollar-Schein hervor, darauf bedacht, nicht die Aufmerksamkeit von anderen Schnorrern auf sich zu ziehen. Langsam auf die traurige junge Frau zugehend, wirft sie den Geldschein in schwielige, wartende Hände.

Aus voller Lunge schreiend, springt die Frau auf ihre Füße. »ZWANZIG DOLLAR!!! Mein Gott! Dies Frau hat mir zwanzig Dollar gegeben!!!« Alle Menschen in Hörweite bleiben stehen und drehen sich um, um Gracie und die Frau anzugucken. Gracie weiß, würde sie auch nur noch eine Minute dableiben, würde sie von hoffnungslosen Seelen umringt sein, die sie um Geld anbetteln würden. In völliger Panik fängt Gracie an zu laufen, dem Verkehr ausweichend, als sie über den Broadway und auf der 78. Straße zum Riverside Drive hinabläuft. Sie küßt den Pförtner, als sie das Appartementhaus erreicht, eilt auf den Fahrstuhl zu und läßt sich gegen seine tröstende Wand fallen. Ihr Herz klopft laut.

Die Schuhe sind fort.

In einer anderen Dimension sitzt Inanna, die schöne plejadische Göttin, in einem durchscheinenden Oval und sinnt über ihre multidimensionalen Selbste nach, die sie in das Raum-Zeit-Kontinuum hinausprojiziert hat. Ein Impuls von Angst und Schrecken von einem ihrer Selbste erreicht sie. Ihre Aufmerksamkeit auf den Ort des Aufruhrs richtend, fängt Inanna das Bild von Gracie im Fahrstuhl auf. Das Herz des Mädchens rast gefährlich; vielleicht wäre etwas Tröstung angebracht.

Gracie hört eine vertraute Stimme in ihrem Kopf. »Beruhige dich, du bist in Ordnung. Es war nett von dir, der armen Frau zu helfen. Atme tief durch und beruhige dich.« Gracie fängt an zu weinen, als sie die

Tür ihres Apartments aufschließt. Zwei wunderbare schwarze Schäferhunde springen um Gracie herum, küssen ihre Tränen fort und heißen sie zu Hause willkommen. Dankbar umarmt sie ihre Schutzengel.

Gracie geht zum Fenster. Nach zwanzig Jahren in New York lebt sie endlich in einem Apartment mit einem atemberaubenden Blick auf den Hudson. Das Apartment ist im zwanzigsten Stockwerk, vielleicht ein Jahr für jedes. Aus der Sicherheit ihres Nestes schaut Gracie auf den Riverside Park hinab. Es ist Frühling, und die Kirschbäume stehen in voller Blüte. Die Schönheit ist trügerisch, verbirgt sie doch die Papphütten hinter Bäumen und Sträuchern, die vielen Obdachlosen Heimat sind. Von hier oben kann sie sie deutlich sehen. »Ich halte es nicht mehr aus. Ich ertrage es nicht, mich gegenüber so viel Hoffnungslosigkeit so hilflos zu fühlen!« Sie erinnert sich an den Mann, der den ganzen Winter im Park lebt und sich mit Zeitungen zudeckt, um sich zu wärmen. Mit Furcht auf beiden Seiten hatten sich ihre Blicke mehr als einmal getroffen. Seine Augen zeigten seine Einsamkeit, und sein Leiden drang in die Tiefen ihrer Seele und ließ sie sich so unendlich hilflos fühlen.

Das Leid der Stadt ist mehr, als sie ertragen kann. Gracie träumt von den Bergen im pazifischen Nordwesten, von Zedernwäldern und klarem Wasser. Ihre Hunde herzend, schwört sie sich, zu packen und die Stadt zu verlassen, die für sie ein leeres Versprechen geworden war.

Inanna entspannt sich. Gracie hatte die Bilder von dem Zufluchtsort in den Bergen empfangen und tief in ihr Sein eingelassen. Bald würde Gracie auf dem Verlorenen Berg nur mit den Sternen allein sein. Ohne das Chaos der Stadt würde sie vielleicht auf Inanna hören, und in der Stille des Waldes würde Gracie sich vielleicht erinnern. Vielleicht würde es mit ihr besser klappen als mit den anderen. Vielleicht würde sie die von anderen Erbanlagen überdeckten Gene aktivieren und es schaffen, die anderen Selbste, die sich in ihren Glaubenssystemen verloren hatten, um sich zu scharen. Vielleicht würde diese junge Frau Erfolg haben, wo andere versagt hatten.

DIE GLANZENDEN

Inanna blickte auf ihre blaue Haut hinab. Als sie den ausgelaugten, blassen Ton ihrer Hautzellen gewahrte, beschloß sie, eine Weile zu ruhen. Inanna ließ ihre multidimensionalen Selbste an sich vorbeiziehen und überlegte, warum sie nicht zu ihnen durchdringen konnte. Erst letzte Woche war Olnwynn von seinem eigenen Sohn ermordet worden. Als Inanna sich dazu entschieden hatte, sich in mehreren verschiedenen Menschen zu inkarnieren, hatte sie keine Vorstellung davon, daß das Leben in einem menschlichen Körper so verwirrend und gefährlich sein konnte. Diese Erfahrung hatte so etwas Dichtes; kein Wunder, daß die menschliche Rasse jetzt eine so schwere Zeit hatte. Und die Ankunft des Kali Yuga hatte die Dinge nur noch verschlimmert.

Die plejadische Zivilisation hatte immer gewußt, daß die Phasen der Schöpfung sich ständig in vier Zyklen vollziehen – die Zeitalter oder Yugas. Die erste Zeitspanne ist das Goldene Zeitalter, wo Weisheit und Überfluß herrschen. Dieser Phase folgt eine zweite, in der Weisheit durch Rituale ersetzt wird. Der dritte Zyklus ist eine Zeit der Zweifel; der Urschöpfer verliert sich in seiner Schöpfung, und Mann und Frau vergessen ihren göttlichen Ursprung. Schließlich kommt das vierte Zeitalter, das Kali Yuga, welches als ein Zeitalter der Finsternis, Verwirrung und Kriege beschrieben werden kann; alle Werte des ersten, des Goldenen Zeitalters, sind verkehrt. Die niedersten Antriebe, wie Gier und Furcht, setzen sich durch.

In der erstickenden Atmosphäre dieses Kali Yuga haben Inannas Cousin Marduk und seine Hauptleute die einschränkenden elektromagnetischen Felder mit extrem niedriger Frequenz aufgebaut, die ELFs *(extremely low frequency)*, um die Erdbewohner noch mehr zu verunsichern und irrezuführen. Umgeben von einem virtuellen Gefängnis aus elektromagnetischen Wellen, waren die Menschen nicht mehr in der Lage, still zu werden und ihrem *inneren* Herzen zu lauschen. Ins Nirgendwo hetzend, machten sie sich Sorgen, zahlten ihre Rechnungen, machten noch mehr Schulden und saßen endlos vor ihren Fernsehgeräten und warteten darauf, daß ihnen jemand Antworten gab. Die Menschen häuften Besitztümer an und glaubten, ihre Sachen würden sie vor Schaden bewahren. Die Vorstellung vom Weltende wurde immer weiter verbreitet. Das Chaos und die Verwirrung wuchsen täglich.

In ihrer wachsenden Enttäuschung zischelte Inanna mit ihren Wächterdrachen. Je unmöglicher es sich ausnahm, desto entschlossener wurde sie, der menschlichen Art zu helfen, sich zu befreien. Mit geschlossenen Augen daliegend, ließ Inanna ihren Geist treiben, zwang sich, sich zu entspannen, und vergaß ihre multidimensionalen Selbste für einen Augenblick. Eine kühle Brise strömte über ihren anmutigen Körper, als sie an ihren Heimatplaneten Nibiru dachte und an die wunderbaren Feste, die ihre Urgroßmutter immer gab. Sie sah sich selbst als kleines Kind, das sich exotische Schokolade von Valthezon in den Mund stopfte. Sie schmeckte die Erinnerung; eine süße Flüssigkeit erfüllte ihren Mund und tröpfelte über ihr Kinn. Sie kicherte.

»Inanna!« rief eine Stimme. Es war eine vertraute Stimme, aber sie konnte sie nicht recht zuordnen. Es war keines ihrer irdischen Selbste oder jemand aus ihrer berüchtigten Familie. »Inanna! Erinnerst du dich nicht daran, was war, bevor du in die Familie von Anu geboren wurdest? Erinnere dich an eine Zeit, bevor du in deinen hübschen blauen Körper hineingeboren wurdest, vor Nibiru und der Erde.«

Inanna runzelte ihre vollkommenen Augenbrauen. Ihre Gedanken formten sich in ihrem Geiste.»Du meinst, bevor ich Inanna wurde? Was könnte ich vor mir gewesen sein?«

Eine Schau trat ihr vor ihr geistiges Auge: eine unendliche Zahl von farbigen geometrischen Lichtfiguren, die sich in schneller Folge ständig veränderten. Sie bemühte sich, die Figuren zum Stillstand zu bringen, damit sie wenigstens eine klar ausmachen konnte, aber sie ließen es nicht zu.»Inanna, ich bin es, dein alter Ratgeber Melinar!«

Melinar! Der Name war Inanna so vertraut. Sie weitete ihr Bewußtsein. Es hatte eine andere Art der Erfahrung gegeben. Schemenhafte Erinnerungen kamen ihr in den Sinn. Melinar! Mein Lehrer! Jetzt war er *hier,* in dieser Zeitfrequenz. Wenn die irdische Zeit dicht und klebrig genannt werden konnte, so war die Dimension von Melinar Dunst und Nebelhauch.

Inanna verfolgte diese Schau mit ihrer ganzen Aufmerksamkeit. Ab und zu erschien für einen Augenblick die Form eines Gesichtes, nur um sofort wieder zu verschwinden. Das Gesicht war vertraut, wohlwollend und freundlich, ein alter Mann mit funkelnden grünen Augen, die Inanna an ihre Lieblingssmaragde erinnerten. Dann fiel ihr wieder ein, warum sie Juwelen liebte; die schnell wechselnde Schau, die Melinar darbot, war wie Tausende sich ständig umformender geschliffener Steine, die von innen her in einem durchscheinenden Licht strahlten. Sie war einst diese Form gewesen, und sie erinnerte sich jetzt ganz deutlich. Sie war einst ein Körper aus 144 geometrischen Formen gewesen, die sich in unaufhörlicher Bewegung befanden und als die Glänzenden bekannt waren.

Eines Tages war sie es leid geworden, diese strahlende Farbschau aus schöpferischer Intelligenz zu sein, und hatte beschlossen, andere Lebensformen auszuprobieren. Melinar war so stolz auf sie gewesen, weil sie so mutig war, sich hinauszuwagen und sich den Körper einer Frau auszusuchen, einer blauen Plejadier-Frau, um genau zu sein.

Jetzt stattete er ihr einen Besuch ab. Inanna empfand eine süße, unschuldige Freude, daß Melinar an sie gedacht hatte. In jener Dimension war das Leben so anders, überhaupt nicht wie die Wirklichkeit der zänkischen, streitsüchtigen Kinder von Anu oder die sich ständig wiederholenden Erfahrungen auf der Erde.

Inanna sehnte sich zurück. In Erinnerung an ihre Freundschaft verschmolz sie mit Melinar, so glücklich war sie über seine Gegenwart. Heiße Tränen rannen ihr über die Nase und erinnerten sie daran, wo sie war. »Oh, Melinar! Ich bin so froh, dich wiederzusehen. Ich hatte dich und die Dimension der geometrischen Formen völlig vergessen. Es ist so gut, daß du gekommen bist. Ich wußte gar nicht, wie sehr ich dich vermißt habe.«

Melinar antwortete, wenn auch nur in ihrem Geist: »Inanna, du bist beschäftigt gewesen, meine Liebe!«

Inanna errötete. Sie nahm an, daß Melinar nun, da sie verschmolzen waren, alles von ihr wußte. Er mußte alles über ihre gescheiterten Liebesbeziehungen und jene Kriege wissen, die sie unten auf der Erde angezettelt hatte. Er mußte auch wissen, daß sie versuchte, den Menschen zu helfen, indem sie in verschiedenen Augenblicken gleichzeitig inkarnierte, und von ihren Schwierigkeiten, die sie mit dieser Aufgabe hatte. Vielleicht war er gekommen, um zu helfen. Aber was konnte eine geometrische Form von einer Frau des zwanzigsten Jahrhunderts in New York wissen? Oder von einem keltischen Krieger im zweiten nachchristlichen Jahrhundert, der sich durchschlug, indem er Köpfe abhaute?

Melinar beantwortete ihre Fragen. »Inanna, meine Liebe, ich habe deine Abenteuer mit großem Interesse verfolgt und bin gekommen, um dir meine Unterstützung anzubieten. Außerdem habe ich alle Zeit der Welt, und dies sieht mir nach einem großen Spaß aus.«

»Oh, Spaß! Ich hatte auch geglaubt, es sei Spaß, als ich zu helfen versprach. Aber schau dir doch meine armen Selbste an! Sie machen Schreckliches durch. Und nie hören sie auf mich. Sie glauben, Stimmen zu hören und verrückt zu sein! Ich bin mit meinem Latein am Ende. Ich würde jede Unterstützung, die du mir geben kannst, sehr schätzen.«

Melinars Glanz beschleunigte sich, bis er sich verwandelte. »Meine Liebe, wir müssen Gracie helfen, zu ihrem Berg zu finden. Wir werden ihr einen sicheren Platz im Zedernwald schaffen, wo sie in Ruhe und Frieden leben und sich daran gewöhnen kann, uns zu sehen und zu hören. Sie wird uns doch noch willkommen heißen, du wirst sehen. Jetzt wird es klappen. Zwischen den Sternen und den Zedern wird Gracie sich erinnern und allen anderen helfen.«

Zum ersten Mal nach langer Zeit lachte Inanna leise. Ja, und wenn? Wenn nur eines meiner Selbste sich erinnern würde, wenn nur eines sich mir in Liebe und Vertrauen zuwenden und mir erlauben würde, zu helfen. Wenn ich nur Marduk besiegen könnte.

OLNWYNN

Inanna und Melinar traten in das durchscheinende Oval und setzten sich still hin. Inanna beobachtete Melinars geometrische Formen, die sich so schnell bewegten, und sie konnte sie – so sehr sie sich auch anstrengen mochte – nicht so weit verlangsamen, daß sie eine von der anderen Form unterscheiden konnte. Sie konnte allerdings erkennen, daß viele der Formen sonderbar und unregelmäßig waren. Sie bestanden aus mehr als Würfeln, Pyramiden oder auch Rhomben. Die meisten der Formen waren ihr völlig unbekannt und ihr Gedächtnis hatte keine Namen für sie.

Melinar erinnerte sie daran, daß seine Geometrie aus glänzenden Formen eine verschlüsselte Sprache darstellten. Wenn seine Gedanken Gestalt annahmen, erschienen die entsprechenden Formen, voll der verschlungenen Nuancen seiner Gedankenmuster. Je schneller seine Gedanken sich formten, desto schneller verwandelte seine geometrische Gestalt ihre Muster, und ein Regenbogen von Farben tat es entsprechend, wurde stärker, wenn seine Gedanken leidenschaftlicher wurden oder seine Neugier befriedigt war. Er konnte Laute einer gesprochenen Sprache hervorbringen, aber Melinar fand reine Gedanken viel interessanter, denn sie vermittelten mehr, als Worte es jemals konnten. Diese Gedanken bildeten sich von selbst in Inannas Denken als *Wissen*.

Inanna war sehr erfreut, ihren alten Freund Melinar wieder in ihrer Wirklichkeit zu haben. Eine Zeitlang saßen die beiden einfach da und tauschten Informationen aus, erneuerten alte Bande und frischten Erinnerungen auf. Inanna erinnerte sich, wie herrlich es war, eine solche Form wie Melinar zu sein. Es war jetzt schwer zu verstehen, weshalb sie einen so reinen Zustand der Schönheit hatte verlassen wollen.

Eine eigenartig rohe Energie drängte sich in ihre wehmütigen Träumereien. Ein sehr hochgewachsener Krieger mit einer Axt in der Hand stand vor ihnen. Sein Hals war von einem zum anderen Ohr durchtrennt – keineswegs ein sehr anziehender Anblick. Der Mann stand offenbar unter Schock und war schrecklich verwirrt.

»Wer zur Hölle seid ihr?« fragte er fordernd.

Inanna erkannte ihn. Es war Olnwynn, eines ihrer multidimensionalen Selbste. Sie hatte Olnwynn in das nördliche Irland des zweiten vorchristlichen Jahrhunderts projiziert. Seine DNS hatte vielversprechend ausgesehen, aber es war alles schief gelaufen. Er hatte nie auf sie gehört, in welcher Gestalt sie ihm auch erschien. Und ganz augenscheinlich war auch ihre jetzige Gestalt nicht hilfreich. Olnwynn fand ihren üppigen aber festen Leib sehr anziehend.

»He, was haben wir denn da? Du bist das schönste Mädchen, auf das ich je ein Auge geworfen habe. Bei den Göttern! Deine Haut ist blau!«

Inanna verwandelte schnell ihr Hologramm in Olnwynns Kopf. Sie beließ Melinar in seiner geometrischen Form, die Olnwynn vielleicht als Elfenlicht erscheinen mochte. Für sich nahm sie die Verkleidung eines Druiden an, der groß und achtunggebietend war, aber nicht zu streng aussah.

Verwirrt starrte Olnwynn den Druiden an. »Wo ist sie hin? Wer zum Teufel bist du?« Er hatte einen sehr schlechten Tag gehabt. Er hatte sich wieder seinem üblichen übermäßigen Metgenuß hingegeben, als etwas Merkwürdiges geschah. Zuerst hatte es einen kurzen, scharfen

Schmerz gegeben, und dann schwebte er über seinem starken, stattlichen Körper und sah auf eine grauenhafte Szene hinab. Sein eigener Sohn stand über Olnwynns Körper, einen langen, scharfen blutigen Dolch in den Händen. Der entsetzte Sohn zitterte und schrie vor Schmerz! Als Olnwynn hinabstarrte, sah er sein eigenes Blut wie einen Bach aus seiner Kehle hervorsprudeln, die über die ganze Breite aufgeschnitten war. Olnwynn war an dergleichen Anblicke gewöhnt, aber diesmal war es anders. Dies war seine Kehle und sein Blut.

Die Tür flog auf, und die Frau und der Bruder von Olnwynn stürzten in den Raum. Die Frau umarmte ihren Sohn und dankte ihm, daß er ihre Schmach gerächt habe. Olnwynns Bruder schlug dem jungen Mann auf die Schulter und versprach ihm, eines Tages würde er König sein. Olnwynns Sohn geriet außer sich, warf sich über den Körper und schluchzte: »Vater, ich habe dich ermordet! Vater!«

Olnwynn schwebte über seinem Leib, solange die Konzentration es ihm erlaubte. Er erkannte, was sich abgespielt hatte: Seine schöne Frau hatte mit seinem Bruder geschlafen, und die beiden hatten sich verschworen, Olnwynn zu ermorden, seine Burg und sein Königreich zu übernehmen und seinen Bruder auf den Thron zu setzen. Der einzige Mensch, der ihm nahe genug kommen konnte, um ihn zu ermorden, war sein eigener Sohn. Es hatte seine Frau viele Stunden gekostet, in denen sie ihrem Sohn theatralisch schreckliche Geschichten seiner Grausamkeit berichtet hatte, bis ihr Sohn überzeugt war, daß Olnwynn beseitigt werden müsse, aber schließlich war es ihr gelungen. Auch Olnwynn hatte gewußt, daß es falsch gewesen war, sie zu schlagen. Aber jetzt war er tot und schwebte über seiner einstigen Burg.

Der Anblick der Feierlichkeiten in der Burg widerte ihn an, und sein Sohn erholte sich nicht. Nach einiger Zeit spürte Olnwynn, wie eine seltsame Kraft an ihm zog, und er war sehr beunruhigt. Er entschloß sich, dem Zug zu folgen, wohin auch immer. Er hatte sich niemals gefürchtet. Also stand er jetzt hier vor einem Druiden, der von etwas umgeben war, das wie Elfenlicht aussah.

Der Druide sprach: »Olnwynn, wir haben dich erwartet. Du mußt dich beruhigen und versuchen, still zu werden. Du bist hier in guten Händen. Niemand wird dich richten; du bist unter Freunden.«

Inanna schaute auf die aufgeschlitzte Kehle und beschloß, sie sogleich instand zu setzen, vor allem, weil ihr Anblick kaum zu ertragen war. Wirklich grotesk sah sie aus. Jedenfalls hatte Olnwynn genug gelitten. Er mußte nicht auch noch mit einer heraushängenden Gurgel herumlaufen, die ihn ständig daran erinnerte, daß die Dinge nicht so gut gelaufen waren.

Olnwynn spürte, wie sich seine Kehle schloß. »Sag, wie hast du das angestellt?« Seufzend ließ er seine Axt fallen und brach vor dem Druiden zusammen, erschöpft und sehr durstig. Bei den Göttern, seit drei Tagen hatte er nichts getrunken. Oder waren es drei Jahre?

Der Druide sprach wieder: »Jetzt, Olnwynn, sollten wir vielleicht deinen Gedächtnisinhalt einmal durchsehen. Fühlst du dich für eine solche Erfahrung stark genug?«

»Bin ich tot?« fragte Olnwynn.

Es ist immer dasselbe, erklärte Inanna Melinar. *Sie wissen nicht einmal, daß sie tot sind, und ich muß sie zuerst mit ihrem neuen Zustand vertraut machen. Es ist eine Menge mehr Arbeit, als ich gedacht habe.*

»Ja, Olnwynn, du bist tot. Aber, wie du siehst, ist nur dein Körper tot. Du – das heißt dein bewußtes Sein und deine ganze Lebenserfahrung – du bist hier bei uns in einer anderen Dimension. Es ist gar nicht so schlecht.«

»Hast du etwas zu trinken für mich? Wein, Met? Was immer.« Olnwynns Neigung zum Trinken war die Ursache vieler seiner Probleme gewesen, aber Inanna zauberte ein Trinkhorn mit Met für den erschütterten Krieger hervor. Er spülte es hinunter, als gäbe es für ihn kein Morgen mehr, – das es für ihn allerdings tatsächlich nicht gab. Ihm fiel auf, daß es nicht richtig schmeckte und ihn nicht so angenehm benommen machte wie gewöhnlich, aber es tat dennoch gut und er bat um mehr.

Der Druide sprach: »Dafür ist noch viel Zeit. Laß uns jetzt auf deine Geschichte zu sprechen kommen, auf deine Abenteuer im Zeit-Raum-Kontinuum. Wir haben noch eine Aufgabe zu erledigen, weißt du?«

»Eine Aufgabe? Was für eine Aufgabe? Niemand hat mir was von einer Aufgabe gesagt. Ich habe einfach mein Leben gelebt, als mein Sohn mich ermordet hat! Ich habe mein Reich und mein Leben verloren. Was redest du von einer verdammten Aufgabe?«

»Beruhige dich. Laßt uns dein Leben anschauen, Olnwynn.« Ein Hologramm umgab sie in Lebensgröße, und der Druide und Olnwynn schauten zu, als sich die Zeit vor ihnen entfaltete.

Inanna hatte die Liebesabenteuer einer Druidenpriesterin im zweiten vorchristlichen Jahrhundert verfolgt. Im Nordwesten der Insel lebte eine Rasse von Lebewesen in einer wilden, abgelegenen Landschaft, und dort verehrten sie die Natur. Hohe Klippen, starke Winde und grüne Wälder gaben diesem wilden und schönen Land einen dichterischen und mystischen Zug. Die dort lebenden Menschen liebten die ungezähmte Schönheit ihres Landes; sie waren leidenschaftlich und kriegerisch.

Inanna hatte sich entschlossen, von einer Druidenpriesterin, die aus ihrem uralten Geschlecht stammte, als Sohn geboren zu werden. Vor vielen Jahrhunderten waren die Vorfahren des Mädchens die Kinder eines der vielen Kinder gewesen, die Inanna bei ihren Zeremonien der Heiligen Hochzeit empfangen hatte. Diese Priesterin liebte einen großen und edlen Krieger, aber der war verheiratet. Ihre Leideschaft brachte bald einen Sohn hervor, aber die zierliche Priesterin starb bei seiner Geburt. Der Vater nahm ihn nie als Sohn an, und so wuchs Olnwynn, eines von Inannas multidimensionalen Selbsten, als Waisenkind auf. Die Druiden hatten ihn aufgenommen, und er sollte bei ihnen Dienstbote werden.

Schon als Kind war Olnwynn sehr hübsch, und kaum daß er laufen konnte, bezauberte er alle. Er neckte die Frauen mit seinem Lächeln

155

und brachte sie zum Lachen. Wie es schien, konnte niemand ihm widerstehen, und das ganze Dorf kümmerte sich um ihn. Olnwynn war mit der Gabe geboren worden, spontan in Reimen sprechen zu können. Dies deutete man als Zeichen, daß die Götter Olnwynn liebten, was ja auch tatsächlich der Fall war, besonders natürlich Inanna.

Olnwynn wurde stark und groß, ein schöner Mann mit unerhört blonden Locken, der die Damen verführte sobald er es konnte. Aber es war seine Geschicklichkeit mit der Axt, die ihm Ruhm und Glück brachten. In der Schlacht fiel Olnwynn in eine Art Trance, wurde zu einer Kraft, und in der Raserei der Furchtlosigkeit erschlug er Feind um Feind, haute ihm einfach den Kopf ab mit einem einzigen, glatten Schnitt seiner Axt. Als sich sein Ruf verbreitete, hielten ihn die Menschen für einen Gott. Es wurde gemunkelt, die Götter hätten diesen Waisenjungen gezeugt, und er sei unsterblich.

Jeder, der von Olnwynns Ruf vernommen hatte, fürchtete sich davor, ihm in der Schlacht zu begegnen. Er forderte auch alle zum Wettstreit heraus, die ebenfalls in Reimen sprachen, und immer gewann er. Als er immer wieder beim Reimen und in der Schlacht siegte, war es nur folgerichtig, daß die Menschen ihn zum König ausriefen. Er zog in die große Burg und stellte seine Sammlung von konservierten Schädeln auf der Umfassungsmauer auf – ein drolliger Brauch. Ihr könnt euch wohl vorstellen, was für einen garstigen Anblick das geboten hat, und ein vorbeiziehender Kriegsherr würde erst einmal innehalten und nachdenken, bevor er angriff.

Olnwynn liebte das Trinken seit jeher. Nun, da er König war, gab es niemanden, der ihn daran oder an etwas anderem hindern konnte, was er tun wollte. Er war niemandem verantwortlich. Ohne viel Anstrengung hatte er alle Frauen, die er wollte; sie warfen sich ihm förmlich an den Hals. Niemand mochte es glauben, als er schließlich heiratete. Sie sagten alle, seine Frau müsse ihn behext oder ihm Kräuter in den Met getan haben. Es stimmte, daß dieses hübsche junge Mädchen aus einer alten Hexenfamilie stammte; manche wagten zu flüstern, ihre sexuellen Reize beruhten auf Magie. Sie wollte Olnwynn, aber sie wollte auch Reichtum und eine hohe Stellung, und sie schenkte Olnwynn den Sohn, nach dem er verlangte.

Eines Tages erschien ein Mann am Burgtor, der Olnwynn ähnelte und behauptete, der Sohn des großen Kriegers zu sein, von dem gemunkelt wurde, er sei Olnwynns Vater. Sie sahen sich sehr ähnlich, wenngleich Olnwynn viel stattlicher und viel größer war als dieser geheimnisvolle neue Bruder.

Olnwynn war im Grunde vertrauensselig, und er nahm den Bruder auf, froh jemanden zu haben, mit dem er trinken und zechen konnte. Es wäre wohlgut für seinen Sohn, einen Onkel zu haben, und dieser Bruder war wohlhabend, eine Bereicherung für seinen Hof. Daß es zwischen seiner hübschen zierlichen Frau und seinem Bruder funkte, merkten alle, nur Olnwynn nicht. Der Bruder verbrachte auch viel Zeit mit Olnwynns Sohn, unterrichtete ihn in der Schwertkunst und in Geschichte. Es war für eine Weile eine ganz gute Familie.

Inanna, die sich in Olnwynn inkarniert hatte und ihn gleichzeitig beobachtete, erkannte langsam, daß sie den Kampf mit seiner niederen Natur verlor. Die starke Programmierung, die sein Fleisch und Blut enthielt, beherrschte ihn. Das Geistige wurde vom Stofflichen und den fünf Sinnen überlagert. Während dieser Zeitspanne unternahm Inanna besondere Anstrengungen, Olnwynn aus dem eingefahrenen Gleis zu bringen und ihn zu inspirieren. Sie erschien ihm als Drache, als Gott, als Göttin (großer Fehler!) und schließlich als alter Krieger. Sie ermunterte ihn, sich abzusondern und über den Ursprung seiner Dichtkunst und seiner Größe nachzudenken. Doch selbst, wenn sie ihn dazu brachte, ihm zuzuhören – was nicht besonders häufig war –, selbst wenn er ihr Versprechungen machte und einwilligte, dies oder jenes zu tun, ging er gleich wieder davon, betrank sich und vergaß alles, was sie besprochen hatten. Es war außerordentlich enttäuschend für sie.

Olnwynn hatte den vollkommenen Satz an überlagerten Genen, er hätte all die Dimensionen sogar schon erreichen können, während er in diesem menschlichen Körper lebte, und er hätte dem Planeten Erde erleuchtende Frequenzen geben können. Aber nein! Er zog es vor, sich zu betrinken und Frauen zu verführen!

Was für eine ungeheure Verschwendung! Inanna hörte beinahe auf, sein Leben weiter zu verfolgen. Es war so nervtötend und immer dasselbe, und schließlich wurde selbst seine Dichtkunst schal.

Die Heirat hielt Olnwynn nicht von seinen Damen fern. Er neigte zu der Auffassung, alles, was einen Rock trug, gehörte ihm, wenn auch nur für eine Nacht. Ihr könnt euch die Szenen mit seiner Frau in der Burg vorstellen. Sie hatte ein feuriges Temperament und ließ es auf Olnwynn los, wann immer es ihr paßte. Wie die Jahre vergingen, wurde sie immer mehr zu einer weinerlichen alten Frau; sie ging sogar Inanna auf die Nerven. Man konnte der Frau keinen Vorwurf machen, aber, bei den Göttern, ihre Eifersuchtstiraden und wilden Wutanfälle waren mehr, als irgend jemand in der Burg ertragen konnte. Alle wußten, daß Olnwynn sich ungehörig benahm, aber er war immer so gewesen, und er war so bezaubernd und so schön. Sie sahen seine Frau als Hexe an und dachten, es sei kein Wunder, daß er sich herumtrieb.

Dann hatte das Trinken seine unvermeidlichen häßlichen Wirkungen auf Olnwynns Gemütszustand. Er begann zu verfallen. Er ging dazu über, seine Frau zu schlagen, wenn sie ihn beschimpfte. Er war groß, sie war klein, und die Szenen wurden häßlich. Dann rannte sie zu Olnwynns Bruder, weinte und zeigte ihm das Blut und die Wunden. Mit der Zeit gelang es ihr, ihren gemeinsamen Sohn, Olnwynns Bruder und den größten Teil des Hofes gegen ihren König einzunehmen.

Olnwynn wurde immer gewalttätiger. Jeden Abend betrank er sich bis zur Besinnungslosigkeit. Dann trug ihn sein treuer Diener, der jeden getötet hätte, der versuchen wollte, seinen König anzurühren, in sein Schlafgemach. Olnwynn hatte das Leben dieses Mannes viele

Male in der Schlacht gerettet. Niemand würde es wagen, Olnwynn von Angesicht zu Angesicht anzugreifen; auch betrunken war er noch schrecklich. Nur einem war es gestattet, das Schlafgemach des Königs zu betreten, und das war sein Sohn. Olnwynns Frau wußte, die einzige Möglichkeit, ihren Mann zu töten war, ihren Sohn dazu zu bringen, ihm die Kehle durchzuschneiden, wenn er hilflos dalag.

Mit leerem Blick starrte Olnwynn auf das Hologramm seines Lebens. Inanna wurde fast wieder sie selbst, wechselte aber schnell in die vertraute Gestalt des Druiden. »Und so, mein Sohn, siehst du jetzt, wie die Dinge für dich gelaufen sind.«

Erst einmal unfähig, seine Fassung wiederzugewinnen, fühlte Olnwynn sich von dem wirklichkeitstreuen Film, der vor ihm abgespult worden war, ganz benommen. Den Teil, wo sein Blut aus der Kehle hervorgeströmt war, wollte er nicht noch einmal sehen. Der Druide stellte den Film ab, und ein paar endlose Augenblicke lang war alles still.

Seine Fassung langsam wiedergewinnend sprach Olnwynn: »Und was war jetzt mit dieser Aufgabe?«

Zumindest seine Neugier war nicht tot.

VERLORENER BERG

Gracie wollte gern trinken. Sie mochte französischen Roten am liebsten, aber heute Abend würde es auch etwas anderes tun. Der Verlorene Berg war weit von New York entfernt. Langsam gewöhnte sie sich an die Stille, aber sie fühlte sich ein wenig verletzlich ohne die Hülle aus Lärm und Geschäftigkeit, die ihr in der Stadt ein falsches Gefühl der Sicherheit gegeben hatte. Sie hatte es sich in ihrem Blockhaus mit ihren zwei Hunden behaglich gemacht, und Gracie sagte sich, daß sie allein auf diesem Berg viel sicherer war als irgendwo in der Stadt.

Ein Mensch kann in New York genauso einsam sein wie am Verlorenen Berg, sagte sie sich. Es hatte in der Stadt auch Tage gegeben, an denen sie mit niemandem gesprochen hatte. Gracie war immer ein Einzelgänger gewesen. In eine wohlhabende Familie im alten Süden hineingeboren, hatte sie immer das Gefühl gehabt, irgendwie in der falschen Familie gelandet zu sein! Es war ihr nicht schwergefallen zu glauben, vielleicht tatsächlich eine Außerirdische zu sein, denn sie hatte sich auf der Erde nie heimisch gefühlt; da war eine Leere in ihr, die sie nie verließ. Es war, als wisse sie, daß sie nicht hierher gehörte, und als wolle sie bloß nach Hause, wo auch immer das sein mochte.

Gracie war viel gereist, war umhergezogen, hatte geheiratet, war wieder geschieden, hatte sich Gruppen angeschlossen, sie verlassen und zu viele Bücher gelesen. Niemand hatte die Antwort, die sie suchte. Sie hatte gelesen, daß sich Mönche in Tibet ein ganzes Jahr lang in dunklen Zellen einsperren ließen und mit niemandem sprachen. Sie war bereit, auf ihre Weise dasselbe zu tun.

Gracie goß sich ein Glas kalifornischen Merlot ein und sann über ihre Kindheit nach. Ihr Vater besaß und entwickelte Einkaufszentren, nicht diese riesigen, die alles übernehmen, sondern jene kleinen, die überall aus dem Boden sprießen und zur Schönheit der Vorstadtwucherungen beitrugen. Er war sehr reich und sehr beschäftigt, zu beschäftigt für seine Tochter. Alle sagten ihr, sie solle glücklich und dankbar sein; sie hatte alles Geld der Welt, sie ging auf die beste Privatschule für junge Damen und sie konnte sich die Kleider aus den besten Geschäften leisten, wann immer sie wollte.

Ihr Bruder war vollkommen glücklich, zufrieden damit, das Geschäft seines Vaters zu übernehmen, wenn er erwachsen wäre, und seinen Platz in der Welt als ein leuchtendes Beispiel für den amerikanischen Traum einzunehmen. Aber wenn alles so wunderbar war, warum nahm dann ihre Mutter so viele Pillen?

Gracies Mutter, Diana, war eine südliche Schönheit der alten Schule. Ihre Mutter war gestorben, als sie erst vier Jahre alt war, und die kleine Diana hatte sich die Schuld dafür gegeben. Als junge Frau hatte sie versucht, auf eigenen Füßen zu stehen, doch in ihren späten Dreißigern hatte sie Gracies Vater, Brent, geheiratet, sowohl aus Liebe als auch, um den Unwägbarkeiten eines Lebens als alleinstehende Frau zu entfliehen. Auf seine Weise liebte Brent Diana, aber er war ein geborener Tyrann. Wenn Diana nicht spurte, dann brach Brents bemerkenswertes Temperament durch. Der Medizinschrank in Dianas Badezimmer war voll mit Beruhigungs- und Schlafmitteln, die als »Mamas kleine Helfer« bekannt wurden.

Auch Gracie blieb von den Ausbrüchen ihres Vaters nicht verschont. Wenn sie ihm quer kam oder mit seinen Plänen für ihr Leben nicht einverstanden war, steigerte er sich in eine Wut hinein und machte sie in einem endlosen Schwall von Schimpfworten nieder. Still ging ihre Mutter dann zu ihrem Medizinschrank, während Gracie zu einem schluchzenden Häufchen Elend zusammenschrumpfte. Nie verteidigte jemand Gracie oder machte sich stark für sie. Und wie ein Uhrwerk kaufte ihr Vater, um die Wogen wieder zu glätten, ihr hinterher Sachen, eine Puppe, ein Kleid und später Strümpfe. Aber Gracie lernte nie, das Leben so zu sehen, wie ihre Familie es tat. Sie hatte Angst, die Trophäe irgendeines reichen Mannes zu werden, wenn sie heiratete, und sie hatte keine Lust, wie ihre Mutter zu enden, gleichgültig, wie gut die Bezahlung war.

Gracies Leben an der Highschool war gleichermaßen unglücklich. Wohl war sie hübsch und hatte Freunde, aber es gab einen Teil von ihr, den niemand kannte oder, so schien es, nicht einmal kennen wollte. Aus Protest suchte sie sich Bekanntschaften, die ihre Familie unmöglich fand, und schloß Freundschaften mit Künstlern und Musikern. Es war in den Sechzigern, und Gracie lief von zu Hause fort nach New York, und das war frische Luft für sie!

Es war wirklich still in jener einsamen Berghütte. Selbst die Coyoten hatten mit dem wilden Geheul aufgehört. Es war kein Mond am Himmel, nur die Sterne. Gracie beschloß, draußen unter freiem Himmel zu schlafen. In ihren Jeans und einem Pullover kroch sie in ihren warmen Schlafsack und schaute nach oben. Großer Gott! Man konnte alle Sterne am Himmel sehen, und es gab Millionen! Dies war ganz und gar nicht wie in der Stadt! Es war so zeitlos und schön. Gracie vergaß ihre Vergangenheit, ihre Einsamkeit, ihre Angst und verlor sich in der Schönheit des Nachthimmels.

Inanna, noch in der Gestalt des Druiden, sprach zu Olnwynn: »Mein Sohn, du darfst dich jetzt eine Weile ausruhen. Wir können später reden.«

Der Friede und die tiefe Ruhe, die von Gracie ausgingen, ergossen sich in Inannas Wirklichkeit. »Melinar, jetzt ist unsere Gelegenheit. Was können wir sagen? Was sollen wir tun? Wir wollen sie ja nicht erschrecken.«

Melinars blendender Glanz beschleunigte sich.

Tränen traten in Gracies große braune Augen. Die Schönheit des Nachthimmels war zuviel für sie. Sie hatte so einen Nachthimmel seit vielen Jahren nicht mehr gesehen, und als eine Sternschnuppe über ihr vorbeizog, lächelte sie. Ein gutes Omen, dachte sie. Dies ist mein Platz, hier gehöre ich hin, und was ich suche, werde ich hier finden.

Der sternenübersäte Himmel war so leuchtend, daß Gracie ihre Augen schloß. Hinter ihren Lidern sah sie die völlige Schwärze ihres geistigen Auges. Sie staunte über den Gegensatz, bis sich in jener Schwärze ein farbiges Objekt bildete und zu kreisen begann. Viele entzückend schöne geometrische Formen wie Edelsteine bewegten und verwandelten sich vor ihr. Es machte Spaß, ein solches Ding zu sehen, und Gracie hoffte, es würde nicht wieder verschwinden. Sie wußte nicht, was diese Lichtschau bedeuten könnte, aber instinktiv liebte sie sie.

Gracie hatte schon immer Visionen gehabt. Schon als Kind hatte sie eingebildete Freunde. Einer war ein winziger Außerirdischer. Dieser freundliche Außerirdische flog in dem erstaunlichsten Vehikel umher und folgte damit dem Auto ihres Vaters, wenn die Familie verreiste. Der Außerirdische erzählte Gracie alle möglichen interessanten Geschichten, erklärte ihr Dinge und beschäftigte sie für Stunden. Später wünschte Gracie, sie könnte sich noch an etwas erinnern, was er ihr gesagt hatte. Warum hatte sie es vergessen? Sie hatte sich ihm so nah gefühlt und klar empfunden, die vielen Dinge, die er sie lehrte, wirklich wissen zu müssen. Warum konnte sie sich jetzt nicht mehr an sie erinnern?

Die ständig neue Formen annehmenden Kristallgitter tanzten vor ihr, solange Gracie wach blieb. Sie fühlte sich geborgen. Endlich geleiteten sie der Wein und der Nachthimmel in den Schlaf, und ihr letzter Gedanke war, daß sie morgen eine lange Wanderung im Zedernwald unternehmen würde. Der starke Duft der Zedern drang in ihr Bewußtsein, als sie schnell in tiefen Schlaf glitt.

Melinar lächelte. »Siehst du, Inanna, wir werden ihr dabei helfen, sich sicher und eins mit dem Himmel und dem Wald zu fühlen. Ihre Ängste werden in der Erde versickern, und sie wird sich uns öffnen. Wir werden sie lehren, sich selbst zu lieben, und diese Liebe wird ihr den Mut geben, zu *wissen*.«

Inanna blickte zu Olnwynn hinüber, der ziemlich laut schnarchte. Sie war immer wieder erstaunt über die grotesken Gesichter ihrer multidimensionalen Selbste. Diese Wesen stammten aus ihrer DNS, und sie war einst die Hälfte des Ursprungs von ihnen allen gewesen. Doch nun, da sie sich in all dem daraus folgenden Wirrwarr befand, stellten sich diese Selbste als eine ständige Herausforderung dar. Dennoch lag in all diesen Selbsten die schlummernde Fähigkeit, alles zu sein, was sie nur wollten. Jedes besaß die Kraft, für sich selbst zu denken; jedes sammelte Informationen für den Urschöpfer.

Da aber ihre DNS nur teilweise aktiviert war, hatten sich ihre multidimensionalen Selbste in einer Art elektronischem Gefängnis von Erfahrungen eingesperrt, die sich immer wiederholten, als sei der ganze Planet zu ewiger Wiederholung verurteilt. Die Spezies Mensch war in der ganzen Galaxis berühmt für ihre Unfähigkeit, aus ihren Erfahrungen zu lernen. Tyrannen und Kriege kamen und gingen, doch schien niemand davon klüger zu werden. Inanna kannte den Wärter dieses Gefängnisses nur all zu gut. Denn die meiste Zeit ihres plejadischen Lebens hatte sie mit ihrem Cousin Marduk über Kreuz gelegen.

Marduk hatte alle anderen Mitglieder der Familie von Anu besiegt und beherrschte nun nicht nur die Erde, sondern auch ihren Heimatplaneten Nibiru und das ganze plejadische Sternsystem. Marduks Tyrannei war allgegenwärtig, und er bediente sich raffinierter

Methoden. Er war das Bild eines Egoisten und dabei völlig herzlos, und er hatte ein gewaltiges Heer von Soldaten geklont, die ihm alle glichen. Er gedieh und nährte sich von dem Schmerz und der Enttäuschung all jener, die er eroberte und beherrschte. Und am schlimmsten war, daß die Erdbewohner noch nicht einmal wußten, wer sie gefangen hielt. In dem Glauben, unverzeihliche Sünden begangen zu haben, gaben sich die Menschen selbst die Schuld an ihrem traurigen Zustand, das heißt, sie gaben sich gegenseitig die Schuld.

Durch die Nutzung unterschwelliger Propaganda, die einer Gehirnwäsche gleichkam, schürte er Gegensätze zwischen Menschengruppen. Familien, Stämme, Nationen – keine Gruppe war zu groß oder zu klein, um nicht manipuliert werden zu können. Sobald eine gute neue Idee aufkam, wurden einige ermutigt, sie zu verfolgen und sie zu unterstützen, während eine ebenso große Zahl gegen sie aufgehetzt wurde. Die Idee mochte religiös oder politisch sein, oder bloß die, einen Ozean zu überqueren. Mit einem abgekoppelten Gehirn, das nur mit einem Zehntel seiner Kapazität arbeitete, reagierten die Menschen nur – oft gewalttätig – auf Marduks feingesponnene Manipulationen, anstatt selbst nachzudenken. Ein Krieg war unter solch fruchtbaren Bedingungen leicht anzuzetteln.

Religionskriege waren Marduk am liebsten, aber er bediente sich *aller* nur denkbaren Wege der Bösartigkeit. Eine Art von Geist, der keine eigenschöpferischen Gedanken hervorbrachte, sondern nur auf andere reagierte, wurde vorherrschend, und durch das Gefühl der Angst grub sich eine mechanische Verhaltensweise in die genetischen Codes der menschlichen Rasse ein. Es war niemandem gestattet, sich lange daran zu erinnern, daß alle Menschen ursprünglich derselben Quelle entsprangen, und jene, die solche Ideen äußerten, wurden ausgelacht oder bald zum Schweigen gebracht. Niemand erinnerte sich noch, daß die Quelle allen Lebens die Liebe des Urschöpfers war.

Inanna dachte über ihren Anteil an dieser Irreführung nach. Sie und die ganze Familie von Anu hatten sich schlimm benommen; wie

ungezogene Kinder waren sie nur ihren selbstsüchtigen Einfällen gefolgt und hatten die Folgen nie bedacht. Ohne es zu wissen, hatte die
Familie Marduk hervorgebracht, das vollkommene Ergebnis ihrer
selbstbezogenen Zwistigkeiten und Angriffslust. Das war nicht gerade
ein tolles Vermächtnis.

Wenn sich die ganze Familie von Anu nicht von der *Wand* umgeben
gesehen hätte, dann hätte sie wahrscheinlich in ihrer selbstsüchtigen
und eigennützigen Art weitergemacht. Aber die *Wand* hatte den
Effekt, die Weiterentwicklung eines jeden Familienmitgliedes zum
Stillstand zu bringen, Inanna eingeschlossen. Ihr war nie zuvor so
langweilig gewesen. Es war, als sei alle Lust und Ungezwungenheit
aus ihrem Leben getilgt worden. Nun blieb Anus Familie nichts anderes
übrig, als den Schaden, den sie auf der Erde angerichtet hatte, wieder
gutzumachen. Damit die *Wand* verschwand, mußte die Menschheit
vom Rad der Wiederholung erlöst werden, damit sie sich wieder
weiterentwickeln konnte, und aufhören, dem Gott zu dienen, dessen
Namen sie noch nicht einmal kannte: Marduk.

So hatten Inanna und viele andere Familienmitglieder sich entschlossen, unterschiedliche Teile von sich auf mehreren Zeitebenen in
Körper zu übertragen. Sie hofften, daß eines dieser multidimensionalen
Selbste die fehlenden Gene der Spezies zu aktivieren vermochte und
so die Voraussetzung für eine völlige Umwandlung der Erde schaffte.
Doch wehe! Ihre Hoffnungen begannen zu schwinden, denn die Aufgabe erwies sich als überaus schwierig.

Man konnte den Menschen nicht gut sagen, daß sie vor fast
500.000 Jahren von einer fremden Rasse übernommen worden waren,
und es war gleichermaßen nutzlos, ihnen zu sagen, daß ihre DNS teilweise abgekoppelt worden war. Marduk war sehr erfolgreich darin,
solche Vorstellungen von Anfang an als Unsinn erscheinen zu lassen,
und jeder, der sie äußerte, wurde völlig lächerlich gemacht. Die Menschen waren von sich aus dermaßen unsicher, daß sie leicht davon abzubringen waren, etwas zu sagen, was nicht mit der herrschenden

Meinung übereinstimmte. Jeder Mensch, der etwas sah oder hörte, was die anderen nicht auch sahen oder hörten, wurde mit Hohn und Spott überzogen, was oft von oben gelenkt war, und zu manchen Zeiten sogar auf den Scheiterhaufen geworfen.

Das Fernsehen und danach der Computer wurden die hauptsächlichen Mittel, um die Gedanken der Masse im voraus festzulegen und in bestimmte Richtungen zu zwingen. Der »Informations-Highway« machte es Marduk leicht, die Gruppenseele des ganzen Planeten zu beherrschen und zu überwachen. Tatsächlich waren Fernseher und Computer so etwas wie Altäre geworden, vor denen die Leute zu Hause stundenlang saßen und sich mit Marduks Propaganda vollsaugten. Weiterer Besitz wurde angehäuft und fraß die Leute auf, denn sie stürzten sich immer tiefer in Schulden, um wie die Schönen und Reichen im Fernsehen zu werden. Die meisten Häuser hatten wenigstens drei solcher Altäre. Alle Menschen wollten reich sein, und die Reichen und Mächtigen wurden geehrt, ungeachtet ihres Charakters oder Verhaltens.

Die elektronischen Frequenzen, die Terra einhüllten, machten es Inanna und ihrer Familie nahezu unmöglich, mit ihren multidimensionalen Selbsten zu kommunizieren.

Inanna sah die kleine Gracie schlafen. Gracies Hunde erinnerten sie an ihre gezähmten Löwen, die sie auf Terra so von Herzen geliebt hatte. Die Hunde wachten auf, als sich Inannas Bewußtsein auf sie richtete. Vielleicht schaffe ich es, zu Gracie durchzudringen. So kam ein wenig Hoffnung bei Inanna auf, und sie betrachtete eingehend die Lebensgeschichten ihrer anderen Selbste.

DER HUTER DER KRISTALLE

In die Zeit von Atlantis hatte Inanna einen Teil von sich projiziert, der als ein Priester namens Atilar inkarniert war. Dieses multidimensionale Selbst würde ihr all die Lebenserfahrung und das Wissen liefern, die nur aus der Selbstmeisterung erwuchsen. Sie dachte, Atilars Leben würde in einer Art Osmose ihre anderen multidimensionalen Selbste beeinflussen, wie alle ihre Selbste sich gegenseitig beeinflußten. Eine hochentwickelte Persönlichkeit würde den anderen eine Menge Gutes tun.

Atilars Gene waren über viele Generationen sorgfältig gepflegt worden. Er trug die Gene von Inannas Vater in sich, und so konnte Inanna sich hier Zutritt verschaffen. Er war in den Machtzentren von Atlantis geboren und bei seiner Geburt den Priestern des Blaumantel-Ordens übergeben worden. Sein ganzes frühes Leben verbrachte er mit strengen Übungen einzig für die Aufgabe, durch den Einsatz von Gedankenkraft die Frequenzen von Atlantis' großem Kristallzentrum aufrecht zu erhalten.

Ganz Atlantis wurde durch die Kristallspiralen mit Energie versorgt, die vom Blaumantel-Orden behütet und unterhalten wurden.

Als Kind hatte man Atilar gesagt, daß er nur für diesen einen Zweck geboren wurde. Er würde niemals eine Frau kennen, nie heiraten und nie das Leben eines gewöhnlichen Mannes führen. Vor Äonen schon sei sein Leben so beschlossen und dieser heiligen Aufgabe gewidmet worden.

Wenn andere Kinder Ball spielten, saß Atilar im Lotussitz und bewegte sich stundenlang nicht, nicht einmal ein Augenlid. Er wurde darin geübt, seinen Körper außer acht zu lassen wie auch jeglichen Schmerz oder Ablenkung, die er erfahren mochte. Er wurde in den Kampfkünsten ausgebildet, jedoch nur für den Zweck, die Kristalle zu schützen und jene Kraft zu fördern, die heute *Chi* genannt wird. In Atlantis gab niemand dieser Kraft einen Namen. Da die großen Geister von Atlantis wußten, daß es viele Kräfte gibt, die nicht benannt werden können, bezog man sich auf diese Kraft nur mit einem Klang. Atilar wurde darin ausgebildet, diese große Kraft aus seinen Lenden zu beziehen und sie durch die sieben unsichtbaren Körperzentren hinaufzuführen, um seinen Geist und seinen Willen zu stärken.

Atilar haderte niemals mit seinem Schicksal. Von Kindesbeinen an war ihm gesagt worden, er sei etwas Besonderes und Hervorragendes, und er schwelgte in dem ekstatischen Gefühl, das er in seinem Körper erzeugen konnte, indem er die feinen Kräfte seines Körpers nutzbar machte und sie durch die Kristalle mit dem Kosmos verband. Für Atilar und die Priester des Blaumantel-Ordens gab es nur ein fehlendes Glied: Liebe. Sie richteten ihre Aufmerksamkeit auf den Geist und seine Kraft, aber keiner von ihnen hatte jemals Liebe erfahren. Törichterweise erachteten sie sie als unwichtig. Da sie niemals Zugang zu ihrer Kraft fanden, blieb die Liebe außerhalb von ihnen, und aus diesem Grund waren sie begrenzt.

Atilar saß vor den Kristallen und vertiefte sich in ihre Schönheit, verband sein Bewußtsein mit jeder fein geformten Facette, um dessen Resonanz abzustimmen. Die Kristalle waren Übermittler von Kräften, und Atilar war ihr Abstimmer. Sieben Tage hatte er sich nicht bewegt.

Er hatte sein Herz auf den erforderlichen Takt verlangsamt und jedes Schmerzbewußtsein von den Rezeptoren im Gehirn abgeschnitten. Schmerz wurde als Information nicht registriert.

Einen Augenblick lang verließ Atilar seinen Körper vollständig. Er war jetzt über fünfzig, aber seinem Körper war das nicht anzumerken. Er war schlank und straff, mit langem, ergrauendem Haar und mandelförmigen Augen, die eine sehr helle, fast goldene Farbe hatten. Atilar war in Astralreisen gut bewandert und hatte viel Freude an seinen Abenteuern. In seinem Bewußtsein spann er die Merkaba, die seinen Körper umgab, und begann, sich durch den Raum zu bewegen. Im Flug an galaktischen Nebeln vorbei, jauchzte er über die Schönheit und das Gefühl, absolut frei zu sein. Er bewegte sich auf einen Planeten zu, der anfangs leer zu sein schien, bei näherem Hinsehen aber Seen mit einer metallischen Flüssigkeit aufwies, die sich zu Wesenheiten formten, die ihm grüßend zulächelten. Das Universum war wahrhaftig voller Wunder.

Still betrat Qi, der Meister des Blaumantel-Ordens, die Kammer. »Atilar, es ist Zeit für dich, auszuruhen. Du hast diese Frequenzmodulation zur Vollkommenheit gebracht, und jetzt mußt du dich selbst wieder aufladen.«

Widerstrebend ließ Atilar sich wieder in seinen Körper fallen. »Wie du wünschst, Meister Qi.«

Atilar hatte Qi seit seiner frühesten Kindheit gedient und war Meister Qis Lieblingsschüler. Meister Qi war sehr streng mit ihm gewesen, weil er von Atilars genetischem Potential wußte und hoffte, Atilar würde eines Tages seinen Platz als Meister des Blaumantel-Ordens übernehmen.

Meister Qi sprach: »Wenn du dich ausgeruht hast, mein Sohn, möchte ich, daß du zum Eingangsbereich kommst, um einen Neuankömmling zu begrüßen. Die Mond-Priesterinnen haben uns ein Mädchen gebracht. Dieses Kind ist ein seltener genetischer

Mischling, und ihre Möglichkeiten, die Kristalle aufzuladen, dürfte interessant zu beobachten sein.«

Atilar nickte. Die weibliche Seite war notwendig, um die vorherrschend männlichen Energien im Kraftzentrum auszugleichen, aber es war fast immer dasselbe: Die Frauen waren herangezogen worden, um die unsichtbaren Kräfte zu erzeugen, durften aber nicht selbst denken. Weil ihre Ausbildung sehr begrenzt war, waren sie für Atilar niemals von großem Interesse gewesen; er sah sie eigentlich so, wie man heute einen Transistor oder eine Autobatterie betrachtet.

Atilar zog sich in seine alte Zelle zurück und fiel in einen tiefen Schlaf. Er hoffte, zu seinem Planeten mit der metallischen Flüssigkeit zurückzukehren und seinen Besuch bei den dortigen Wesen fortzusetzen.

Inanna und Melinar richteten ihre Aufmerksamkeit wieder auf Gracie. Da sie Atilars Zukunft schon kannten, war ihr Wunsch nur, seine Fähigkeiten auf die anderen multidimensionalen Wesen zu übertragen. Als Gracie aufwachte, projizierte Melinar ein Bild in ihr erwachendes Bewußtsein.

Noch halb schlafend, kämpfte Gracie mit ihrem Schlafsack. Der Morgentau und das Morgenlicht ließen es ihr unbehaglich werden. Im Schlaf hatte sie einen Raum voll mit spiralig angeordneten Kristallen erblickt und einen Mann mit langem grauen Haar, einem weißen Hemd und schwarzen Hosen, der sich erhob und den Raum verließ. Er war Gracie merkwürdig vertraut, aber sie konnte nicht einordnen, wann oder wo sie ihn kennengelernt haben mochte. Jedenfalls besaß er mehr Würde als die Männer ihrer Zeit.

Das kalte, graue Morgenlicht zwang sie, ihre Augen zu öffnen. Gracie hatte nie zuvor im pazifischen Nordwesten im Freien geschlafen. Ihr Schlafsack war klamm vom Tau und ihre Füße froren. Gracies geliebte Hunde trotteten herbei und küßten ihr Gesicht, wie sie es jeden Morgen taten. In der Stadt war für die jungen Hunde ein Fahrstuhl dazwischen, und sie konnten nicht schon am frühen Morgen umherlaufen. Gracie lachte und dachte, wenn sie immer draußen schlafen würde, müßte sie die Hunde gar nicht mehr hinauslassen!

Sie ging in die Küche, um den Holzofen einzufeuern. Als sie nach der vertrauten rot-gelben Kaffeedose griff, sah Gracie, daß sie fast leer war. In New York hatte sie diese puertoricanische Röstung liebgewonnen, aber jetzt mußte sie einen neuen Kaffee für sich finden. Sie goß sich eine Tasse mit Espresso mit viel Milch und etwas Honig auf.

Gracies Blockhütte lag in einem kleinen Tal am Verlorenen Berg, und von ihrem Fenster aus konnte sie die Olympic Mountains sehen. Nahe bei der Hütte befand sich ein dichter Zedernwald; die Berge dehnten sich hinter ihr aus und weit unten lag die Juan de Fuca-Straße. So von allem abgeschnitten zu sein, war ein berauschendes Gefühl.

Gracie schnappte sich eine warme Jacke und machte sich mit ihren Hunden zum Wald auf. Als sie auf dem Pfad entlang wanderte, erinnerte sie sich an eine andere Zeit. Als Kind war Gracie gerne auf Sommercamps gefahren, und über fünf Jahre war sie den Einengungen ihrer Familie entflohen, indem sie an Sommercamps in den südlichen Bergen ihres Staates teilnahm. Dort war sie viel allein wandern gegangen unter dem Vorwand, gerne Bäume zu zeichnen. In Wirklichkeit liebte sie es einfach, allein in der Natur zu sein.

Gracie erinnerte sich, wie sie einen ganz ähnlichen Pfad bei ihrem Lager hinabgegangen war, als sie erst sieben Jahre alt war. Plötzlich hatte sie, ganz ohne Anlaß, angehalten und zum Himmel emporgeblickt. Da hatten ein paar Haufenwolken am blauen Himmel gestanden. »Kann ich jetzt nach Hause kommen?« hatte Gracie gefragt. Eine Stimme hatte ihr geantwortet: »Nein, noch nicht.«

Gracie hatte eigentlich nie gewußt, mit wem sie sprach oder zu welchem Zuhause sie zurück wollte. Es war einfach eines von vielen Geheimnissen in ihrem Leben. Sicher war, daß sie sich nie irgendwo auf der Erde zuhause gefühlt hatte. Ihr Elternhaus war erdrückend für sie gewesen, und seitdem sie es verlassen hatte, war sie eigentlich eine Zigeunerin gewesen. Rastlos zog sie alle zwei Jahre um und fühlte sich nirgendwo und mit niemandem zuhause.

Jetzt stand Gracie tief im Wald neben einer gewaltigen alten Zeder und schlang ihre Arme um den Baum. Sie legte ihr Gesicht dicht an die Rinde und atmete tief ein. Der Duft war unbeschreiblich rein und erfrischend; sie wünschte sich, den Baum trinken zu können. Eine sanfte Brise liebkoste ihr Gesicht, und sie fühlte sich so ruhig und glücklich.

Gracie setzte sich hin. Sie wußte, daß sie nicht den Lotussitz einnehmen mußte, aber sie hatte das so viele Jahre lang getan und es war die natürlichste Sache der Welt für sie. Sie lehnte ihren Rücken gegen den Baum und grub ihre Hände in den Waldboden. Es gab nichts derart Süßes, in keiner Stadt der Welt, dachte sie bei sich. Gracie brachte ihr Bewußtsein in einen meditativen Zustand und ließ ihre Augen ins Nirgendwo schauen. Schon als Kind in der Kirche war sie in der Lage, alles in ihrem Gesichtskreis in feines, vibrierendes goldenes Licht zu tauchen, und das gab ihr immer ein gutes Gefühl.

Heute war da mehr als Licht. Zwischen zwei hohen Zedern standen drei Wesen. Sie waren nicht richtig fest, wie man einen wirklichen Menschen sieht; eher waren sie wie Energie, die man als Form wahrnehmen kann, und ein Lichtglanz umgab diese Form. Gracie war ein wenig ängstlich aber ungeheuer neugierig.

Inanna merkte, daß Olnwynn ihr und Melinar in den Wald gefolgt war, um Gracie zu treffen. Oh, nein! Was mochte er anstellen! Inanna war froh, die aufgeschnittene Kehle wieder in Ordnung gebracht zu haben, deren Anblick die kleine Gracie bestimmt in Schrecken versetzt hätte. Inanna warf Olnwynn einen drohenden Blick zu, damit er sich ruhig verhielt, aber sie hatte vergessen, für Olnwynn die Gestalt des Druiden anzunehmen, und er beachtete sie kaum.

»Was haben wir denn da? Ein kleines Weibchen ganz allein im Wald mit zwei hübschen Wölfen und ohne Axt!« rief Olnwynn aus.

»Wer seid ihr?« fragte Gracie.

»Beachte ihn nicht weiter, er muß sich erst noch daran gewöhnen, in einer neuen Welt zu sein«, ging Inanna dazwischen. »Wir sind in diesen alten Wald gekommen, um bei dir zu sein. Wir sind gekommen, um deine Freunde zu sein, deine Gefährten. Du wirst nicht mehr allein sein, und wir werden dir helfen, das Wissen zu finden, das du suchst.«

Melinar nahm die Gestalt eines freundlichen alten Mannes mit sehr wohlwollenden Augen an, behielt aber einige der Effekte der sich unablässig verwandelnden Glänzenden bei. Er sprach zu Gracie: »Mein Kind, du bist aus einem bestimmten Grund zur Erde gekommen. Sie ist nicht dein wirkliches Zuhause, und du bist mehr, als du selbst glaubst. Du hast dich auf viele andere Weisen in vielen anderen Welten zum Ausdruck gebracht, und du bist freiwillig hier hergekommen, um zu helfen. Es wartet eine große Veränderung auf diesen Planeten. Je mehr Menschen wir auf diese Verschiebung vorbereiten können, desto leichter wird es für alle ablaufen. Du hast die Wahl getroffen, zu diesem Zeitpunkt zu helfen.«

Es war, als würde etwas, das Gracie in sich festgehalten hatte, aufbrechen, und ihr kleiner Leib fing an, von diesen zurückgehaltenen Gefühlen zu zittern. Bald schluchzte und weinte sie, als die alten Gefühle, die sie freiließ, durch ihren Körper gingen und sie

erleichterten. Sie konnte nicht mehr sitzen und legte sich auf den Waldboden. Sie spürte den ganzen emotionalen Schmerz dieses und vielleicht auch anderer Leben und sank tief in den Erdboden hinein, als die Erde und der Wald sie heilten.

Inanna sprach sanft: »Gracie, wann immer wir zu dir sprechen sollen, komm an diesen Ort. Wir werden hier sein. Du wirst dich an unsere Freundschaft gewöhnen, und bald wirst du uns überall finden, wo du bist. Aber du mußt uns einladen; du mußt uns wollen. Wir werden warten, so wie wir dein ganzes Leben darauf gewartet haben, daß du kommst und uns um Unterstützung bittest. Du mußt die Türen zu uns öffnen. Wir lieben dich.«

Gracie erschauerte und sah sich um. Die Hunde waren vollkommen still geblieben und hatten sich nicht im mindesten um die Besucher gekümmert. Wer auch immer dagewesen war, war nun fort, und Gracie bekam großen Hunger. Auf ihrem Weg zur Blockhütte zurück dachte sie darüber nach, ob ihre neuen Freunde wohl dieselben waren, die sie als Kind gehört hatte, jene Stimme in den Wolken. Sie seufzte. Eine dampfende Schüssel mit Hühner-Nudel-Suppe würden gerade jetzt so gut schmecken. Die Hunde trieben sie an.

Inanna blickte auf Melinar: »Meinst du, wir haben sie erschreckt?«

Melinar antwortete: »Nein, aber es reichte für einen Tag. Wir müssen langsam vorgehen. Du weißt, wie die Menschen auf zuviel Energie und Wissen reagieren können. Ich kann sie für viele Menschenleben in Angst und Schrecken halten.«

Ja, Inanna hatte das viel zu oft miterlebt. Wie es schien, konnten die Menschen nur kleine Dosen vertragen, aber die Zeit lief ihnen davon; das Jahr 2011 war nicht mehr weit. Inanna wußte, sie mußte mit Olnwynn sprechen. Wenn er darauf bestand, sie zu begleiten, mußte er darüber unterrichtet werden, was vorging. Vielleicht erwies er sich als nützlich; immerhin war er furchtlos und schlau.

DIE NICHT-EXISTIERENDE VERGANGENHEIT

Inanna und Melinar kehrten ins Oval zurück. Als ein fester Bezugs-
punkt half es ihnen, etwas Ordnung zu halten in all den Zeitsprüngen
zwischen den Dimensionen. Sich in der Zeit vor- und zurückzubewegen,
kann selbst den Fähigsten durcheinanderbringen. Hin und wieder war
Inanna gar versucht, sich die Vergangenheit als Vergangenheit vorzustellen oder zu denken, ihre multidimensionalen Selbste würden auf-
einander folgen. In solchen Augenblicken erinnerte Melinarsie daran,
sich wieder in den Griff zu bekommen und sich zu gewärtigen, daß im
Geist des Urschöpfers Zeit nicht existiert und all ihre Inkarnationen
gleichzeitig waren.

Es war Melinar, der das Fehlen Olnwynns bemerkte. Inanna
durchforschte ihre Wirklichkeiten und fand den großen Krieger noch
in dem alten Zedernwald stehen. Der Ort erinnerte ihn an seine alte
Heimat im früheren nördlichen Irland. Olnwynn brach es vor Heim-
weh fast das Herz. Er dachte an seinen Sohn. Es gab so viele Dinge,
die ihm fehlten, so vieles, was ungetan geblieben war. Warum war er
so gewalttätig und grausam zu jenen gewesen, die er liebte?

Inanna warf eine Art magnetischen Gummibandes in ihrem Bewußtsein aus und zog Olnwynn sanft in das Oval zurück. Olnwynn reagierte auf die neue Umgebung mit einem Zornesausbruch. In Wahrheit hatte er Furcht gekannt, aber er hatte sie immer als Wut ausgedrückt. Er begehrte zu wissen, wo er war und wer sie waren.

Inanna wandte sich Melinar zu. Sie kamen überein, sich Olnwynn als strahlende Photonenwesen zu zeigen, eine Gestalt, die allen Menschen zu gefallen schien. Sie behielten die menschliche Form bei, aber ihre Körper bestanden aus herabregnenden umherschießenden Photonen, die einen gewaltigen, in vielen Farben funkelnden Mantel darstellten. Es war sehr schön anzuschauen.

Olnwynn starrte die Gestalten an und fühlte sich getröstet. Er beruhigte sich ein wenig. Inanna war jedoch etwas müde und konnte die Gestalt nicht halten. Ihre Gestalt wechselte, vom Photonenwesen wurde sie zum Druiden und dann wieder zu der verführerischen blauen Plejadierin. Das regte Olnwynn, der schon genug damit zu tun hatte, sich an die neue Wirklichkeit zu gewöhnen, natürlich unheimlich auf.

»Jetzt reicht's!« schimpfte Olnwynn. »Ich bestehe darauf, die Wahrheit zu erfahren. Wer seid ihr und was tut ihr hier?«

Melinar erbot sich, zu antworten: »Du bist das, was wir sind. Insbesondere bist du sie.« Melinar deutete auf Inanna, die es erst einmal aufgegeben hatte, ihre Gestalt zu wandeln und sich in ihrem blauen Lieblingskörper zeigte.

Olnwynn starrte Melinar ungläubig an. Die Vorstellung, eine blauhäutige Frau zu sein, war ihm völlig fremd, obgleich sie auf eine sonderbare Weise ziemlich anmutig war und ihm ganz eigentümlich vertraut vorkam. Zu seiner Zeit hatte er viele Visionen gehabt, aber in letzter Zeit war es für ihn immer schwieriger geworden, sie von seinen Trugbildern im Rausch zu unterscheiden. Er liebte es so sehr, zu trinken.

Melinar fuhr ermutigt fort: »Wir sind das, was du bist. Dies ist die Frau Inanna, die dich sozusagen erschaffen hat. Ein Teil ihrer selbst hat sich in das Raum-Zeit-Kontinuum begeben, Olnwynn, um dich zu formen. Du hast dich als gesonderte Einheit betrachtet, weil du so gebaut bist, aber diese Sonderung ist eine Illusion. Dein Bewußtsein und deine Lebensgeschichte wird wieder im Ganzen aufgehen, wie alle Information letztendlich in den Geist des Urschöpfers eingeht. In Wirklichkeit hat keiner von uns den Geist des Urschöpfers überhaupt verlassen.«

Olnwynn mochte die Vorstellung vom »wieder Eingehen« kein bißchen. Sie ließ ihn an Vernichtung und Vergessenheit denken.

Olnwynns Gedanken lesend, sprach Melinar weiter: »Nein, mein Sohn, du wirst nicht vernichtet sein. Du und dein Bewußtsein werden intakt bleiben. Du wirst einfach ein größerer Körper aus Erfahrungswerten werden, während du zur gleichen Zeit der Olnwynn bleibst, den du kennst. Die Frau Inanna hat dich mit einer besonderen Absicht geschaffen, und diese Absicht ist, bei der Befreiung der menschlichen Art zu helfen.«

Die einzige Art, wie Olnwynn sich Befreiung vorstellen konnte, war, ihnen die Köpfe abzuhauen! Außerdem gefiel ihm die Idee, von einer Frau zu einem Zweck, den er nicht kannte, geschaffen worden zu sein, gar nicht. Auf der Erde war er ein König gewesen, und er war es nicht gewöhnt, daß andere über ihn bestimmten. Er fing an zu jammern. War er bloß eine Figur in jemandes Spiel? War er einfach nur das Spielzeug von einer Person gewesen, von deren Existenz er nichts wußte, mochte sie jetzt auch noch so anziehend wirken?

Melinar bot Olnwynn an, sich zu setzen, während er erklärte: »Vor fast 500.000 Jahren gründete eine Gruppe von Weltraumreisenden, die von einem ›Plejaden‹ genannten Sternsystem stammten, eine Bergbaukolonie auf dem Planeten Erde. Sie waren eine Familie, deren Oberhaupt Anu hieß. Sie lebten auf einem künstlichen Planeten, der sich alle 3.600 Jahre einmal um seine Sonne drehte. Die Familie von Anu kam zur Erde, um für ihre eigene Atmosphäre Gold abzubauen, die durch die häufigen Kriege mit Strahlenwaffen geschädigt worden war. Die Familie war ein unangenehmer Haufen, und sie brachen aus geringstem Anlaß einen Krieg vom Zaun.

Als die Kolonie errichtet war, wurde bald klar, daß man mehr Arbeiter für den Bergbau brauchte. Also nahmen die Wissenschaftler in der Familie von Anu, sie hießen Ninhursag und Enki, eine menschenähnliche Art, die zu jener Zeit auf der Erde lebte, und manipulierte ihr genetisches Material. Sie schufen eine Arbeiterrasse, die die ursprüngliche Bevölkerung eures Planeten darstellte.«

Olnwynn war überrascht. Er hatte als Junge davon gehört, in den geheimen Unterweisungen der Druiden, sie aber vergessen, als er heranwuchs und seinesgleichen um der Macht willen abschlachtete. Es gab viele mythische Berichte darüber, daß die Druiden aus einem zauberischen Königreich gekommen waren, das Atlantis hieß. Den Druiden nach hatte es einen großen Krieg gegeben, Atlantis war im Meer verschwunden und ihre Einwohner hatten sich auf die Inseln zurückgezogen, auf denen Olnwynn aufgewachsen war.

»Soll das heißen, daß ich lediglich einer aus einer Rasse von Sklaven gewesen bin?« Die Vorstellung war Olnwynn ganz besonders widerwärtig. Andererseits, dachte er, mochte es wohl ein großer Spaß sein, einen ganzen Planeten zu erobern – all die Köpfe.

Melinar war bestrebt, Olnwynns Bewußtsein in einen etwas erhabeneren Zustand zu versetzen. »Nein, mein Sohn. Du wurdest von der Frau Inanna geschaffen, um die Arbeiterrasse zu retten. Ein Mitglied der Familie von Anu, ein Mann namens Marduk, beherrscht jetzt die Erde. Dieses Wesen Marduk und seine Heerscharen weigern sich, die Menschen freizulassen. Wir wollen, daß die menschliche Rasse wieder zu ihren ursprünglichen Fähigkeiten zurückfindet, alle ihre genetischen Anlagen nutzt und sich in ihrer eigenen natürlichen Weise fortentwickelt, so wie es vom Urschöpfer beabsichtigt war.«

Olnwynn wußte zwar nicht genau, was genetische Anlagen waren, aber er verstand den Sinn. Inanna erlaubte ihm Zugang zu allen Informationen, für die er sein Bewußtsein öffnete, ohne ihn zu überrollen.

Olnwynn bekam ein Gefühl für diesen Marduk, hatte er doch selbst auf den Schlachtfeldern seiner Heimat zahlreiche Kriege gegen Tyrannen jeglicher Art geführt. Als junger Mann hatte sich Olnwynn geschworen, die Tyrannei zu bekämpfen, wo immer er sie antraf, bis es schien, als sei er selbst zum Tyrannen geworden. Solche Gedanken machten Olnwynn traurig.

Aus der dünnen Luft erschien ein königlicher alter Mann, der auf einem riesigen grüngoldenen Drachen ritt. Olnwynn hatte nur Bilder von solchen Drachen gesehen und war ein wenig verwirrt. Aber Inanna übermittelte Olnwynns Geist die erforderliche Information, und er öffnete sich für den Besucher.

Inanna sprach: »Olnwynn, das ist mein Großonkel Enki. Enki ist einer der Schöpfer der menschlichen Spezies, und dies ist sein Lieblingsdrache Paffy.«

Enki lächelte. Er freute sich immer, wenn er Inanna sah, und er kannte Melinar gut. Auch Enki projizierte Teile von sich zu verschiedenen Zeitpunkten in die menschliche Spezies. Er widmete seine ganze Kraft der Aufgabe, die Spezies zu retten, die er geschaffen hatte – sie vor dem Zugriff seines eigenen Sohnes Marduk zu retten. Für Enki stand eine ganze Menge auf dem Spiel.

Enki sprach zu Inannas multidimensionalem Selbst: »Olnwynn, ich bin gekommen, um genau dich zu treffen. Ich habe dich aus der Entfernung sehr bewundert. Auch ich habe das Trinken und die Frauen der Erde allzu sehr geliebt; zusammen können sie so herzerfreuend sein. Und wenn ich dann noch so stattlich gewesen wäre wie du, mein Junge, dann hätte ich... «

Inanna und Melinar sandten Enki gleichzeitig einen finsteren Blick zu.

»Aber ich habe auch deinen grenzenlosen Mut bewundert«, fuhr Enki fort. »Und Mut ist jetzt vonnöten. Es wird von den Kindern der Erde viel Mut erforderlich sein, die Wahrheit zu glauben, und sie müssen diese Dinge schnell lernen. Eine große Veränderung kommt auf ihren

Planeten zu, und es ist unser Wunsch, sie über diese Veränderung aufzuklären, damit sie keine Angst haben. Von dir, Olnwynn, können sie diesen Mut bekommen zu wissen, die Wahrheit zu *wissen*.«

Olnwynn dachte bei sich, welch eine Freude es wäre, gegen diesen Marduk und seine Heerscharen zu kämpfen. Olnwynn liebte eine gute Schlacht, und er merkte, daß er sein Land und alles Volk, das lebte, immer mehr liebte, je länger er davon getrennt war. Es verlangte ihn, seinen Sohn zu umarmen, und er vermißte sogar seine hübsche Frau. Er wünschte, er hätte sie nicht so schlecht behandelt; vielleicht würde er es eines Tages wieder gutmachen können. Ja, und es würde gut sein, diesen Tyrannen Marduk zu bekämpfen und die Menschen überall von den Tyrannen zu befreien.

»Ich schwöre, bei der Niederwerfung dieses Tyrannen zu helfen! Ich werde jedem, der darum bittet, Mut machen. Ihr könnt auf Olnwynn zählen!«

Inanna lächelte dem großen, stattlichen Krieger zu. Vielleicht war letzten Endes all die Kraft, die sie in diesen leidenschaftlichen Krieger gesteckt hatte, doch nicht verloren. Melinar erinnerte sie daran, daß niemals überhaupt etwas verloren ging.

»Schön, Olnwynn, das ist fein«, sprach Inanna sanft. »Aber du solltest dich jetzt an das Zeitreisen gewöhnen.«

EINIGE BEEINFLUSSUNGEN

Inanna schaute zu, als Enki und sein Drache wieder verblaßten und in ihre Wirklichkeit zurückkehrten. Inanna liebte Enki, und sie hatte ihm wegen dem, was geschehen war, eigentlich nie Vorwürfe gemacht. Nur manchmal kam es ihr in den Sinn, daß sie noch immer die herrschende Königin von Sumer sein könnte, wenn Enki es geschafft hätte, seinem Sohn Marduk Paroli zu bieten. Tatsache war jedoch, daß die ganze Familie dazu beigetragen hatte, Marduk hervorzubringen, und nach allem, was gesagt und getan worden war, war Marduk genauso ein Teil des Urschöpfers wie jeder andere von ihnen. Sie waren alle Teil des großen kosmischen Spiels, des Gleichgewichts zwischen den sogenannten Kräften des Lichtes und der Finsternis. Nun lag es an ihr und der übrigen Familie von Anu, die nötigen Ausgleichungen in dem Kräftegleichgewicht vorzunehmen.

Olnwynn bekam langsam ein Gespür dafür, was vorging. Er erkannte, daß diese Frau von den Sternen zur Erde gekommen war und irgendwie einen Teil von sich auf magische Weise in viele verschiedene Körper projiziert hatte, um ihn – und wieviele andere wußte er nicht – hervorzubringen. Er verstand, daß diese zusammengesetzte Gruppe darauf angelegt war, die Bewohner der Erde von einem Tyrannen zu befreien, dessen Name Marduk war. Es gab offenbar noch fehlende Bausteine.

»Gibt es von uns da draußen noch mehr?« fragte Olnwynn.

»Ja«, antwortete Inanna. Sie ging schnell ein paar ihrer gegenwärtigen Selbste und ihre Datenbanken durch.

»Ich glaube, ich fange an zu verstehen«, sagte Olnwynn sinnend. »Als ich ein Kind war, warst du diejenige, die zu mir sprach. Später warst du es, die mir die Eingebungen zu meiner Dichtkunst gab, und all die Visionen, die ich hatte, kamen von dir. Wenn ich nur auf dich gehört hätte, dann hätte ich mich vielleicht erinnert.«

Inanna war liebenswürdig. »Das habe nicht alles ich gemacht; du warst stets sehr mutig. Du hast eine sehr vielversprechende Abstammung mit unbegrenzten Möglichkeiten und hast viel davon umgesetzt. Es war meine Idee, dich zum Waisen zu machen, damit du dich mir zuwendest. Ich vergaß, wie sehr der Alkohol jegliche seelische Verständigung blockieren kann. Und du lebtest in einer Welt der Furcht und endloser Kriege, die von meinem Vetter, dem Tyrannen Marduk ausgelöst wurden. Mache dir keine Vorwürfe; denke lieber an das, was du gelernt hast.«

Olnwynn, Inanna und Melinar wandten ihre Aufmerksamkeit Gracie zu. Olnwynn hatte noch nie eine Frau gesehen, die den Mut hatte, allein im Wald zu leben, und er bewunderte ihre Wölfe.

»Hunde, Olnwynn, es sind wunderschöne Hunde«, berichtigte ihn Melinar. »Du kannst Gracie helfen, du kannst sie mit deinem Mut aufrichten. Komm, laß uns zu ihr gehen.«

Gracie hatte ihre Erlebnis im Wald nicht vergessen, und sie nahm sich vor, jeden Morgen von drei bis vier Uhr zu meditieren. Sie entschloß sich, etwas zu tun, was sie die »Wüstenerfahrung« nannte, was für Gracie bedeutete: keine Telefonate, kein Fernsehen, keine Zeitungen. Sie würde nur ganz bestimmte Musik hören und einige wenige anregende

Bücher lesen wie das Mahabharata, das Tao-Teh-King von Lao-Tse oder das Tibetanische Totenbuch.

Gracie hatte von dem Flüssigkeitstank gelesen, den John Lilly entwickelt hatte, jener Wissenschaftler, der mit Delphinen sprach. Sie beschloß, sich selbst so einen Flüssigkeitstank zu machen und füllte die Badewanne bis fast zum Rand und stellte rundherum Kerzen auf. In der nur von Kerzen erhellten Dunkelheit lag sie mit gebogenem Rücken im Wasser, und einzig ihr Nase schaute heraus. Dort blieb sie und schwebte stundenlang im Wasser, bis es zu kalt wurde und anfing, sie zu stören. Dann ging sie ins Zimmer und meditierte. Sie hatte ein billiges elektronische Keyboard mit einem Knopf, der, wenn man ihn drückte, den Ton so lange hielt, wie die Batterien mitmachten. Das tat Gracie, und sie lauschte endlos diesem Ton, während sie ihr Bewußtsein ausrichtete.

Die ersten drei Tage in der »Wüste« waren immer die schwersten. Da war etwas in Gracie, das würde alles tun, nur um einen Anruf zu machen oder selbst noch das stumpfsinnigste Fernsehprogramm anzuschauen. Doch wenn sie an ihrem Entschluß festhielt, war der Lohn großartig. Denn dann strahlte alles in ihrer Umgebung Schönheit aus, und ihre Geistführer kamen ihr nah. Es war wunderbar; diese Augenblicke der Schönheit waren die glücklichsten Zeiten ihres Lebens. Gracie war schon früher in ihre »Wüste« gegangen, um Frieden zu finden. Es war ihre Art so zu tun, als sei sie hoch im Himalaja in Tibet in einem Kloster.

Einmal war sie mit einem Filmteam in England gewesen, das eine Dokumentation über tibetische Musik drehte. Es war ihr richtig unter die Haut gefahren, in der Gegenwart jener Mönche zu sein; der Klang ihrer Glocken und großen Hörner hatte sie in ihr goldenes Licht emporgehoben. Aber als es vorüber war, war sie versehentlich dem heiligen Altar zu nahe gekommen. Sie hatte nicht gewußt, daß nach der Vorstellung der Mönche ihre Berührung, wenn sie die Regel hatte, den Altar verunreinigte. Man sagte ihr, es dauere sechs Monate, ihn zu reinigen. Die Mönche hatten sie davor zurückgehalten, sich dem Altar weiter zu nähern, und dieses Erlebnis hatte Gracie verletzt und verwirrt. An jenem Tag hatte sie das Interesse verloren, nach Tibet zu reisen. Sie erkannte, daß sie dort nicht finden würde, was sie suchte. Instinktiv wußte Gracie, daß dasselbe Blut, welches Leben hervorbringen konnte, niemals unrein sein konnte!

Vor ihrem Meditationstisch sitzend, glitt Gracie in eine andere Wirklichkeit. Sie hatte sich auch vorher schon ihre früheren Leben ins Bewußtsein gerufen. Es war, als könne sie plötzlich mit den Augen eines anderen Wesens sehen, und als sie auf die harten, grauen Wände starrte, sie wohl eine Gefängniszelle waren, wurde ein blauer Mantel über »ihren« Körper geworfen. Aber es war keineswegs ihr Körper; es war ein Mann mit langem grauen Haar, einem verschmutzten weißen Hemd und schwarzen Hosen. Der Mann schien sich in einem Zustand der Schreckensstarre zu befinden.

Atilar lag regungslos auf dem kalten Steinfußboden. Warum hatte er es getan? Er, der sein ganzes Leben lang alle seine Antriebe gemeistert hatte, konnte seine völlige Hilflosigkeit nicht fassen. Jetzt war alles vorbei, verloren, und er würde keine Gelegenheit bekommen, es wieder in Ordnung zu bringen. Er wäre froh, wenn er sterben könnte.

Er dachte an den Augenblick, da er sie zum ersten Mal gesehen hatte. Meister Qi hatte ihn in den Eingangsbereich gebeten, um das neue Mädchen zu treffen, die von den Priesterinnen des Mondes hergebracht worden war. Es war etwas ganz Alltägliches. Das heißt, bis er sie sah. Was hatte sie an sich? Es war, als würde Atilar dieses Mädchen seit Ewigkeiten kennen, und ihre Gegenwart berührte einen schlummernden Teil seines Seins und brachte ihn dazu, zu fühlen wie niemals zuvor. Nicht nur, daß sie schön war, denn natürlich war sie es. Alle Mädchen, die vom Orden des Mondes ausgewählt wurden, waren außerordentlich hübsch. Aber dieses Mädchen war irgendwie anders. Ihre Haut hatte die Farbe frischer Sahne, und ihre Augen waren dunkelblau wie das Meer. Ihr kupferfarbenes Haar floß an ihrem Körper hinab und berührte den Boden um sie her. Es war jedoch ihre Reinheit, die ihm einen Pfeil durch seine Seele schoß. In ihrer Nähe zu sein, bereitete ihm die süßesten Qualen.

Die Tragödie begann, als Meister Qi das Mädchen wie gewöhnlich in Atilars Obhut gab. Warum hatte Meister Qi nicht die Veränderung in seinem Lieblingsschüler bemerkt? Oder hatte er es?

Das Mädchen blickte natürlich zu Atilar auf. Auf ganz Atlantis kannte man ihn als den Erben von Meister Qi und als denjenigen, der am weitesten in der Kunst bewandert war, die Kristalle durch Gedankenkraft zu modulieren. Alle jungen Novizen verehrten Atilar aus der Entfernung. Er achtete es nicht; solche Dinge interessierten ihn nicht – bis jetzt.

Allein in seinem Zimmer fing Atilar an, sich Gedanken zu machen, die er niemals zuvor in Betracht gezogen hatte. Er wußte, wenn er die Zauberei anwendete, die er sich über die Jahre angeeignet hatte, würde er das Mädchen leicht verführen können. Auch wußte er, daß Zauberei ihr Zusammentreffen zu einer Begegnung mit kosmischen Ausmaßen machen würde – es würde sein, als wenn er und das Mädchen all die rohen Energien im Universum wären und eins würden. Nur ein Mann von Atilars Fähigkeit und Erfahrung konnte diese Art von körperlicher Liebe hervorrufen. Und lieben tat er sie, verzweifelt und vollkommen, mit seinem ganzen Sein. Er hatte nur halb gelebt, bevor er sie traf, das wußte er jetzt; und selbst seine Qual war für ihn wie eine Ekstase.

Die Zeit verging. Jeden Tag fand Atilar mehr Ausflüchte, um mit dem Mädchen zusammenzusein. Sie war in jedem seiner Gedanken. Es war durchaus üblich, daß eine Priesterin vom Orden des Mondes jemanden wie Atilar in die große Halle mit den spiralförmig aufgereihten Kristallen begleitete. Gewöhnlich saß das Mädchen bloß still und erzeugte die erforderliche weibliche Energie, doch eines Tages machte Atilar einen Vorschlag.

Er bat das Mädchen, sich vor ihn hinzusetzen und ihm ganz tief in die Augen zu blicken, wobei er erklärte, er versuche es mit neuen Wegen, die Frequenzen der Kristalle zu modulieren. Gehorsam hatte das junge Mädchen ihren lieblichen weißen Leib vor Atilar gesetzt. Sie bewunderte ihn und hätte alles getan, was er verlangte.

Atilar fiel in die tiefen blauen Augen seiner Geliebten. Über Stunden in der Vereinigung gefangen, tauschten die beiden jungfräulichen Menschen ihre Energien aus. Als die Frequenzen ihrer Körper sich beschleunigten, wurden sie in eine neue Wirklichkeit getragen. Atilar und das Mädchen wurden eins. Der Fußboden, der Raum, sogar Atlantis selbst verschwanden. Alles, was war, war ihr Einssein, welche in reines weißes Licht verwandelte Kraft ausstrahlte. Zeit und Raum waren nicht mehr.

Wenn es Atilar nur zufrieden gewesen wäre, in dieser Weise zu verharren. Aber der Mann in ihm, der Mensch, begehrte Erfüllung. Den Blick auf ihr kupferfarbenes Haar richtend und auf ihren kremigweißen, anmutigen Hals, schob Atilar ihr weißes Gewand von ihren Schultern. Ihre Brüste waren klein und vollkommen, und er liebkoste sie. Sanft ließ er sie sich hinlegen, und dann ließ er es geschehen und trat liebevoll ein in ihre heilige Süße. Sein Herz klopfte heftig, als das Blut durch seinen Körper rauschte, und seine Leidenschaft vergoß sich in ihr. Nie zuvor hatte er ein solches Glück, eine solche Wonne gekannt. In Resonanz auf ihre Liebe, fingen die spiralig angeordneten Kristalle in dem Raum an zu singen. Als Antwort auf diese mächtige Kraft verströmten sie zarte Harmonien.

Die Türen flogen auf, als Meister Qi und die Wachen unvermittelt das Liebesnest betraten. Der Zauberbann wurde mit entsetzlicher Härte gebrochen, und Atilar wurde in eine Gefängniszelle gezerrt. Wie vom Schlag getroffen lag er auf den harten Steinen, unfähig sich zu bewegen, Tag um Tag.

Als Atilar in das abgestandene Wasser blickte, das in den Ritzen des kalten Steinbodens stand, dachte er über sein vergangenes Leben nach. Er hatte nie eine Wahl gehabt. Von Geburt an hatte man ihm gesagt, was sein Schicksal sei. Die ganze Kindheit über schon in einer unbarmherzigen Ausbildung, hatte er nie gespielt. Er hatte niemals geliebt. Er war ein Meister geworden; aber rückblickend sah er die Leere in all dem. Etwas hatte immer gefehlt, aber bis er seine Geliebte sah, hatte er keinen Namen für jenen hohlen Raum in sich, den endlose Übungen und sich immer wiederholende Rituale niemals zu füllen vermochten. Es gab nicht Raum noch Zeit für Gefühle, keine Ungezwungenheit, keine Liebe, und es schien ihm jetzt ganz klar, daß Ideale, die in eine Form gepreßt werden, unvermeidlich zu Fallen werden, die einen so festhielten wie die Gefängniszelle, in der er lag. Voll Vertrauen hatte er die Regeln des Blaumantel-Ordens eingehalten, und nie war es ihm gestattet gewesen, etwas für sich selbst zu schaffen. Eigentlich war er ein Sklave gewesen.

Meister Qi betrat Atilars Zelle. Die beiden Männer schauten sich an, und es bildeten sich Tränen in Meister Qis Augen.

»Mein Sohn, du hast deine letzte Prüfung nicht bestanden. Du hast eine Jungfrau der Mondgöttin entjungfert, und nun mußt du sterben.«

Atilar wußte, daß Qi nur zu wahr sprach. Tief in seiner Seele wußte Atilar, daß ein Leben ohne Gefühl, ohne Liebe, ein kaum wirklich gelebtes Leben war, und so ergab er sich in sein Schicksal. Er war bereit zu sterben.

Weil Meister Qi um Milde gebeten hatte, würde Atilar nur sein Leben verlieren und von dem letzten aller Schrecken verschont bleiben. Der vom Kristall in der Mitte ausgesandte Laserstrahl würde seinen leiblichen Körper zerstören, aber seine Seele würde intakt bleiben. Atilar nickte verstehend; er mußte dem Tod durch Exekution in die Augen sehen. Er hatte seinen Körper oft zuvor schon verlassen, aber diesmal würde er nicht zurückkehren.

Die Wachen kamen in die Zelle und geleiteten Atilar in die Todeskammer, wo er vor dem gewaltigen Kristall an die Wand gekettet wurde. Alle verließen den Raum. Der Strahl wurde angestellt, und in Sekunden war Atilars Körper nur noch Asche.

Als Atilar frei von seinem sich auflösenden Körper umherschwebte, zog ihn seine Liebe zu der jungen Priesterin in ihrer Unterkunft. Ihre wunderschönen tiefblauen Augen waren von Weinen rot und geschwollen, und Atilar konnte sehen, daß sie schwanger war. Er wünschte so verzweifelt, sie noch einmal in den Armen zu halten, für sie zu sorgen. Es war so entsetzlich traurig. Mein unschuldiger Liebling, dachte er, was wird aus dir werden? Der Schmerz in seinem Herzen, als er sie verließ, war mehr als irgendein Mann ertragen konnte. Wie sollte er sie jemals wiederfinden?

Gracie war erschöpft. Sie weinte um Atilar und um das Mädchen, und dieses Laserding versetzte sie in Todesangst. Warum war sie nicht einfach schön, reich und mächtig gewesen wie andere normale Leute, die sich an ihre früheren Leben erinnerten? Heiliges Mondkalb! Es war gewiß nicht leicht gewesen da draußen.

CHANDHROMA

Inanna und Melinar begaben sich in Gracies Bewußtsein, und Olnwynn folgte ihnen. In Gracies Augen erschienen sie als feines, goldenes Kraftfeld, das drei hohe Gestalten enthielt, die in der Nähe des Feuers in ihrem Wohnzimmer standen. Gracie hatte die Lehren aus Atilars Lebenserfahrung in sich aufgenommen.

Sie seufzte. »Wie kann es so viel Leiden geben? Wie kann der Urschöpfer diesem endlosen Drama von Leben und Tod, von Schönheit und Schmerz einfach zuschauen. Was *ist* Urschöpfer?«

Melinar antwortete ihr: »Urschöpfer *IST.*«

Oh, nein! Nicht so einer, dachte Gracie. »Hör zu, Mister, wenn einem das Herz gebrochen ist, empfindet man die Vorstellung von IST nicht als allzu tröstend.«

Inanna dachte an eine ihrer Erfahrungen auf der Erde. Auch als ein fremdes Wesen aus einer anderen Zeitfrequenz hatte es Inanna mehr als einmal das Herz gebrochen. Sie wünschte, etwas sagen zu können, das Gracie die Antwort geben konnte, die sie suchte. Inanna wandte sich an Melinar und bat ihn inständig, etwas dazu zu sagen.

190

»Mein Kind, das ist die Aufgabe, vor der du stehst«, sagte er. »Du mußt von den Tausend Dingen über den Abgrund deiner Zweifel zum Ort des großen *IST* springen. Dort wirst du die Wahrheit finden, nach der du verlangst, indem du fühlst, was Urschöpfer fühlt. Dort wirst du wissen.«

Das hört sich ziemlich erschreckend an, dachte Gracie. Sie stellte sich vor, daß die Tausend Dinge all jene kleinlichen Gedanken und Dinge sein mußten, die alle Menschen jede Minute des Tages ablenkten und von denen keines wirklich zählt, wenn man dem Tode nahe ist, einen tragischen Verlust erfährt oder an einem echten Wendepunkt steht. Aber diese Vorstellung von einem Abgrund erfüllte sie mit Furcht. Ihr kam dieser Film in den Sinn, in dem Harrison – wie war doch gleich sein Name? – mit seinem Fuß über einer scheinbar bodenlosen Schlucht ins Leere trat. Da gab es für ihn eine unsichtbare Brücke, und er war einfach darüber gegangen. Würde es ihr auch so leicht fallen? Gracie hatte Höhenangst. Ihr wurde schwindelig, wenn sie nur auf einem Balkon stand; es kribbelte in ihren Füßen und sie fühlte sich zum Rand gezogen.

Olnwynn sah eine Öffnung und stellte sich vor. Mit Inannas Hilfe bot er Gracie seinen Schutz und seinen Mut an. Inanna ließ für Gracie Olnwynns Lebenserfahrungen ablaufen, während sie gleichzeitig für Olnwynn Gracies Leben abspielte.

Inanna griff einen Augenblick in Gracies Kindheit heraus und verlangsamte ihn für Olnwynn. Gracie, damals kaum drei Jahre alt, saß mit ihrer Familie im Eßzimmer am Tisch. Gracies Vater gab ihr ein Stück Hühnchen, das Gracie nicht wollte. Gracie hob den Schlegel und feuerte ihn gegen die Wand.

Olnwynn lachte als er seine eigene Sturheit in Gracie wiedererkannte, und dann erkannte er alle Mitglieder von Gracies Familie wieder. »Bei den Göttern! Sie sind es, sie sind es alle!« Olnwynn erkannte staunend, daß Gracies Mutter seine hübsche Frau war, ihr Vater war Olnwynns Bruder, und Gracies Bruder war niemand anderes als

Olnwynns Sohn. Sie waren in einer anderen Zeit noch alle zusammen! Warum war Gracie mit diesen Dreien, die offensichtlich noch immer schlechte Gefühle gegen sie hegten, in eine Familie hineingeboren worden? Oder war es Gracie, die sie fürchtete und ablehnte? Kein Wunder, daß Gracie nicht glücklich war!

Inanna antwortete auf Olnwynns Gedanken, indem sie erklärte, dies sei ein äußerst brauchbares Mittel, um zu lernen und sich zu entfalten. Und außerdem wollten diese drei zusammen sein. Sie teilten ein gemeinsames Band. Als Olnwynn hast du sie beherrscht und roh behandelt. Nun, als Gracie, ist die Erfahrung eine ganz andere; in gewisser Weise umgekehrt.

Gracie, die notgedrungen zuhörte, dachte: Wenn Inanna diese Dinge erfahren wollte, warum hat sie sich nicht einfach selbst einen Körper genommen und gelebt, statt Gracie und Olnwynn es machen zu lassen?

»Ich hab' es gemacht, Gracie. Ich bin du. Ich bin alles gewesen, was du warst, und habe alles gefühlt, was du gefühlt hast.« Inanna hoffte, sich verständlich zu machen, aber von dem Standpunkt, auf dem Gracie sich befand – in einem Körper mit dem verletzlichen Fleisch und Blut und einem nur halb angekoppelten Nervensystem – sah das alles anders aus.

»Es ist dieses nur halb angeschlossene Nervensystem, das ich in Ordnung zu bringen hoffe«, fuhr Inanna fort. »Wenn alle meine multidimensionalen Selbste genug Erfahrungen gesammelt haben, um die immer wiederkehrenden Muster ihres Lebens zu verstehen, dann wird vielleicht eines – vielleicht du, Gracie – seine Begrenzungen überwinden und die göttlichen genetischen Codes aktivieren, die in ihnen schlummern. Es ist möglich. Es wäre so, als ob du deinem Computer eine größere Kapazität hinzufügst. Du hast die Voraussetzungen; es fehlt nur am *Willen*. Es gibt so viele Ablenkungen – die Tausend Dinge – und das Gitter aus elektromagnetischen Frequenzen, das von jenen, die euch als Sklaven behalten wollen, um euren Planeten gelegt wurde.«

Gracie bekam langsam eine Ahnung von dem, was Inanna sagen wollte. Wenn sie, Gracie (die wie es schien Inanna war), es irgendwie schaffte, mit Olnwynn und Atilar wie auch mit den anderen, die tatsächlich auch Gracie waren, zu verschmelzen, dann gab es die Chance, daß so viel Lebenserfahrung und Wissen zusammengenommen die schlummernden Gene aufwecken würde. Würde sich die Veränderung in einem Menschen auf die anderen Menschen übertragen?

»Ja!« antwortete Inanna und seufzte mit einem Gefühl der Erleichterung, endlich wenigstens zu einem ihrer multidimensionalen Selbste vorgedrungen zu sein. Da reckte Olnwynn seinen Kopf hoch und fing an zu lachen.

»Das könnte ein Spaß werden!« sagte er. Er versprach, ihr mit seinem Mut zu helfen, ging zu ihr hinüber und setze sich zu den Hunden. Er wünschte, er könnte sie streicheln. Gracie fiel auf, daß die Hunde in der Gegenwart ihrer neuen Freunde ganz ruhig blieben. Nun, jetzt war sie bestimmt nicht mehr allein!

»Wer ist da sonst noch?« fragte sie Inanna und Melinar.

Chandhroma war niemals wirklich schön, wie ihre Mutter es war, aber sie war hübsch und anmutig. Sie hatte Glück, daß sie nicht gleich nach ihrer Geburt erstickt worden war, wie es in jener Zeit bei vielen Mädchen gemacht wurde. Ihre Mutter konnte es nicht über sich bringen, das Kind zu töten, obwohl es keinen Grund gab, es zu behalten.

Es war im 16. Jahrhundert in Nordindien. Chandhromas Mutter war eine Prostituierte, allerdings eine sehr hochklassige Kurtisane, in die sich ein mächtiger Berater des Sultans von Kaschmir verliebt hatte. Für diesen Mann war Chandhromas Mutter nur als Mätresse nützlich, nicht als Mutter seiner Kinder. Wenn das Kind ein Sohn geworden wäre, dann hätte sich für ihn irgendwo am Hof natürlich ein Platz gefunden. Aber die Tochter einer Prostituierten war für niemanden von Nutzen. Also wurde Chandhroma mit drei Jahren an die Schule der Tänzerinnen gegeben und einer strengen Ausbildung unterzogen.

Zum Glück tat sich Chandhroma in dieser Kunst hervor, denn sie liebte das Tanzen leidenschaftlich.

Chandhroma saß allein im Tanztempel. Sie kam oft spät in der Nacht hierher, um für »die Frau« zu tanzen, die ihr manchmal erschien. Sie war von Steinsäulen umgeben, die herrliche Bildhauereien von Kali und Lakshmi, den Gandharvas, den Apsarares und der tanzenden Dakini zeigten. Eine einzige, vor ihr stehende Kerze, erhellte die Schatten des großen Saales, und ein voller Mond tränkte den glatten Marmorboden mit kühlem Licht.

Chandhroma saß in völliger Stille. Sie war jetzt vierzehn Jahre alt und seit elf Jahren in der Tanzausbildung. Ihre Mutter fehlte ihr, aber »die Frau«, die zu ihr kam, füllte die Leere in ihrem Herzen und war für Chandhroma eine Göttin. Wie Krishna hatte diese Frau eine lieblich türkisblaue Haut. Sie trug viele Halsketten aus Lapislazuli und goldene Ohrringe, und Chandhroma hielt ihre blaue Frau für noch schöner als ihre Mutter.

Chandhroma erhob sich langsam und fing an zu tanzen. Anmutig drehte sie sich, wirbelte herum, wobei die kleinen Silberglöckchen an ihren Knöcheln sanfte Töne hervorriefen, die zwischen den Säulen des Saales wiederhallten. In ihrem Geist wurde Chandhroma eins mit der Göttin. Bilder der blauen Frau, von Lakshmi und Tara erfüllten ihr Gewahrsein. Sie rief die tanzenden Dakinis in ihren Körper und wurde eins mit dem Mondlicht. Ihre Hände waren graziöser Ausdruck menschlicher Hoffnung, und ihr Körper sang mit der Schönheit der Nacht. Allein für ihre Göttin zu tanzen, war Chandhromas größte Freude.

Als sie die Anwesenheit der blauen Frau spürte, hörte Chandhroma auf zu tanzen und wurde still. Ihr Atem war kurz und bewegte die Brust kaum merklich. Sie stieß hervor: »Herrin, ich hoffte, dich heute abend sprechen zu können. Bald werde ich in den Palast des Sultans gehen, um dort zu tanzen. Wirst du bei mir sein und meinen Tanz leiten?«

Inanna antwortete ihr: »Ja, mein geliebtes Mädchen, ich bin immer bei dir, wo auch immer du hingehst. Ich bin Teil von Dir. Meine Liebe für dich ist ewig, und du bist niemals wirklich allein, denn ich bin hier und wache über dich. Ich liebe das, was du bist.«

Chandhroma spürte die Anwesenheit eines Eindringlings. »Wer ist da?« rief sie aus.

»Nur ein Bewunderer, mein Kind«, sprach der Fremde. »Ich bin Vasudeva, der Baumeister des Palastes des Sultans. Deine Tanzlehrerin hat mir von deinen nächtlichen Vorstellungen erzählt, und ich bin heimlich hierher gekommen, um deine Schönheit zu schauen. Ich bin ein alter Mann, und ich tue dir nichts zuleide. Ich möchte dein Freund sein.«

Chandhroma suchte die Zustimmung der blauen Frau, die lächelte und mit dem Kopf nickte. Dann ist dies mein Schicksal, dachte Chandhroma.

Vasudeva fuhr fort: »Ich weiß von deinem Wissensdurst und daß du in deiner freien Zeit die Skulpturen des Tempels und die Pavillons zeichnest. Ich möchte dich diese Dinge lehren. Einst hatte ich eine liebreizende Tochter, die war wie du, aber auf dem Gipfel ihrer Schönheit wurde sie durch eine geheimnisvolle Krankheit von mir genommen. Sie war mein einziges Licht in meiner Welt, und du erinnerst mich an sie. Laß mich dein Mentor sein, wenn du in den Palast ziehst, und ich werde dich Lesen und Schreiben lehren, Mathematik, Sprachen und Architektur.«

Das war etwas Unerhörtes. Keine Frau durfte solche Dinge lernen. Chandhroma hatte stets Wissen gesucht und im Geheimen versucht, Sanskrit zu schreiben, aber keine Frau wurde in solchen Dingen gefördert. Chandhroma war bloß eine Tempeltänzerin. Ihre Stellung war kaum besser als die einer Prostituierten wie ihre Mutter.

»Und was muß ich dafür tun?«

»Sehr hart arbeiten. Du mußt dich diesen neuen Künsten widmen und dabei weiter tanzen. Andernfalls wird man dir nicht gestatten, im

Palast zu bleiben. Du stehst in den Diensten des Sultans, aber er ist mein Freund und hat Gefallen an dieser kleinen Narrheit von mir. Es ist wohl bekannt, daß du begabt bist, daß die Gunst der Götter dich bescheint und sie an dir ein besonderes Interesse haben. Mir geht es ebenso. Du wirst mir wie eine Tochter sein.«

»Einverstanden.« Das war alles, was sie sagen konnte. Ihr Herz klopfte ihr bis zum Hals. Bestimmt hatte die blaue Frau ihr diese Möglichkeit verschafft. Es mußte wahrhaftig ein Geschenk der Götter sein.

Inanna freute sich sehr über Chandhromas Fortschritte. Das Mädchen hatte einen wachen Verstand. Es lernte schnell und war bald Vasudevas ganzer Stolz. Chandhromas Ansehen als Tänzerin im Palast wuchs. Gleichzeitig half sie Vasudeva bei seinen Bauvorhaben und durfte sogar einen kleinen Garten selbst gestalten. Kaschmir war für seine Gärten weltberühmt. Es war eine wunderbare Zeit für Chandhroma. Vasudeva liebte sie, und während viele sie bewunderten und ihr den Hof machten, war ihr immer nur der Tanz, das Wissen und das Lernen wichtig. Sie meinte, es müsse auch andere Frauen geben, die sich solche Möglichkeiten ersehnten.

Eines Tages war Chandhroma allein in dem Garten, den sie angelegt hatte, und zeichnete. Ein gutaussehender junger Mann tauchte vor ihr auf und stellte sich vor. Er war der Sohn und Erbe des Sultans. Natürlich hatte Chandhroma ihn schon bei Hofe gesehen, wenn sie getanzt hatte, aber nie hätte sie auch nur im Traum daran gedacht, ihm zu begegnen, und dann auch noch allein. Der Sultan hatte seinen Sohn Arjuna genannt, nach dem berühmten Bogenschützen der alten Schriften.

»Chandhroma, ich habe mich hoffnungslos in dich verliebt«, erklärte Arjuna. »Ich habe dich tanzen gesehen, und Vasudeva hat mir viele Geschichten erzählt über deine Schicklichkeit und Klugheit. Hat es je eine Frau gegeben in meines Vaters Reich, die so begabt und liebreizend ist wie du?«

Eine Zeitlang schauten sie sich schweigend in die Augen. Das Mädchen hatte nicht oft an Liebesabenteuer gedacht; es hatte keine Zeit für solche Dinge und wollte nicht als Prostituierte enden wie ihre Mutter. Aber dieser junge Mann, Arjuna, weckte Gefühle in ihr, von denen sie bisher nicht wußte, daß es sie überhaupt gab.

Da begann Arjuna aus dem Augenblick heraus süße Worte zu finden für seine Liebe und sein Begehren:

»Chandhroma, wie habe ich auf diesen Zeitpunkt gewartet. Komm zu mir, meine Geliebte, laß meine Arme dich umschlingen.

Deine leuchtende Haut verbirgt die Feuer, die darunter brennen.

Jede Zelle meines Körpers gibt Antwort auf dein Sein.

Ich sehne mich danach, dir nahe zu sein, Geliebte.

Deine Augen locken mich, bringen mich näher meiner Heimat.

Ich folge ihrer tiefen Dunkelheit wie ein unwissendes Kind, das nur einen Ruf kennt.

Herbeigezogen wie die Fluten vom Mond, breiten Flammen sich aus über meinen ganzen Leib.

Sehnsucht überkommt mich an diesen Sommernachmittagen.

Ich sehe mit meinem inneren Auge jede Seite deines Seins.

Im Körper getrennt, doch eins in Geist und Seele, bist du immer bei mir.

Ich spüre deinen Herzschlag, deine Berührung, deinen Atem.

Meine Zellen vibrieren von deinem Leben und meinem Verlangen nach unserer Vereinigung.

Wie sehr habe ich mich verzehrt nach jemandem wie dich zu allen Zeiten und an allen Orten.

Ich suche die Wärme deines sanften Kusses, um die wahren Feuer zu wecken, die in mir brennen.

Laß meine Liebe sich ergießen wie das Sonnenlicht über deinen Leib und deine Seele.«

Chandhroma war von seinen Worten wie verzaubert; ihr Herz war gefangen. Sie lächelte, als Arjuna sich dicht neben sie setzte und ihre Hände berührte. Schließlich fingen die beiden an, leise zu lachen und mit einander zu sprechen, als würden sie sich schon ihr ganzes Leben lang oder noch länger kennen. Es heißt, wahre Liebe kann so sein.

Inanna war sehr glücklich über Chandhroma, aber sie spürte auch Gefahr. Es gab auch so schon viele Frauen am Hofe des Sultans, die aus Neid und Verachtung schlecht über sie redeten. Nun, da der Sohn des Sultans ihr seine Zuneigung geschenkt hatte, wer wußte, wo ihre Eifersucht hinführen mochte. Gift war die gebräuchliche Lösung für Rivalitäten im Harem.

Den Frauen im Harem wurde so wenig Freiheit gewährt, daß ihre Kräfte sich häufig gegeneinander richteten. Es kam sogar vor, daß ein neugeborener Junge getötet wurde, um einen möglichen Erben zu beseitigen. Der Harem konnte ein gefährlicher Ort sein. Als Tänzerin gehörte Chandhroma nicht eigentlich dazu, und sie erfreute sich des Schutzes durch Vasudeva. Aber die Zuwendung von Arjuna konnte sie zur Zielscheibe einer enttäuschten Geliebten machen, die nach Macht strebte. Inanna wußte, daß die Frauen jener Zeit gegeneinander konspirierten, um ihr Reich zu verteidigen, so klein es auch sein mochte. Die Machtlosigkeit der Frauen verletzte Inanna tief, aber es war dringend notwendig, Chandhroma zu warnen.

Chandhroma jedoch hatte sich verliebt und war weit weg, Arjunas Reiz erlegen. Die beiden Verliebten verbrachten ihre Tage in den zauberhaften Gärten von Kaschmir damit, Wein zu trinken und sich zu lieben. Alle im Palast redeten über ihre Verbindung. Und so sehr Inanna sich auch bemühte, sie konnte Chandhromas Aufmerksamkeit nicht auf sich lenken. Wie konnte sie das Mädchen warnen?

Eines Tages, als Chandhroma in ihr Gemach zurückkehrte, fand sie ein Geschenk auf dem Tisch liegen. Es war ein goldenes Fläschchen, mit blutroten Rubinen verziert. Die Kunstfertigkeit ihres Schöpfers war beeindruckend, und die Gravur beschrieb die zauberhafte

Wirkung ihres Inhaltes. Das Elixier würde ewige Schönheit und Jugendfrische verleihen, hieß es da. Ohne Argwohn öffnete Chandhroma das Fläschchen und roch am Inhalt. Der Duft von hundert Rosen erfüllte den Raum und Chandhroma überkam der Wunsch, von dem Elixier zu kosten. Das schlimmste fürchtend nahm Inanna alle Kraft zusammen und stieß eine wunderschöne, zerbrechliche Vase um, um Chandhromas Aufmerksamkeit zu wecken. Mit einem Wasserschwall zersprang die Vase auf dem Marmorfußboden, aber Chandhroma achtete es nicht. Der Zauber des Rosenduftes hatte sie ganz gefangen genommen.

Chandhroma hob das Fläschchen an ihre Lippen. Im selben Augenblick, da sie die Flüssigkeit schmeckte, spürte sie, wie sich in ihr alles zusammenzog. Als sie auf den harten Boden schlug, dachte sie an Arjuna. Wie sehr sehnte sie sich danach, seine starken Arme zu fühlen, noch einmal seine Lippen zu schmecken und in seine Augen zu schauen. Sie wollte aufschreien, aber alle Kraft war dahin. Ihr Leben entglitt ihr.

Als Chandhroma sich aus ihrem Leib erhob, war Inanna da, um sie in die Arme zu schließen.

BUCHER UND SCHUHE

Gracie erinnerte sich, wie gern sie getanzt hatte. Als kleines Kind, wenn sie im Bett lag, hatte sie lange Schals mit unter die Decke genommen und so getan, als seien sie ihr Tanzkostüm. Dabei hatte sie sich vorgestellt, sie sei eine berühmte Tänzerin in einem verzauberten Königreich. Ihre starke Einbildungskraft erlaubte es ihr, sich stundenlang solchen Tagträumen hinzugeben. Sie war sieben Jahre zum Ballett gegangen, und ihre Mutter hatte ihr ein Paar roter Ballettschuhe gekauft, weil Gracie den Film *Die roten Schuhe* so gern gemocht hatte. Gracie dachte an die Schuhe, die sie an jenem Tag in der Stadt verloren hatte. Es schien so lange her zu sein.

Gracie fragte sich, ob Chandhromas Leben als Tänzerin irgendwie mit ihrer Liebe zum Tanz zu tun hatte. Pulsierte durch all die multidimensionalen Leben gewissermaßen dasselbe Blut? Gracie versuchte sich vorzustellen, wie sie eine Axt schwang, und Olnwynn lachte laut auf. Er hatte sich an Gracie Bewußtsein angeschlossen, denn er war aufs äußerste an Gracies Familie interessiert und mochte ihr Hunde sehr. Er lief mit ihnen im Wald umher und narrte sie, indem er durch Baumstämme einfach hindurchlief. Die Erinnerungen der anderen

Selbste waren so lebendig. Für Gracie war es, als ob sie holographische Farbfilme von Leuten sähe, denen sie sich eigenartig nahe fühlte. Gracie dachte an die vielen unerklärlichen Ereignisse in ihrem Leben. Sie wußte, daß sie ihre übersinnlichen Fähigkeiten von ihrer Mutter geerbt hatte, die immer wußte, was Gracie dachte – eine Quelle des Unbehagens für Gracie, denn ihre Mutter war selten damit einverstanden, was Gracie dachte.

In den Sechzigern hatte Gracie mit bewußtseinsverändernden Substanzen herumexperimentiert wie so viele andere, aber eine innere Stimme hatte sie gewarnt und gesagt, sie solle aufhören. Gracie konnte ihr Verlangen, die Wahrheit zu kennen, nicht auf auf diese Erfahrungen zurückführen. Seit der Pubertät war sie entschlossen, Antworten zu finden, und mit vierzehn hatte sie eine Zeitschrift gekauft, die mit den Worten begann: »Dies soll beweisen, daß ein junges Mädchen selbst denken kann.« Diese Zeitschrift hatte sie bis heute aufgehoben. Und das Selber-Denken war es, wodurch sie immer wieder in Schwierigkeiten geraten war.

Niemand erwartete von Gracie mehr, als hübsch auszusehen und einen ordentlich reichen Mann zu heirateten. Ihre Mutter warnte sie und sagte, kein Mann würde sie jemals heiraten, wenn sie weiter alle diese Bücher lesen würde! Gracie fand ihr Leben leer, nur von Heuchelei erfüllt. Sie versuchte wie alle anderen zu sein, aber es ging einfach nicht. Es war, als spiele irgendwo in ihr ein Rattenfänger, der sie zu einem anderen Leben lockte. Warum war sie je in diese Familie geboren worden? Jetzt schien Olnwynn die Antwort darauf zu haben. Ihre Mutter schuldete ihr tatsächlich das Leben, das sie Olnwynn genommen hatte, aber auch ihre arme Mutter war nicht glücklich. Verfolgte die Vergangenheit auch ihre Mutter und ihren Vater? War nicht ihr Vater ein ebenso großer Tyrann wie Olnwynn? Wann würde das je aufhören?

»Es wird erst aufhören, wenn du es änderst«, sagte Inanna. »Der Schlüssel liegt in dir, Gracie. Deine Erkenntnisse, verknüpft mit der ganzen Weisheit der anderen multidimensionalen Selbste, werden die schlummernden Hormonausschüttungen in deinem Körper auslösen. Dein Bewußtsein wird deinen physischen Körper verwandeln, und so, wie deine Wahrnehmung der Wirklichkeit sich ändert, wird sich das Leben auf dieser Ebene ändern. Aber ich kann es dir nicht abnehmen, Liebes, du mußt es selbst tun. Es ist ein Universum des freien Willens, und wenn ich dich ändere, verstoße ich gegen das Gesetz des freien Willens.«

Gracie dachte, das sei doch zu schade. Wie gern hätte sie es gehabt, wenn Inanna und Melinar sie mit einem Zauberstab berührten und die ganze Welt änderten. Aber scheinbar war das nicht der Weg. Irgendwie mußte Gracie das selber schaffen. Sie dachte an all die Geschichten, die sie von großen Meistern gelesen hatte, die sich auf Berggipfeln harten Übungen unterzogen. In dem berühmten Hindu-Epos, dem *Mahabharata,* vollführten Leute, die nach Wahrheit suchten oder die Hilfe der Götter begehrten, immer die sogenannten *Tapas.* Wie Gracie gelesen hatte, bedeutete das »Hitze erzeugen«. Etwas konnte tatsächlich im Körper erzeugt werden, das wie göttliche Hitze war, und sie fragte sich, ob dies das Geheimnis war, das endokrine System zu aktivieren. Es stand geschrieben, daß in alten Zeiten die Leute, die magische Fähigkeiten zu erlangen trachteten, 2.000 Jahre auf einem Zeh standen, ein Bild, das Gracie immer erheitert hatte. Sie versuchte sich vorzustellen, auch nur fünf Minuten auf einem Zeh zu balancieren!

Gracie hatte viele Lehrer und Schulen besucht, um Antworten auf ihre endlosen Fragen zu bekommen, aber jede Quelle des Wissens war in die Falle gegangen, war verführt worden von der Macht, die sie über ihre Anhänger ausübte. Anfangs war das sehr schmerzhaft für Gracie. Als sie aber sah, wie das Muster sich wiederholte, erkannte sie, das die verschleierte Tyrannei die logische Schlußfolgerung der meisten Schulen war. Die der inneren Eingebung folgende Wahrheit konnte nicht in Gesetze gefaßt werden. Das hatte sie bei dem chinesischen

Meister Lao-Tse am besten ausgedrückt gefunden: »Jener der weiß, sagt es nicht. Jener der es sagt, weiß es nicht.«

Gracie wußte, daß sie die Wahrheit in sich selbst finden mußte.

Atilar fing an, sich an seine neue Umgebung zu gewöhnen. Er war darin ausgebildet worden, seinen Körper zu verlassen und in andere Dimensionen zu reisen, und so war der Tod nicht ein so starker Einschnitt. Aber der Verlust seiner wahren Liebe, der jungen Mondpriesterin, hatte seine Wahrnehmung für eine Zeit aussetzen lassen. Die Kraft der Leidenschaft, die sie zusammen hervorgebracht hatten, hatte Atilars normalen Energiepegel wesentlich verändert, und es hatte einige Zeit gedauert, diese Veränderungen zu verarbeiten.

Instinktiv wußte Atilar wer und was Melinar und Inanna waren. Leicht nahm er die Lebenserfahrungen der anderen multidimensionalen Selbste in sich auf. Atilar erinnerte sich, daß er Olnwynn einmal auf dem Schlachtfeld besucht hatte. Atilar war beeindruckt gewesen von der starken seelischen Hitze, die Olnwynn in diesen Augenblicken erzeugte. Olnwynn wurde eins mit seiner Axt, wenn er seinen Feinden die Köpfe abschlug; niemand entkam seinem auf ein Ziel gebündelten Willen. Zu solchen Zeiten war Olnwynns Frequenz dieselbe wie Atilars, wenn er die Kristalle stimmte.

Atilar bot sein Bewußtsein und seine Lebenserfahrungen Gracie an. Gracie öffnete sich Atilars Kraftfeld und fühlte, wie sich ihr ganzer Körper veränderte. Sie fühlte sich leichter und stärker. Atilar hatte viel zu bieten und viel zu lehren. Nachts, wenn sie sich in ihr Bett kuschelte, nahm Gracie die Erlebnisse ihrer multidimensionalen Selbste in sich auf. Im Geiste umarmte sie sie, fühlte sie doch so viel Liebe für jedes einzelne dieser Wesen. Was sie auch getan haben mochten, Gracie konnte sie dafür nicht verurteilen. Sie waren einfach wie sie waren, und Gracie liebte sie. Vielleicht, dachte sie, hegt der Urschöpfer dieses Gefühl für die ganze Schöpfung.

Wie die Zeit auf der Erde verging, hatten die Menschen auf dem Planeten immer mehr Angst vor ihren Gefühlen bekommen. Das war eine natürliche Folge der sinnlosen Kriege, in die sie geschickt wurden und in denen sie oft getötet oder verkrüppelt wurden. Viele Männer hatten erfahren wie es war, tagelang verwundet und hilflos auf einem Schlachtfeld zu liegen und darum zu beten, sterben zu dürfen bevor die Geier kamen und sie zerrissen. Man hatte ihnen beigebracht, ihre Gefühle nicht zu zeigen, sich nicht wie Frauen zu benehmen. Man sagte ihnen, daß Frauen minderwertig seien. Das Gefühl der Überlegenheit hatten die Männer damit bezahlt, ihre Empfindsamkeit und ihre Gefühle nicht mehr erfahren zu können. Merwin, eines der Selbste von Inanna, war ein solcher Mann.

Als Merwin heranwuchs, mußte er mit ansehen, wie sein Vater seine Mutter mißbrauchte. Seine Mutter war eine empfindsame und kluge Frau, die Merwin lehrte Bücher zu lesen und zu lieben. Sie schärfte ihm ein, daß Wissen das einzige war, was wirklich Wert hatte im Leben. Merwin versuchte, seine Mutter zu beschützen, aber er war nur ein kleiner Junge. Eines Tages tötete Merwins Vater unbeabsichtigt in einem Wutanfall die Mutter. Verzweifelt und elend lief Merwin fort.

In Alexandria sollte es eine große Bibliothek geben, die mit Büchern und Lehren aus der ganzen Welt angefüllt war. Das war Merwins Traum und er glaubte, er würde den Rest seines Lebens glücklich sein, wenn er an einem solchen Ort leben könnte. Schmutzig und hungrig kam er zum Tor der Bibliothek. Merwin bat den Wächter, ihn dort arbeiten zu lassen; er würde alles tun, wenn er nur an diesem Ort bleiben durfte. Da der kleine Junge ihm leid tat, ließ der Wächter ihn ein.

Sein ganzes weiteres Leben blieb Merwin nun in der großen Bibliothek. Er las und katalogisierte alles. Hin und wieder dachte er an seine Mutter und wie froh sie wäre, ihn an einem solchen Ort leben zu wissen. Aber es tat zu sehr weh, lange an sie zu denken. Er wurde zu einer Legende in Alexandria und zu einer Witzfigur. Alle bewunderten ihn wegen seines Wissens, und zu Merwin gingen sie, wenn sie dieses Buch oder jene Schriftrolle suchten. Aber sie lachten auch über ihn und sagten, er sei so vertrocknet wie seine alten Schriftrollen. Es war nur zu gut bekannt, daß er nur für seine geliebten Bücher lebte. Merwin war niemals mit einer Frau zusammen. Er führte inmitten vergilbender Papyri und staubiger Regale ein Einsiedlerleben, und die Bibliothek verließ er nie.

Eines Tages kamen hunderte von Soldaten nach Alexandria. Sie eroberten die Stadt und legten Feuer an die Bibliothek. Es hieß, die Flammen der brennenden Bücherei seien noch aus vielen Meilen Entfernung zu sehen gewesen. Das ganze gesammelte Wissen des Altertums ging in diesen Flammen auf. Die Geschichten von Atlantis, Lemurien und zahllosen anderen alten Zivilisationen wurden zu Asche. Merwin blieb an jenem Tag in der Bibliothek. Wo hätte er hingehen sollen? Ohne seine Bücher wollte Merwin nicht leben.

Und so begegnete Merwin Melinar und Inanna und den anderen in dem Oval. Merwin, der seit dem Tode seiner Mutter keine Gefühle mehr zugelassen hatte, vergoß Tränen aus durchsichtigem Äther in einer fremdartigen Dimension.

DIE WELT DER ERSCHEINUNGEN

Melinar übertrug sein Bewußtsein auf die in Inannas Oval versammelten Wesen: Atilar, Chandhroma, Olnwynn, Gracies Bewußtsein, Merwin und natürlich Inanna. Als Melinar anfing zu sprechen, fingen die farbigen geometrischen Figuren, die Glänzenden an, sich ganz schnell umzuformen.

»Kein Bestandteil von Urschöpfer ist wirklich von den anderen getrennt. Die Tür der Befreiung von der Welt der Erscheinungen kann jede Form annehmen. Jeder Lebensausdruck trägt die Möglichkeit der Freiheit in sich, und ein jeder von euch kleidete sich in die Farben und in die Gemütsart, die euch in der Zeit, in der ihr lebtet, zur Verfügung standen. Wegen der Macht der fünf Sinne, habt ihr euch in der Dualität dieser Ausdrucksmöglichkeiten verloren und euch von den unvermeidlich endlosen Gegensätzen mitreißen lassen. Aber, wie ihr sehen könnt, ist diese Wirklichkeit verschwunden, nur noch gespeicherte Erinnerung ist da. Ihr existiert für euch, und doch seit ihr auf ewig mit allem verbunden. Nichts stirbt jemals und nichts ist je verloren.

In einer Dimension der Wirklichkeit hat keiner von uns den Geist des Urschöpfers überhaupt verlassen.«

Gracie saß mit ihren schönen Hunden im Zedernwald und dachte darüber nach, wie traurig die meisten ihrer Leben gewesen waren. Das ganze Bemühen zu lernen und etwas zu werden, nur um in irgendeiner sinnlosen Regung verloren zu gehen. Wozu das alles? Wenn sie nur zurückgehen und die anderen heilen könnte. Wenn Merwins Vater nur freundlich gewesen wäre, wenn Chandhroma nur auf Inanna gehört und das Gift nicht getrunken hätte, wenn Atilar aufgehört hätte, in die Augen seiner jungen Priesterin zu starren, wenn Olnwynn nur nicht so gern getrunken hätte. Wenn nur! Das war die endlose Geschichte der menschlichen Art. Krieg und Zerstörung waren in den Geschichtsbüchern unheilvoll genug, wenn man sie aber selbst erlebte, dann war der Schmerz nah und durchdringend.

Gracie sah sich diese Menge an Information genauer an. Die Geschichten ihrer anderen Leben fesselte sie, erschöpfte sie aber auch. Ihr fiel auf, daß ihre meisten Todeserfahrungen nicht leicht waren; vielleicht sollte der Tod nicht leicht sein. Vielleicht war das die einzige Möglichkeit, uns dazu zu bringen, unseren Körper zu verlassen. Irgendwie bekam sie etwas Abstand zu all diesen Informationen und fing an, all diese Leben als Teil eines Mosaiks zu sehen, das sich in Kreisen drehte. Da gab es nicht nur ein paar sich wiederholende Muster. Sie fühlte sich wie ein Privatdetektiv, der dicht daran war, ein großes Geheimnis zu lüften. Aber würde es je gelüftet werden? War das überhaupt vorgesehen?

Gracie lag auf dem festen Waldboden und atmete tief. Der Duft der Zedern erfüllte sie, und sie schloß ihre Augen.

Himmelsmädchen lag auf dem Boden ihres Tipis. Der Medizinmann hatte sie am Boden festgebunden, um »den Schmerz zu fesseln«. Himmelsmädchen wußte, daß es Unsinn war. Sie wußte, sie lag im

Sterben. Was wußten die Männer vom Kinderkriegen? Ihr Baby wurde herumgedreht und verklemmte sich in ihrem Leib. Der Schmerz nahm zu und sie verlor immer mehr Blut. Wo war Kleine Wolke, ihre Freundin und Hebamme?

Begehrte Kleine Wolke Flammenfeder so sehr, daß sie ihre Freundin Himmelsmädchen im Kindbett sterben ließ? Himmelsmädchen dachte an Flammenfeder, ihren Mann. Sie hatten sich stets geliebt. Ihr ganzes Leben waren sie zusammengewesen; schon als Kinder waren sie unzertrennlich. Und natürlich war Kleine Wolke ihnen gefolgt, wann immer das ging. Himmelsmädchen verstand, daß Kleine Wolke Flammenfeder liebte, aber das machte ihr keine Sorgen, denn an Flammenfeders Liebe für sie hatte sie nicht den geringsten Zweifel. Er gehörte zu Himmelsmädchen und zu keiner anderen.

Lange bevor der Weiße Mann in ihr Land kam, lebten die Leute von Himmelsmädchens Stamm friedlich in ihren schönen Bergen. Sie achteten die Erde und all ihre Geister. Diese Leute arbeiteten daran, den Einklang mit dem Wind und den Sternen zu erreichen, und sie wußten, wie sie mit all den Tierseelen eins werden konnten. Himmelsmädchen war als kleines Mädchen in die Himmelskunde eingeweiht worden. Indem sie lange Nächte in der Stille unter den Sternen saß, brachte sie das innerste Wesen des Himmels in den Stamm und in sein Land. Himmelsmädchens Weisheit wurde hoch geachtet.

Ihre Stammesgenossen glaubten, daß sie einst von den Sternen gekommen waren und sie eines Tages dorthin zurückkehren würden. Der Haufen von sieben Sternen, den sie die Schwestern nannten, galt ihnen als ihre Urheimat. In vielen dunklen Nächten hatte Himmelsmädchen zu diesem Sternhaufen geschaut, als sie zu der blauen Frau sprach, die ihr oft erschien. Die Frau schenkte ihr tiefe Einsichten in die Wege der Weisheit und ermutigte sie, sich selbst zu achten und zu lieben. Himmelsmädchen hatte die blaue Frau liebgewonnen und glaubte, daß der ganze Stamm eines Tages in den Himmel und zu den Sternen zurückkehren würde.

Flammenfeder war ein starker und stattlicher junger Mann, der sein Himmelsmädchen über alles liebte. Viele Stunden hatten sie gemeinsam verbracht, waren lachend durch den Wald gewandert oder auf dem Pferderücken mit dem Wind in ihren Seelen über die Berge geritten. Das Leben war süß, wenn sie zusammen waren. Kaum verheiratet, hatten sie schon einen Sohn bekommen. Warum war diese zweite Geburt so schwer?

Der Schmerz wurde zur Qual; sie hatte zu viel Blut verloren. Himmlsmädchen zerrte an den Lederriemen, als der Schweiß auf ihrem Gesicht hinabperlte. Wenn sie sich nur befreien könnte. Sie starrte zu der Öffnung an der Spitze des Tipis hinaus, wo sie ein kleines Stückchen blauen Himmels sehen konnte. Warum hatten sie sie allein gelassen? Ein brennender Schmerz durchfuhr ihren erschöpften Körper, und dann fühlte sie nichts mehr. Himmelsmädchen erhob sich aus ihrem gefesselten Leib; als sie hinabsah, erblickte sie überall ihr Blut.

Kleine Wolke betrat das Tipi und schrie auf, als sie ihre Freundin tot daliegen sah. Das Baby aus Himmelsmädchens noch warmem Körper ziehend, durchtrennte Kleine Wolke die Nabelschnur und schlug fest auf den Rücken des Babys. Ein kleines Mädchen fing an zu schreien; es war mit Blut bedeckt, aber es lebte.

Flammenfeder und die andren kamen herein. Himmelsmädchen fühlte den Schreck und den Schmerz ihres Mannes, als er ihren schlaffen Körper sah. Sie wußte, er würde nicht weinen. Das konnte er nicht, das war nicht seine Art. Aber etwas in ihm zerbrach und er würde niemals mehr er selber sein. Für jene, die schicksalhaft zusammen sind, ist alles Leben zu Ende, wenn das Zusammensein zu Ende ist. Flammenfeder wollte das Kind nicht in den Arm nehmen.

Kleine Wolke wußte nicht, ob ihre Eifersucht sie so lange der Geburt ferngehalten hatte. Warum war sie nicht zurückgekommen, wie sie versprochen hatte? Sie begann, den Körper des Kindes von dem Blut zu reinigen. Kleine Wolke wußte, daß Flammenfeder ihr niemals gehören würde; er befand sich jetzt unter den lebenden Toten, keinem mehr von Nutzen. Sie würde das Kind nehmen und es großziehen. Wenigstens hätte sie sein Kind.

Das Baby konnte Himmelsmädchens ätherischen Leib ohne Schwierigkeiten sehen, wenn auch niemand sonst. »Mami, warum verläßt du mich?« Die Gedanken von Mutter und Kind vereinten sich. Noch über ihm schwebend, sprach Himmelsmädchen zu ihrem Baby: »Mein Kleines, mein süßes Kind, du mußt tapfer sein. Wisse, daß ich dich liebe. Tröste deinen Vater, wenn du kannst, und bleibe bei Kleiner Wolke. Sie wird dich jetzt bedingungslos versorgen, und du wirst alles sein, was sie je von ihm haben wird. Es tut mir leid, daß ich dich nicht die Weisen des Himmels lehren kann. Mach es gut, meine kleine Tochter, meine Liebe ist immer bei dir.«

Jahre später lief ein ungepflegtes Indianermädchen hinter ihrem Vater her. Der Mann, vorzeitig gealtert und mit vor Kummer steifen Gliedern, beachtete sie nicht. Das kleine Mädchen hatte sich Jungenkleider angetan und hoffte, damit ihrem Vater zu gefallen. Sie zog am Ärmel des alten Kriegers, aber er bemerkte sie nicht einmal. Für ihn war sie gar nicht da.

Gracie weinte. Oh, mein Gott, dachte sie, das arme kleine Mädchen! Das Leben bestand aus endlosen Verknüpfungen von Erfahrungen. Wer außer einem Wesen von unendlicher und unbegrenzter Macht würde es wagen, sich in eine solch mißliche Welt zu begeben.

Gracie dachte darüber nach, warum sie niemals Kinder haben wollte. Sie hatte sich eingeredet, es sei, weil sie Angst hatte, ihre Kinder so zu behandeln, wie ihre Eltern sie behandelt hatten. Aber tief in ihr war auch eine verborgene Angst vor dem Kinderkriegen selbst. Hatte sich Himmelsmädchens Leben in Gracies Instinkte eingeprägt?

Und Flammenfeder erinnerte Gracie an ihre Kinderliebe, Michael. Sie hatten sich getroffen, als Gracie erst zwölf war, aber sie hatten beide auf der Stelle gewußt, daß sie zusammengehörten. Michael wollte Gracie heiraten, aber als die Jahre vergingen, hatte Gracies Angst, wie ihre Mutter zu werden, sie immer weiter von Michael entfremdet. Sie sprach vom Fortgehen, davon, nach New York oder Paris zu fliegen. Er hatte jemand anderen geheiratet, eine Freundin, die Gracie wie Kleine Wolke empfand.

Gracie stellte sich vor, wie sie in einem endlosen Irrgarten umherging, in dem sie fortwährend über Teile von sich selbst stolperte, von denen sie keine Ahnung gehabt hatte. Irgendwie waren all diese Teile verbunden, und irgendwie würde ihre Verknüpfung alle Fragen von Gracie beantworten und die Leere anfüllen, die sie stets in sich gespürt hatte.

Gracie sah die vertraute, wunderschöne geometrische Form in ihrem Geist. Die Farben waren tief, und die funkelnden Formen bewegten sich in rasender Abfolge, als Melinar anfing zu sprechen.

»Alle Denkgebäude der Philosophie und Religion, die es in gedruckter Form gibt, sind Widerspiegelungen der Wahrheit zu verschiedenen Zeitpunkten, die nötig sind, um den Bedürfnissen der Zeit zu entsprechen. Es ist nicht nötig, dein Bewußtsein irgend einem dieser Denkgebäude anzuschließen, und die Formen des religiösen Ausdrucks, die es gibt, sind für viele noch immer nützlich, aber zahllose andere Formen aus der vorgeschichtlichen Zeit sind verloren, weil nichts niedergeschrieben wurde. Die Wahrheit ist die Wahrheit in jedem gegenwärtigen Augenblick des Daseins und ganz unabhängig von der Form, in der sie sich darstellt. Die Form ist abhängig von den Bedürfnissen und Fähigkeiten der Wahrnehmung der bestehenden Rasse, wie sie durch den Punkt ihrer Entwicklung bestimmt ist. Jene Gedankenformen und -gebäude, die wir um uns aufbauen, um uns zu schützen, sind oft eben jene Formen, die unser Ableben begünstigen. Der Urschöpfer ist ständig in Bewegung und wandelt sich unablässig.«

Melinars Glanz bewegte sich so schnell, daß ihre menschlichen Augen nicht mehr folgen konnten, aber ihr war klar, daß das menschliche Bedürfnis, die Veränderung aufzuhalten, eine unentrinnbare Falle war. Was auch immer in Stein errichtet war, würde unausweichlich davongetragen werden. Das, an dem wir uns festhalten wollten, würde verloren gehen. Niemand konnte den Fluß aufhalten.

Gracie stand auf und legte sich neben ihre Hunde. Sich in ihr dichtes schwarzes Fell kuschelnd, stellte sie sich vor, sicher in Inannas Armen zu liegen. Die schöne blaue Göttin umarmte Gracie, und Gracie fiel in tiefen Schlaf. Es war gut, zu Hause zu sein.

DER VORHANG

Inanna und Melinar suchten ihr Bewußtsein nach Atilar ab. Es fiel ihm so leicht, sich in andere Wirklichkeiten zu projizieren, daß es schwierig war, ihm auf den Fersen zu bleiben. Er begab sich immer wieder zu den Leuten, die aus Flüssigkeit auftauchten – die Flüssigkeiter, wie er sie nannte. Atilar war sehr angetan von ihrem flüssigen Zustand, und sie waren umgekehrt an seinem Wissen über die harten Gegenstände, die Kristalle, interessiert.

Inanna machte sich um den Fortschritt ihrer multidimensionalen Selbste mehr und mehr Sorgen. Sie wußte, im Jahr 2011 würde die Übereinkunft zwischen dem Intergalaktischen Rat und Marduk, dem plejadischen Tyrannen, in Kraft treten. Die Erde würde sich in mindestens zwei Wirklichkeiten aufspalten, und nur jene Menschen, die die vierte und fünfte Dimension gemeistert hatten, würden die Fähigkeit haben, sich der tyrannischen Frequenzen von Inannas entferntem Vetter, dem reptilischen Meister Marduk, zu entziehen.

Wenn ihre Familie ihn bloß hätte sterben lassen, als sie es geschafft hatte, ihn in der Großen Pyramide von Gizeh einzuschließen. Seit jenem Tage hatte Marduk mit seinem Haß auf Inanna die ganze

213

Erde überzogen und danach getrachtet, die Frauen zu versklaven und herabzusetzen, besonders die Priesterinnen ihrer Tempel wegen des Wissens, das sie vermittelten. Die letzten paar Tausend Jahre lang war die Erde nur eine traurige Erinnerung an die Herabwürdigung der Göttin und ihrer Weisheit.

Eines von Inannas multidimensionalen Selbsten war ein liebreizendes junges Mädchen gewesen, das während der Inquisition in Spanien lebte. Der Name des Mädchens war Rachael, und es wurde in den jüdischen Glauben geboren. Inanna hatte geglaubt, sie sei vorsichtig genug gewesen; sie hatte Rachael nur Kraft zum Heilen gegeben. Das Mädchen war nicht so mächtig, eine Bedrohung darzustellen oder einen Aufstand zu schüren. Nein, Rachael war nur ein einfaches, ungebildetes, süßes Mädchen, dessen Berührung und dessen ganze Art manchmal den Kranken Erleichterung brachte. Aber für die Inquisition war das Grund genug, Rachael zu beschuldigen, sie sei eine Hexe und eine Buhlin des Teufels. Sie wurde ins Gefängnis gezerrt und furchtbar gefoltert, bevor sie auf dem Scheiterhaufen verbrannt wurde.

Als Gracie Rachael Lebensgeschichte gezeigt wurde, hatte sie darum gebeten, nicht ansehen zu müssen, was mit Rachael gemacht worden war. Ihre Folterer waren von ihren eigenen Dämonen besessen, während sie dieses unschuldige Mädchen marterten. Schließlich wurde Rachael zum Zeichen, daß sie sie gereinigt hatten, ganz in Weiß gekleidet und dann zum Scheiterhaufen geführt. Als die Feuer angezündet wurden, kamen drei Engel und hoben Rachael von ihrem geschundenen Körper auf und befreiten sie so vor dem Schmerz, lebendig verbrannt zu werden. Viele Frauen auf dem Planeten Erde machten diese Erfahrung; verbliebene Ängste stecken noch tief in der Erinnerung ihrer Zellen. Flüchtige Erinnerungen solcher Augenblicke verfolgten Gracie.

Inanna wußte, daß alle ihre Selbste zu Gracies Verwandlung beitragen mußten. Sie wollte, daß Gracie die Weisheit und das Wissen all der anderen in sich verkörperte, seien sie männlich oder weiblich.

Inanna rief nach Atilar, der den Flüssigkeitern eine Vorlesung über Kristalle hielt.

»Ich, Atilar, bin der Hüter der Kristalle. Ich diene dem Licht und habe Verbindung mit den Hütern der Evolution.« Atilar wußte jetzt, daß diese Hüter Inanna und Melinar waren.

Atilar fuhr fort, zu den Flüssigkeitern zu sprechen. »In der Zeit meines Daseins war der Hauptgegenstand der Verehrung das Licht – nicht eine Person, ein Gott oder ein Gegenstand. Licht befindet sich in jedem Bestandteil des Daseins. Inneres Licht genauso wie äußeres, zurückgeworfenes Licht wurde als das Herz des Lebens angesehen und als solches verehrt.

Die Kristalle versinnbildlichen viele Dinge. Sie haben Beziehungen zum Licht von verschiedener Wellenlänge, offenkundige und verborgene. Sie sind Reaktionssysteme auf Licht, Wärme und Energie. Wie kleine Computer können Kristalle verwendet werden, um Informationen zu speichern, aber sie können auch auf einer feineren, eher übersinnlichen Ebene programmiert werden. Ihre natürliche Anlage für eine harmonische Atomstruktur ermöglicht es ihnen, durch Harmonie, Polarität und Energie verschiedene Bewußtseinszustände anzuregen und zu vermitteln, wie etwa Schöpferkraft und Heilung.

Kristalle können auch Erfahrungen als gespeicherte Erinnerung darstellen, und von daher haben sie die Macht, die sichtbare Erinnerung dieser Erfahrungen heraufzubeschwören. Es ist nur die jeweils andere Qualität und Form dieser Erfahrungen, die die unendlichen Ebenen der Unterscheidung ermöglichen. Alles ist Wahrheit. Jeder Ausdruck trägt das Licht in sich.«

Inanna unterbrach ihn: »Atilar, die Hüter der Evolution rufen dich zum zentralen Punkt.«

Atilar entschuldigte sich vielmals bei seinen neuen Freunden. Er war natürlich begierig, mehr über die Flüssigkeiter zu erfahren, und wie er sich selbst in einen Flüssigkeiter verwandeln konnte. Er entbot ihnen ein herzliches »Auf Wiedersehen« und projizierte sich in

Gedanken in die Richtung, aus der die wohlklingende Stimme von Inanna ertönt war.

»Ich bin glücklich, wieder in deiner Gegenwart zu sein, schöne Frau. Wo ist der, welcher Melinar heißt? Seine geometrischen Formen erinnern mich an meine Kristalle.« Atilar entdeckte Melinar, der sich wieder ganz schnell umwandelte wie es seine Art war, wenn er erregt war. Melinar verband sein bewußtes Gewahrsein mit Atilar. Gracie schlief noch, aber in ihrem Traumzustand saß sie mit äußerster Aufmerksamkeit da, als sich alle Selbste von Inanna zu einem einzigen Gewahrsein vereinigten.

Melinar begann zu sprechen und seine glänzenden Formen schwirrten. »Urschöpfer ist die Quelle allen Lebens. Das Feuer des Schöpfers ist die Flüssigkeit, die durch alle Wesen fließt und sie mit Kraft erfüllt. Wenngleich keine Erfahrung ohne Wert ist, so muß letzten Endes die Erinnerung und die Erfahrung der Wiedervereinigung mit dem Urschöpfer von innen kommen. Erlebnisse im im Raum-Zeit-Kontinuum und auf der stofflichen Ebene werden einen an die Kette von Ursache und Wirkung legen. Der Urschöpfer ist das Innen und bedarf nicht irgendwelcher äußerlicher Formen oder Strukturen, welche gleichwohl Urschöpfer sind. Das Wesen, das diese Wahrheit kennt, wird frei sein – denn wer oder was kann dich besitzen, wenn du weißt, daß die Quelle von Allem in dir ist?

Die Gesetze, die die Verknüpfung von Energie lenken, sind auf den stofflichen Ebenen richtig und nützlich. Das Atom wird von den Gesetzen der Polarität zusammengehalten: von der positiven elektrischen Ladung des Protons, der neutralen Ladung des Neutrons und der negativen Ladung des Elektrons. Auf der biologischen Ebene drücken sich die Gegensätze wie Leben und Tod oder Anfang und Ende in Begrenzung, Zusammenziehung und schließlich in der Illusion des Todes aus. Psychologisch gesehen, geben die Gesetze der Verstofflichung die Voraussetzung für die Entwicklung des Ego ab. Das Ego – oder Ich – ist eine vorgestellte Identität, die das Gefühl von Furcht und Verletzlichkeit kennt und sich schützen und verteidigen muß. In dem Augenblick, da sich die Persönlichkeit, das Ich, mit einem Denkmuster identifiziert, versucht sie, dieses Muster aufrecht zu erhalten, so wie ein Fels versucht, ein Fels zu bleiben.

Um ihre Identität mit dem gewählten Denkmuster aufrecht zu erhalten, fängt die Persönlichkeit sofort an, ihre Identifikation im Verhältnis zu anderen Egos zu definieren. Daher beginnt sie endlose Beurteilungssysteme zu schaffen, um diese vorgestellte Identität zu nähren. Wenn die Persönlichkeit sich in ihren Definitionen verstrickt, vergißt sie ihre wahre Natur und beginnt, in der ständigen Furcht zu leben, jene vorgestellte Identität zu verlieren, die sie nie gehabt hat. Auf diese Weise spielt der Urschöpfer mit sich selbst Verstecken.«

Melinar konnte auf diese Weise endlos weiterreden, zumindest der irdischen Zeit nach. Aber für ihn war diese Art des Ausdrucks reine Freude, und seine glänzenden Formen schienen niemals zu ermüden.

Aus ihren Träumen erwachend, fiel Gracie ein Gedicht ein, daß sie vor Jahren gelesen und was sie seitdem immer im Kopf behalten hatte. Normalerweise konnte sie sich Gedichte nicht merken, aber dieses war ihrem Herzen nah geblieben. Es stammte von einem Sufi-Meister des 14. Jahrhunderts und schloß mit den Zeilen:

»Jenseits des Vorhangs von jedem Atom liegt verborgen
Des Lebens wachsende Schönheit von dem Gesicht des Geliebten.«

Gracie hatte sich immer vorgestellt, wie sie den Vorhang vor dem Atom lüftete, und da würde es dann sein, jenes trügerische Etwas, nach dem sie sich ihr ganzes Leben gesehnt hatte. Die heilende Schönheit des Gesichtes des Geliebten würde sie wieder ganz machen, und sie würde sich erinnern. Gracie hatte das Gefühl, daß diese Zeit näherrückte. Seit sie hier an dem Berg war, fühlte sie sich so anders, so als würde ihr ganzer Körper blubbern und sich verändern, als würde sie sich umwandeln.

Am Verlorenen Berg allein zu sein, half Gracie, ihren Weg nach Hause zu finden.

FLIEGEN IN TIBET

Im frühen Morgenlicht sah Gracie den Dampf von einer heißen Tasse köstlichen Kaffees aufsteigen. Sie saß am Fenster und schaute zu, wie das Licht der Morgendämmerung sich über den schneebedeckten Olympic Mountains ausbreitete.

Es war so schlicht und schön. Gracie lernte, sich von der Stille erfüllen zu lassen; die einzigen Laute waren das Knacken des Feuers und das gelegentliche Bellen der Hunde. Schneebedeckte Berge, der sternenübersäte Nachthimmel, dichte Zedernwälder, die wilden Blumen, die die ihr kleines Tal bedeckten – diese Erfahrungen waren neu für Gracies Sinne, und sie genoß jeden Augenblick. Eigentlich, dachte sie, kann man die Natur nur wirklich erleben, wenn man allein ist. Warum mußte sie dann immer jemandem erzählen, was sie gesehen hatte?

Als Gracie vom heißen Kaffee schlürfte, dachte sie an das, was sie lernte. Sie hatte so lange darauf gewartet, daß dies geschah. Es gab viele Lehrer in ihrem Leben, manche wundervoll und manche nicht so wundervoll. Sie dachte an den tibetischen Mönch, bei dem sie vor Jahren gelernt hatte. Das war ihr aber alles zu hoch damals. Einmal fuhr er mit seinem Arm durch einen Tisch hindurch, um ihr die trügerische Natur der Materie vorzuführen. Sie hatte es nicht wirklich verstanden, obwohl sie es gerne verstanden hätte, und als sie fortging, schenkte sie dem Mönch zum Dank für seine Weisheit eine kunstvolle Zeichnung.

Später war sie einem Aschram beigetreten. Der Lehrer war in Indien aufgewachsen und hatte dort in einem berühmten Aschram gelebt. Eine Zeitlang war Gracie glücklich. Es war wunderbar, mit vielen anderen zusammen zu sein, deren einziger Wunsch es war, den Sinn des Lebens zu verstehen und die nicht über sie lachten, weil sie diesen Wunsch hegte. In der Meditation erlebte Gracie gelegentlich das Gefühl, mit dem Leben, mit der Schöpfung eins zu sein. Doch bald bemerkte sie, daß ihr Lehrer sich in seine Macht verliebte, und da konnte Gracie kein Verständnis mehr für sein Exzentrisches Gehabe aufbringen.

Eines Tages, als sie mit vielen Hunderten anderer Schüler in einer Halle saß, sagte ihre innere Stimme – jenes kleine, stille Wissen, dem zu vertrauen Gracie über die Jahre gelernt hatte –, sie solle nach Hause zurückkehren und niemals zurückkommen. Das war ein Schock für Gracie, und es machte sie ganz unglücklich, aber sie fuhr nach Hause.

Allein war sie dann in ihrer Küche auf und ab gegangen und hatte versucht zu verstehen, warum ihre innere Stimme gesagt hatte, sie solle fortgehen. Sie war verwirrt und haßte es, ihre Freunde verlassen zu haben. Die Stimme sprach laut und deutlich zu ihr: »STIEFEL!« Gracie war völlig verwirrt. Stiefel? Was sollte das heißen? Dann fiel ihr alles wieder ein.

Gracie war mit sieben Jahren zu ihrem Sommerlager gefahren. Am ersten Tag auf dem Lager gab es eine Art Einweihung. Alle versammelten sich, und die Leiterin des Lagers gab ein Rätsel auf: »Was sind Stiefel ohne Schuhe?« Gracie war entsetzt. Sie hatte solche Angst, die Antwort nicht zu wissen und von den anderen Mädchen für blöd gehalten zu werden. Sie verdrückte sich nach weiter hinten. Die Kinder wiederholten: »Stiefel ohne Schuhe!« wie ein Lied, bis fast alle kleinen Mädchen die Antwort erraten hatten.

Endlich fiel ihr die Antwort ein. Die Antwort lautete natürlich »Stiefel«! Gracie lachte laut auf. Das Rätsel war zu einfach. Ihre Stimme sagte ihr, es sei die Angst, nicht zu verstehen, die es ihr so schwer machte, und sie könne einfach auf sich selbst vertrauen; ihre Lehren konnten aus ihr selbst kommen. Gracie hatte im Aschram gelernt, was dort möglich war, und es war jetzt Zeit für sie, weiterzugehen. Sie konnte sich auf ihre innere Führung verlassen, war sie doch Teil des Lebens, Teil des Urschöpfers. Die Antworten waren beständig in ihr selbst.

Hoch oben am Verlorenen Berg lachte Gracie erneut über »Stiefel und Schuhe«. Ihre Führer waren manchmal komisch oder gar trickreich, aber tief in ihrem Herzen wußte sie, daß sie ihnen vertrauen konnte. Sie blickte zu den Olympic Mountains hinüber. Das Sonnenlicht strömte purpurn, rosa und golden die Berghänge hinab. Gracie dachte an ihre Höhenangst.

Choje Tenzin kam ins Kloster in Tibet, als er erst sieben Jahre alt war. Seine Eltern konnten ihn, das letzte von neun Kindern, nicht ernähren. Sein Gesicht war voll Tränen, als sie ihn am Tor zurückließen, aber es war nicht zu ändern, und sein Vater schlug ihn, als er versuchte, ihnen nachzulaufen. Der Mönch, der zum Tor gekommen war, führte den kleinen Tenzin zu einem Saal, in dem Hunderte anderer Jungen waren. Der Saal war erfüllt vom Schwatzen der Kinder und dem Klirren der Eßschüsseln auf dem Boden. Tenzin bekam eine Schale mit heißem Buttertee und wurde sich selbst überlassen.

Die ersten Jahre waren schrecklich für Tenzin; er war ein zerbrechliches und empfindsames Kind. Zu Hause hatten ihn seine älteren Schwestern mit dem wenigen, was sie hatten, verwöhnt und ihm viel Zuneigung geschenkt. Er war so einsam, und die anderen Jungen machten sich über seine körperliche Schwäche lustig, bis man herausfand, daß er zeichnen konnte. Dieses Kloster widmete sich besonders der Thangka-Malerei, und jeder, der hierin begabt war, wurde bald besonders geachtet. Tenzin wurde zum Meisterlehrer der Malerei geschickt, damit er in den Techniken und Ritualen der tibetischen Kunst unterwiesen würde.

Der oberste Kunstlehrer Lin Pao war ein Mann von großer äußerer Schönheit und Feinheit. Es ging das Gerücht, daß Lin Pao aus einer sehr reichen, aristokratischen Familie in China stammte. Lin Pao kam nach Tibet, um seine bemerkenswerten Anlagen weitestmöglich zu entfalten, und man sah ihn als den größten Maler von tibetischen Thangkas an.

Tenzin wurde anfangs natürlich nicht von Lin Pao unterrichtet, doch nachdem er viele Jahre als Lehrling gedient hatte, wurde ihm gestattet, unmittelbar unter dem großen Meister zu lernen. Oft stand Tenzin stundenlang da und sah zu, wie die feingliedrigen und kräftigen Hände Lin Paos kunstfertig Linien und Farben auf das Pergament brachten. Tenzin verehrte Lin Pao. Tatsächlich war Tenzin heftig in seinen Lehrer verliebt. Es war nur natürlich, daß ein einsamer, kleiner Junge solche Gefühle für jemanden entwickelte, der so groß war wie Lin Pao, aber diese Gefühle waren verboten, und er hielt sie geheim.

Die Tatsache, daß Tenzin für einen begabten Künstler gehalten wurde, entband ihn nicht von den strengen Pflichten des Klosters. Die Übungen ohne Nahrung und Wärme, die Stunden des bewegungslosen Verharrens in Meditationshaltungen und die Kampfkünste waren genauso Teil von Tenzins Alltagsleben.

Es gab eine Fähigkeit, von der alle Schüler träumten. Eine ausgewählte Gruppe von Novizen wurde darin ausgebildet, ihre Energien zu einer solch hohen Intensität zu bündeln, daß sie die Schwerkraft überwinden und lernen konnten zu fliegen. Zusammengekauert am Rand einer Klippe hoch über dem Kloster, verbrachten die Mönche Jahre damit, diese Konzentration zu vervollkommnen. Nicht nur war Lin Pao ein großer Künstler, er hatte auch die Fähigkeit, von den

Klippen herabzufliegen ohne am Boden zu zerschellen. Tenzin war fest entschlossen, es auch zu lernen, um Lin Pao zu gefallen.

Es hieß, das Geheimnis bei der Kunst zu fliegen sei ein ungebrochener Fokus. Viele Mönche verbrachten Jahre mit der Vorbereitung auf ihren ersten Versuch, und viele stürzten zu Tode. Man glaubte, daß alle zum Leben zurückkehrten; auch wenn ein Mönch versagte, konnte er sich wieder inkarnieren, wieder in das Kloster eintreten und – in ungebrochener Folge – in seinem Bemühen um die Meisterung fortfahren.

Eines kalten und windigen Tages saßen Tenzin und ein paar andere tapfere Seelen hoch auf den bezeichneten Klippen, als sich Lin Pao zu ihnen gesellte. Natürlich wollte Tenzin Lin Pao beeindrucken. Sich um äußerste Konzentration bemühend, entschloß er sich hastig, einen Flug zu versuchen. Tenzin stand auf und richtete seinen ganzen Willen aus, doch als er von dem Vorsprung ins leere Nichts trat, lenkte die Verwirrung, die Tenzin angetrieben hatte, ihn auch von seiner Konzentration ab. Er spürte, wie die unterdrückte Liebe für Lin Pao die Macht seines Willens überflutete, und Tenzin fiel von dem Vorsprung Hunderte von Metern hinab. Sein Leib zerschmetterte auf den darunterliegenden Felsen.

Als Tenzins Bewußtsein über der zerbrochenen Schale davontrieb, die sein Körper gewesen war, blickte er verlangend zu seinem Idol Lin Pao. Er schämte sich, und so wagte er nicht einmal, auf Wiedersehen zu sagen.

Gracie kam es vor, als hätten alle ihre Leben ohne Hoffnung geendet, aber Inanna und Melinar hatten ihr erklärt, jedes Leben sei ein Sammeln von Erfahrungen und Informationen. Gracie und all die anderen waren die Endsumme von einander; sie teilten das Wissen und die Weisheit, die ein jeder von ihnen unter so schmerzhaften Umständen gewonnen hatte.

Inanna zeigte Gracie, wie Tenzin zu ihrem Wesen beigetragen hatte. Die Weisheit Tibets war eines der letzten Bollwerke der Wahrheit in Gracies Zeit. Irgend etwas hatte Gracie immer dazu getrieben, die Wahrheit zu suchen, und sie hatte sich stets danach gesehnt, nach Tibet zu fahren. Sie hatte sogar bei einem tibetischen Mönch gelernt. Gracies Seelenverwandtschaft mit den Lehren und der Kunst Tibets hatte ihr viele Einsichten geschenkt und es ihr ermöglicht, sich aus den engen Begrenzungen ihres eigenen kulturellen Umfeldes zu lösen. Tenzins Kunstfertigkeit in der Malerei hatte sich auf Gracie übertragen, und sie hatte Lin Pao wunderbarerweise in ihrem größten Lehrer an ihrer Kunstschule in New York wiedererkannt! Wenn Gracie nun aber noch immer Höhenangst hatte? – Sie konnte sie überwinden.

Gracie dachte, Inanna und Melinar hätten leicht reden – die Angst überwinden. Soweit sie erkennen konnte, befanden sie sich nicht in physischen Körpern, auch wenn sie es behaupteten. Gracie hatte noch immer Schwierigkeiten zu sehen, wo das alles hinführen sollte. Mitten im Lernen hatte sie manchmal das dringende Bedürfnis, sich zu betäuben indem sie fernsah oder einkaufen ging. Aber wo konnte ein Mädchen auf dem Verlorenen Berg einkaufen gehen?

Gracie ging zu ihrem Bücherbord. Meine Güte, was für eine Menge Bücher. Als sie das letzte Mal umgezogen war, waren selbst die Möbelpacker schon von der Größe ihrer Sammlung erschrocken gewesen. Gracies Büchersammlung war voller Merkwürdigkeiten aller Art, von Tolstoi bis Lao-Tse, von Wirtschaftswissenschaften bis zu Ufos; alle möglichen Themen fanden den Weg in das Chaos ihrer Bibliothek.

Gracies Blick fiel auf ein Buch, das ihr vor vielen Jahren geschenkt worden war. Das Buch war 1949 geschrieben worden, in dem Jahr, als Gracie selbst erst vier Jahre alt war. 1969 hatte sie versucht, es zu lesen. In jenen Tagen hatte sie hüftlange Haare getragen, und ihre Garderobe bestand aus zwei T-Shirts und einem Baumwollkleid aus Indien. Es war eine aufregende Zeit in New York damals, mit so vielen anderen jungen Leuten, die alle glaubten, sie könnten die Welt verändern. Gracie hatte sich bemüht, dieses Buch zu verstehen, aber zu jener Zeit hatte sie noch nicht genug Lebenserfahrung, um seinen Sinn zu begreifen. Als sie es jetzt wieder in den Händen hielt, schien ihr sehr klar zu sein, was der Autor meinte.

Danach war das Universum ein holographischer Traum, der als Gedanke in den Geist Gottes projiziert wurde, und nur unsere individuelle Wahrnehmung von relativen und verschiedenartigen Rhythmusfrequenzen ließen die Welt als wirklich erscheinen. Weiter sprach der Autor davon, wie es möglich war, die gewohnte Zeit hinter sich zu lassen, in die Vergangenheit oder in die Zukunft zu gehen und selbst noch die sichtbaren Dimensionen zu überwinden.

Gracie begriff, daß dies genau das war, was sie tat. Sie war ihre anderen Selbste zu der Zeit ihrer Lebenserfahrung, und gleichzeitig war Inanna sie alle, einschließlich Gracie. Zeit existierte lediglich als Gedanke, welcher es der Existenz erlaubte, sich im Raum auszuspielen. Gracie war sich der geheimen Wirklichkeit der sichtbaren Welt bewußt geworden und war den Gesetzen entronnen, die sie an der Illusion der Zeit festhielten.

Gracie dachte, wenn der Urschöpfer alles war, dann mußte auch Marduk ein Teil des göttlichen Spiels sein, ein Teil des Urschöpfers. Melinar war höchst erfreut, daß Gracie diesen Gedanken fassen konnte. Melinar verstand dies ebenso wie Inannas Rolle, die war, Marduk zu bekämpfen. Es war auch das Schicksal von Marduk, genau so zu sein, wie er war, denn der Urschöpfer war alle seine verschiedenen Teile, die sich im Fluß der Zeit bewegten, um sich zu erproben, sich auszudrücken und zu erfahren – zu spielen. Je mehr Gracie fähig war, sich mit ihren anderen multidimensionalen Selbsten auszutauschen, um so mehr Lebenserfahrung und Weisheit konnte sie in sich aufnehmen und um so größer wurde ihre Chance, die göttlichen Gene ihres Körpers zu aktivieren – jene genetischen Codes, die vor so langer Zeit verloren gegangen waren.

So gut es ging umarmte Melinar Inanna. Es gab noch so viel zu tun, aber sie machten Fortschritte.

LUNCH MIT MARDUK

Marduk saß in seinem privaten Speisezimmer im obersten Stockwerk des höchsten Gebäudes von Hongkong. Er würde gleich zu einem Lunch mit dem Oberhaupt der Fernsehstationen des Planeten Erde zusammenkommen. Marduk sah an seinem Anzug hinab – von Saville Row natürlich – und auf seine italienischen Schuhe. Die Erde war ein netter Ort, dachte er. Sein Plan klappte noch besser, als selbst er es gedacht hätte. Nächste Woche war sein übliches Treffen mit den Bankern der Welt und in der darauffolgenden Woche mit den politischen Führern der Welt.

Der Speiseraum war mit seltenen Skulpturen und antiken Spiegeln ausgestattet, und die Wände waren mit geschliffenem Mahagoni verkleidet. Die hohe Decke erglänzte von goldenen Kristall-Kronleuchtern, welche die Fresken anstrahlten, die Marduk aus ägyptischen Gräbern geholt hatte. Der Tisch war perfekt gedeckt, mit Tellern aus massivem Gold und Porzellan aus Paris. Nicht daß Marduk es nötig hatte, irgend jemanden zu beeindrucken; er liebte einfach schöne Dinge. Über die Jahrhunderte hatte er es sich angelegen sein lassen, sich als Kenner all dessen zu erweisen, was die Erde zu bieten hatte.

Hinter Marduk warteten kniend sechs ausgesprochen hübsche Konkubinen, bereit, ihm auf den kleinsten Wink hin zu dienen. Wenn Marduk aus Versehen beim Lunch einen Krümel fallen ließ, entfernte eines der Mädchen ihn sofort mit einem silbernen Tischhandfeger. An der Tür standen vier Leibwächter; zwei weitere standen auf der anderen Seite der Tür. Alle waren als Ninjas ausgebildet, einfach so zum Spaß. Marduk liebte es so zu tun, als sei er ein Leinwandheld. Er liebte einen guten Gewaltfilm mit viel Blut und Kampfszenen. Schließlich war das seine Welt. Er konnte spielen wie er wollte.

Bald würde es keine Diskussionen mehr darüber geben, wer das Recht hatte, die Erde zu beherrschen. Marduk hatte sie genommen – wer die Macht hat, hat das Recht – und der Planet gehörte rechtmäßig ihm. Es war ihm stets gelungen, seinen Vater Enki zu steuern. Marduk konnte nichts dafür, wenn sein Vater schwach war, und er hatte wirklich Freude daran, den Willen seines Vaters zu brechen – oder den irgend eines anderen. Es schien ihm, die Welt sei voller Schwächlinge, die nur darauf warteten, daß er sie beherrschte. Da waren die Angeber, die keine große Herausforderung waren, und dann war da die Mehrheit, bei der ein bißchen Gehirnwäsche nötig war. Ein paar mußten sogar gefoltert werden, aber am Ende knickten fast alle ein.

Bei diesem Lunch ging es um weitere Maßnahmen zur Programmierung der Beeinflussung des Denkens, und Marduk wollte es seinem Gast, dem Präsidenten seines Medienimperiums, zeigen, wer die Fäden zog. Marduk liebte es, seine Untergebenen zu schurigeln; er fand es unterhaltend. In letzter Zeit war ihm ziemlich langweilig geworden. Das Jahr 2011 kam nur allzu langsam. Er wollte endlich diese Intergalaktische Föderation los sein.

Marduk wußte alles über den Versuch seines Vaters Enki und Inannas, die menschliche Spezies aufzuwecken. Er wußte, daß Enki und Inanna und noch ein paar andere aus seiner plejadischen Familie gehofft hatten, dem Föderationsrat beweisen zu können, daß die Menschen durch ihren eigenen freien Willen ihre schlummernden

Gene aktivieren und ihren Platz als Ebenbürtige und nicht als Sklaven in dieser Galaxis einnehmen konnten.

Marduk hatte sorgfältig alle Lebenserfahrungen der projizierten multidimensionalen Selbste verfolgt. Es hatte nicht viel gekostet, ihre armseligen Bemühungen, an sich selbst zu glauben, zu vereiteln. Wenn ihre eigenen Leidenschaften sie nicht zerstörten, dann war es ein Leichtes für Marduk, durch einen seiner Agenten ihren Tod herbeizuführen. Die Geschichte, wie er sie angelegt hatte, erlaubte es, zu jeder passenden Gelegenheit Wellen der Hysterie auszulösen, die jeden eigenen Gedanken auslöschten. Solange die Menschen glaubten, sie seien machtlos, konnten sie dazu abgerichtet werden, Marduk in all seinen Verkleidungen zu dienen. Da sie immer außerhalb von sich nach Hilfe und Trost suchten, blieb die menschliche Art schwach und Marduks ausgeklügelten Methoden der Versklavung gegenüber offen.

Sein neues Medienimperium war die beste Idee, die er je gehabt hatte. Im Stillen gratulierte Marduk sich selbst. Ein weitgespanntes Netz von elektromagnetischen Signalen wurde von den Satelliten im Orbit um die Erde ausgestrahlt und hielten die Frequenzen des gesamten Planeten in einem sehr begrenzten Spektrum. Es war allen menschlichen Gehirnen so gut wie unmöglich, über die reine Überlebensfrequenz hinaus zu denken. Es war weiter nichts zu tun, als Bilder von Reichtum und Macht, die die Möglichkeiten der meisten Sterblichen überstiegen, zu programmieren und auf diese Weise die Menschheit in einem Zustand der Frustration und der Angst zu halten. Es war zu einfach; Marduk wurde es mehr als nur ein bißchen langweilig.

Er schaute sich in einem der antiken Renaissancespiegel an, die an den Wänden des Speisesaales aufgehängt waren. O je, was bin ich gutaussehend, dachte er. Über die Jahrhunderte hatte er durch eine Unzahl von Schönheitsoperationen seine Schönheit vervollkommnet, aber absichtlich einen grausamen Zug beibehalten, für den er so berühmt war. Es machte ihm Freude, den Ausdruck des Erschreckens in den Gesichtern seiner Opfer zu sehen, wenn sie sich ihm furchtsam näherten.

Der Medientycoon wurde gemeldet und betrat den Raum. Herr Atherton Spleek verbeugte sich unterwürfig vor Marduk. »Meister, darf ich mich setzen?« fragte er.

Atherton haßte diese Treffen. Marduk war schrecklich anzusehen, und jedes Mal geschah etwas Wunderliches, das Atherton noch Wochen später übel aufstieß. Es war merkwürdig: Marduk schaffte es, auf den ersten Blick so stattlich und jugendlich auszusehen, aber wenn man ihn richtig anschaute, dann mußte man sich einfach fragen, ob er nicht der Teufel selbst war. Atherton verbannte solche Gedanken ganz schnell aus seinem Hirn. Schließlich glaubte er nicht an so etwas; er glaubte nur an Macht, und die machte Marduk möglich.

Atherton war in den Slums von Djakarta geboren worden. Schon als Kind war er ehrgeizig gewesen, wartete draußen vor den Türen der glänzenden Hochhäuser in der Innenstadt und bat die Männer in ihren dunklen Anzügen, ihnen dienen zu dürfen. In jenen Tagen war das Ölgeschäft in Djakarta das einzige, und einsame Geschäftsleute aus dem Westen wollten nur eins – Frauen. Also wurde der kleine Atherton Vermittler zwischen den Ölmännern und den Zuhältern der Stadt. Das war ein Anfang. Eines der Mädchen hatte ihm den Namen Atherton gegeben, und er selbst hatte Spleek dazugefügt. Er hatte es im Fernsehen falsch verstanden; er meinte eigentlich Spock, aber so war er nun Atherton Spleek.

Marduk liebte Atherton, denn der war total kontrollierbar. Trotz der Stellung, die Atherton in der Welt erreicht hatte, war er innerlich leer und ausgetrocknet, und er kannte nichts anderes als Gehorsam gegen seinen Meister Marduk. Atherton bemerkte die Mädchen, die auf Knien herumrutschten. Ein netter Anblick, dachte er. Ich muß das in meinen Pariser Büros auch mal einführen.

»Berichte mir deine Neuigkeiten, Atherton«, befahl Marduk.

Atherton nippte an dem russischen Wodka, und das Zittern seiner Hand war kaum zu sehen. »Meister, alles klappt wunderbar. Die Kabel-Gesellschaften sind bereit, mit den Telefongesellschaften zu fusionieren, und die Glasfasernetze sind fast fertig.«

Marduk baute ein neues elektromagnetisches Gitter unter der Erde, um seine Herrschaft für den Fall zu sichern, daß irgend so ein dummes Raumschiff der Föderation seine Satelliten abschießen sollte. Das allseits bekannte Gesetz der Nichteinmischung war ja eigentlich in Kraft, aber wie man es auszulegen hatte, das wurde von den Rechtsgelehrten in der ganzen Galaxis noch debattiert. Marduk selbst hatte das Gesetz in zahllosen Fällen gebrochen, und er traute seinem Vater Enki genauso wenig wie sonst jemandem in der ganzen Föderation. Und da waren natürlich auch noch sein Großvater Anu und sein Onkel Enlil. Marduk wußte nur zu gut, daß sie hinter ihm her waren; irgendwie schmiedete seine ganze Familie Ränke gegen ihn.

Als Marduk die Erde eingenommen hatte, hatte er auch Nibiru erobert. Nibiru hatte Anu gehört, und die Erde war Anus Söhnen, Enki und Enlil, zugesprochen worden. Marduk hatte alle überrascht, als er mit der geballten Kraft seiner geklonten Armeen das ganze plejadische Sternsystem erobert hatte. Jahrhundertelang hatte er diese Kampftruppen auf einem geheimen Planeten herangezüchtet. Niemand hatte davon gewußt bis es zu spät war, ihn aufzuhalten. Jetzt gab es niemanden mehr, der ihm noch die Stirn bieten konnte, abgesehen von der Föderation selbst. Und was den Versuch betraf, die Erdlinge auf genetischer Ebene selbst zu befähigen, da konnte Marduk nur drüber lachen. Es war eine absurde Idee, daß irgend eines dieser versklavten Menschenwesen sich gegen ihn auflehnen würde. Es war einfach zu lächerlich, und er verschwendete keinen Gedanken darauf.

Die Hexe Inanna haßte er, und er dachte an den Tag seiner Gerichtsverhandlung vor so langer Zeit. Die ganze Familie von Anu hatte sich versammelt, um über Marduk zu richten. Er war angeklagt, seine Grenzen überschritten und seinen eigenen Bruder Dumuzi ermordet zu haben, der mit jenem ehrgeizigen Weib Inanna verheiratet war. Marduk wußte, daß Inanna über Ägypten herrschen wollte und ihren schwächlichen Gatten dahingehend beeinflußte. Es hatte Marduk nicht das geringste ausgemacht, seinen Bruder abzuschlachten. Aber es hatte ihm durchaus etwas ausgemacht, als Inanna vorschlug, ihn in der Großen Pyramide lebendig zu begraben, und die übrige Familie einwilligte.

Selbst jetzt noch konnte Marduk den harten Klang der riesigen Steine hören, als sie an ihren Platz fielen und ihn in dem Grab einschlossen. Die Pyramide war ein so ausgezeichneter Aufbewahrungsort, und es hätte Ewigkeiten gedauert, bis er an Hunger und Durst gestorben wäre. Die Wut und der Zorn dieses Erlebnisses hatten Marduks Wesen verändert. Nach diesem Tag war er nicht mehr derselbe. Das inbrünstige Bitten seiner Frau und seiner Mutter hatten seinen Vater Enki dazu gebracht, Inanna zum Einlenken zu veranlassen. Inanna hatte eingewilligt, Marduk freizulassen, wenn er sich bei ihr entschuldigte. Und um dem Unrecht eine tiefe Verletzung hinzuzufügen, mußte Marduk in Inannas Tempeln noch Opfer bringen! Später hatte Marduk diese Tempel mit tiefer Befriedigung zerstört und die Priesterinnen umgebracht.

Marduk hatte gewonnen; wieder und wieder hatte er Inanna geschlagen. Er hatte Freude an der fortwährenden Unterdrückung und Herabwürdigung der Frauen auf dem ganzen Planeten gefunden, und mit dem Aufkommen der elektronischen Massenmedien war das noch leichter geworden. Marduk dachte fröhlich an all die Frauen auf dem Planeten Erde, die am Fernseher klebend auf ihren Sofas saßen und sich vergeblich wünschten, so schön oder reich zu sein wie die Kunstmenschen, die ihnen jeden Tag vorgeführt wurden. Sie wünschten sich etwas, was sie niemals glücklich machen würde, und das brach ihren Geist und sog die Lebenskraft aus ihnen heraus. Es war alles so befriedigend für Marduk, all diese schwülstigen Seifenopern, all diese verzweifelten Seelen. Er liebte das!

»Sag mir, Atherton, sind die Pläne für mehr Home-Shopping-Kanäle umgesetzt?«

»Ja, Meister. Bis zum Jahr 2006 wird das halbe Programmangebot völlig auf den Konsum ausgerichtet sein. Die Leute werden für immer weniger Geld immer härter arbeiten, und sie werden immer mehr Dinge haben wollen, Dinge, die sie sich nie leisten können.«

»Wie erfreulich!« rief Marduk aus. Manchmal konnte er einfach nicht anders, als von seinem Genie einfach ergriffen zu sein. »Und wie geht es mit der Veränderung der Zeitwahrnehmung voran?«

»Es ist, wie ihr befohlen habt, Meister. Die Menschen haben für alles immer weniger Zeit. Sie haben keine Zeit für ihre Familien, und die Kinder werden immer empfänglicher für unsere Techniken der Gehirnwäsche. Die Kinder wollen schon alles haben, was sie auf dem Bildschirm sehen, ohne dafür arbeiten zu müssen. Und am allerbesten: Niemand hat Zeit zu denken oder Fragen zu stellen.«

Mit einem ruhigen Nicken drückte Marduk seine Zustimmung aus. Dann befahl er Atherton aufzustehen und sich vom Tisch zu entfernen. Atherton zitterte; eine Welle des Ekels erfaßte ihn. Einer der Leibwächter kam herbeigeschlendert und richtete seine Plasmawaffe direkt auf seinen Unterleib. Ein Energiestrahl ließ Athertons Beine auf der Stelle verdampfen, und er fiel bewußtlos zu Boden. Marduk lachte hysterisch. »Nun, Atherton, möchte ich, daß du niemals auf die Idee kommst, selbst Macht zu haben. Du bist ganz und allein mein Sklave. Vergiß das niemals. Ich kann dich innerhalb einer New Yorker Minute töten und klonen. Also sei klug!«

Die Türen des Speisezimmers öffneten sich und ein Team von Chirurgen trat ein, um Atherton mitzunehmen und seine verschwundenen Beine zu ersetzen. Marduk war sicher, dieser Schwächling hatte seine Lektion gelernt. Atherton machte einen hilflosen Versuch, sich zu verbeugen, als er hinausgefahren wurde.

Marduk rief nach dem Lunch. Es war eine Schande, daß Atherton nicht an dem schmackhaften Mahl teilhaben konnte, das bereitet worden war. Grinsend schob Marduk sich einen ganzen mit Schokolade überzogenen, geschmorten Jungfasan in den Mund, mit Haut und Knochen.

HERR RICHTIG

Inanna erwachte aus einem entsetzlichen Traum; ihre Schutzdrachen sahen sie fürsorglich an. Ihr träumte, sie sei ganz mit Schokolade überzogen und dieser garstige Marduk war drauf und dran, einen Bissen zu probieren. Inanna erschauerte. Sie erhob sich aus ihrem Bett und rief Melinar in ihr Bewußtsein. Melinar schwebte im Raum und sendete tröstende Frequenzen aus, bis Inanna und ihre Drachen wieder ruhig waren. Es war gut, in diesen Zeiten einen Freund zu haben. Inanna goß sich etwas arkturischen Branntwein ein. Es war ein bißchen früh, aber es fühlte sich gut an, als er in ihrer Kehle hinabglitt und ihren liebreizenden blauen Körper überall durchwärmte.

Heute war der Tag, an dem Inanna und Enki an einem Treffen der Intergalaktischen Föderation teilnehmen würden. Inanna war aufgeregt, nicht nur wegen der Dringlichkeit ihrer Botschaft; insgeheim hoffte sie auch, den mysteriösen Fremden wieder zu treffen, dem sie bei der letzten Zusammenkunft begegnet war. Sie schaute die Kleider entlang, die in ihrem Schrank hingen, und fragte sich, was sie anziehen sollte, um die Aufmerksamkeit eines solchen Mannes zu erregen.

Inanna wußte überhaupt nichts von diesem Fremden, außer daß sie noch nie jemanden wie ihn gesehen hatte. Ihn umgab eine Aura der Kraft und der stillen Würde, und das verstärkte noch seine körperliche Schönheit. Es gab in Inannas Familie niemanden, der ihm gleichkam, nicht einmal Anu oder Enlil. Er war hochgewachsen und hatte langes, glattes, silbernes Haar und Augen so schwarz wie der Nachthimmel, Augen, in denen der Schalk saß. Inanna kam es vor, als seien da Diamanten in jenen dunklen Augen, und sie wollte mehr über diesen Mann wissen.

Ihr fielen seine Hände wieder ein. Sie waren ganz sanft, mit langen, feingliedrigen Fingern, und doch hatten sie keine Spur von Schwäche. Inanna hatte gedacht, hier war ein Mann, der nicht vom Auf und Ab des Lebens besessen war. Er war ins Tiefste leidenschaftlich, aber seine Leidenschaft überwältigte ihn nicht. Sein Gesichtsausdruck sagte ihr, daß er den Spaß im Leben und seinen endlosen Veränderungen sah, daß das Leben selbst ihn erfreute und er Mitgefühl für alle Wesen hatte, auf welcher Stufe ihrer Entwicklung sie sich auch befanden. Inanna spürte, dieser Mann wußte, daß er ein Teil allen Lebens war, und aus diesem Wissen heraus liebte er das Leben in all seinen unendlichen Teilen.

Inanna überlegte, ob sie sich wirklich schon genug geändert hatte, um diesmal seine Aufmerksamkeit auf sich zu ziehen. Hatte er sie bei der letzten Zusammenkunft überhaupt angeschaut? Inanna konnte nichts zum Anziehen finden. Nachdem sie sich gehörig aufgeregt und mehr als ein Stück auf den Boden geworfen hatte, entschied sie sich für etwas Zurückhaltendes und Geschmackvolles, und das war selten genug in Inannas Garderobe.

Inanna konnte das Herannahen von Enki auf seinem Drachen spüren, und dann fühlte sie bald die Anwesenheit von zwei anderen, Anu und Enlil. Enlil machte Inanna immer etwas unruhig. Sie hatte stets den Eindruck, er beurteile sie hart und war nicht so recht einverstanden mit dem, was seine kleine Enkelin tat. Aber sie war immer hoch erfreut, Anu zu sehen. Inannas Name bedeutete »Geliebte von Anu«, und es war immer so gewesen, daß Anu seine Urenkelin liebte.

»Mein süßes Mädchen, ich freue mich so, dich wiederzusehen!« Anu herzte Inanna, als ihr Tränen in die Augen traten. »Ich bin sehr stolz auf dich, daß du dich so eifrig bemühst, den Erdlingen zu helfen. Wir haben uns alle verändert seit den alten Zeiten, nicht wahr, meine Kleine?«

»Anu, wie ist es dir ergangen? Erzähle mir deine Neuigkeiten.« Inanna verbeugte sich anmutig vor Enlil und fragte nach ihrer Mutter Ningal und ihrem Vater Nannar, dem Sohn von Enlil.

Enlil und Anu hatten ihre Streitkräfte im Exil in einer Galaxis in der Nachbarschaft zusammengezogen und beobachteten mit großem Interesse das Experiment, die multidimensionalen Selbste in das Raum-Zeit-Kontinuum der Erde zu projizieren. Inanna und Enki waren nicht die einzigen Familienmitglieder, die sich an diesem Vorhaben beteiligten. Die Familie hatte endlich die Wahrheit erkannt: Dies war ihre einzige Hoffnung, um eine andere Wirklichkeit zu schaffen, in der die menschliche Spezies frei sein konnte von der Tyrannei durch Marduk, einen aus ihrer Familie.

Kürzlich hatten Anu und Enlil sich den Ätherischen auf ihren Raumschiffen angeschlossen, die die Erde umkreisten, und sie warteten geduldig auf die Transformation in der DNS der menschlichen Spezies und schützten den Planeten vor Marduks Räubern und anderen fremden Piraten. Die Ätherischen hatten sich verpflichtet, die Erde zu schützen, um der menschlichen Art die Gelegenheit zu geben, ihre verborgenen Gene zu aktivieren und dem Rat zu beweisen, daß sie tatsächlich die Phase des Heranreifens durchlaufen hatten, die alle Rassen zu bestehen hatten, und daß sie bereit waren, für sich selbst verantwortlich zu sein und ihren Platz als Gleichberechtigte im Universum einzunehmen.

Das war eine gewaltige Aufgabe, dachte Inanna, besonders mit Marduk, der jeden Versuch vereitelte, den die Familie in Bezug auf die Menschen unternahm. Bestimmt hatte Marduk alles getan, was nur möglich war, um ihre Pläne zu durchkreuzen. So viele ihrer inkarnierten Selbste waren in seine Falle geraten und hatten ihren Weg verloren. Konnte es wirklich sein, daß die kleine Gracie Inannas letzte Hoffnung war? Sie mochte nicht lange darüber nachdenken; es war zu schrecklich.

Inanna, Anu, Enki und Enlil schritten in das Zeitportal und begaben sich zur Halle der Föderation. Melinar begleitete sie als Teil von Inannas Bewußtsein. Die Halle war genauso, wie Inanna sie in der Erinnerung hatte – eine gewaltige gewölbte Decke, die den Blick in die Galaxis freigab. Der Anblick war atemberaubend.Der Himmel ist noch schöner als meine Edelsteine, dachte sie bei sich; das wäre ein Spaß, mit den Sternen zu spielen! Die Halle war mit der üblichen riesigen Ansammlung von Wesen aller möglichen Abstammungen bevölkert. Die Ätherischen traten ein und nickten Anu und seiner Familie zu. Die Versammlung konnte beginnen.

Aus dem Augenwinkel erspähte Inanna *ihn,* wie er allein ruhig die Halle betrat. Er war genauso, wie Inanna ihn in der Erinnerung hatte. Seine Schönheit rührte von einer tief in ihm ruhenden Quelle und bezauberte ihr ganzes Sein. Er war alles, was sie nur zu gerne sein würde, anmutig und freundlich und doch stark und wissend. Inanna setzte sich aufrecht und versuchte, nicht aufzufallen. Wenn er bloß an einem Platz sitzen würde, wo sie ihn gut sehen konnte. Zu ihrer Freude betrat er die Empore und setzte sich an die Seite der Ätherischen. Inanna beruhigte ihren Atem. Ihr Herz schlug viel zu schnell, aber er war so wunderbar.

Ein sehr großer, feingliedriger Ätherischer erhob sich und wandte sich mit Klängen an die Versammlung, die im Geist der Anwesenden zu sinnvollen Sätzen wurden, welche Sprache oder welchen Dialekt sie auch sprachen. Der Rat stellte klar, daß er das Gesetz der Nichteinmischung weiter aufrecht erhielt und dabei die Aktivitäten der Familie von Anu genau verfolgte, besonders Marduks Unternehmungen. Bisher hatte sich nicht viel geändert. Das Ende des Jahres 2011 war weiterhin der vereinbarte Termin, zu dem die Frage der Herrschaft über die Erde entschieden werden sollte. Wenn genügend von der menschlichen Rasse von ihren verborgenen genetischen Möglichkeiten überzeugt werden und ihre Abhängigkeit von den Tyrannen abschütteln konnten, dann würde sich eine andere Erde ganz von selbst bilden und diesem neuen Bewußtsein Ausdrucksmöglichkeiten eröffnen. Die Menschen, die unter der Herrschaft von Marduk und seinen Tyrannen zu bleiben wünschten, würden ihrem Schicksal überlassen werden, vielleicht um zu einer anderen Zeit in einer möglichen Zukunft unabhängig zu werden.

Der Rat fragte, ob unter den Anwesenden jemand zugunsten der Erdlinge sprechen oder dem Gericht neue Erkenntnisse vortragen wollte. Inannas Gedanken rasten. Was konnte sie sagen? Daß Olnwynn von seinem eigenen Sohn erschlagen worden war, daß Atilar eine junge Priesterin vergewaltigt hatte, daß Chandhroma im Harem vergiftet worden war. Es hörte sich nicht gut an, kaum sehr vielversprechend. Die Erde war so schwer zu erklären; sie war so dicht und verwickelt wegen ihrer vielfachen Polaritäten. Sie spürte, wie ihr Mund trocken wurde, aber sie erhob sich, um zu sprechen.

Sie konnte sich nicht vorstellen, was über sie gekommen war oder was sie eigentlich sagen wollte. Aber eine Kraft hatte sie auf die Füße gestellt und legte ihr Worte in den Mund. Es war Olnwynn. Irgendwie hatte er vorübergehend die Herrschaft über ihr Bewußtsein gewonnen, und zum Guten oder Schlechten würde er jetzt durch sie zum versammelten Rat sprechen.

»Ich möchte für die Erde und seine Menschen sprechen«, begann Olnwynn. »Es mag sein, daß es für euch schwer zu verstehen ist, wie das Leben auf der Erde beschaffen ist. Ihr habt niemals in einem grünen Wald gesessen und dem Wind gelauscht. Ihr habt die goldene, stille Sonne nicht über den majestätischen Bergen aufgehen sehen oder dem Flügelschlag eines kleinen Kolibri zugehört, wie er Nektar trinkt aus einer Rose. Die Menschen sind sich vieler Dinge nicht bewußt, soweit ich es sehen kann, aber sie sind eurer Beachtung wert und es wert, gerettet zu werden. Habt ihr niemals ein hilfloses Baby in euren Armen gehabt, vielleicht euren eigenen Sohn, und den Wunsch, es zu schützen?«

Melinar stieß Olnwynn beiseite und fuhr jetzt fort, durch Inanna zu sprechen. »Die menschliche Art ist eine Mischung von allen Rassen, die zur Erde gekommen sind und sich mit den Lebensformen vermählt haben, die da waren. Sie sind ihr; sie tragen die Samen von vielen der Erblinien in sich, die im ganzen Universum existieren. Wenn ihnen die Gelegenheit gegeben wird, wenn man ihnen etwas hilft, dann können sie in der Tat ganz wunderbar sein. Ich möchte die Ätherischen bitten, das Frequenzband der *Welle* zu erweitern.«

Der Begriff *Welle* umschrieb ein Frequenzband, das die Ätherischen zum Planeten Erde schickten. Es vermittelte Energien der Wahrheit und Erleuchtung; es enthielt die Kraft, die schlummernden Gene zu wecken. Wenn die schlafenden Menschen sich nur aus ihrer Einbildung, eingeschränkt zu sein, erheben und sich dieser *Welle* öffnen würden, dann würde ihre DNS automatisch umgewandelt und sie in Freiheit setzen. Alles, was sie tun mußten, war, die elektronischen Maschinen auszuschalten, die Marduks Frequenznetz abstrahlten, und den Geräuschen der Natur lauschen, dem Klang des Waldes, dem Singen der Flüsse und dem Flüstern des Windes.

Inanna erzählte dem Rat Gracies Geschichte. Sie vermittelte ihm die Hoffnung, daß Gracie vielleicht gewisse Entscheidungen traf und das sehr bald. Inanna wußte, das war etwas übertrieben und sie stellte es besser dar, als es war, aber das war ihre einzige Chance. Vielleicht bewegte Gracies Geschichte die Ätherischen, die Stärke der *Welle* zu erhöhen.

Inanna schloß, indem sie sagte, daß sie die Erde und ihre Bewohner wahrhaft liebe, und daß sie und ihre Familie alles in ihrer Macht stehende taten, den tyrannischen Manipulatoren einen Strich durch die Rechnung zu machen. Sie beschwor den Rat, weiter seine Unterstützung zu gewähren. Dann dankte Anu den Ätherischen für den Schutz der Erde und für das Asyl, das sie jetzt Anu und seinem Sohn Enlil gewährten.

Jeder im Rat verstand, daß mehr auf dem Spiel stand als bloß das Schicksal der Erdbewohner. Es wurde auch verstanden, wie sehr die Selbstbefreiung der Menschen den Druck der Tyrannei, die das ganze plejadische Sternsystem überzog, verringern würde. Dann könnten Anu und Enlil in der Zeit zurückkreisen und die Führer der zahlreichen plejadischen Welten befreien und bei der Befreiung ihrer Heimat von Marduk, seinen tyrannischen Klonen und den Kriegerhorden mithelfen.

Es war Zeit für eine Verschiebung des Gleichgewichtes im Universum. Die Kräfte des Lichtes waren auf dem Sprung, die Kräfte der Finsternis für eine Weile zu besiegen. Es war das Ende des Kali Yuga, das Ende einer Spielperiode im Geist des Urschöpfers.

Auf dem Heimweg dachte Inanna über »ihren« Mann nach, fragte sich, ob er sie wohl bemerkt hatte. Hatte er zugehört, als sie sprach? Oh, wie kam sie bloß an jemanden wie ihn heran? Melinar kicherte und blitzte sein Glänzen vor ihr inneres Auge, aber er sagte kein Wort. Er verwahrte Inannas Zukunft an einem geheimen Ort. Im Augenblick sollten sie sich lieber um Gracie kümmern.

EIN SCHWARZER
HUBSCHRAUBER

Gracie betrachtete aus ihrer kleinen Blockhütte den sternübersäten Himmel. Das Feuer glühte warm, und zu ihren Füßen zusammengerollt träumten die Hunde. Manchmal zuckte eine Pfote dabei. Gracie hielt den Atem an, als prachtvoll eine Sternschnuppe über den Nachthimmel schoß. Sie versuchte sich zu erinnern, was das bedeutete; war es ein glückverheißendes Zeichen? Sie konnte nur an unidentifizierte Flugobjekte denken. 1975 hatte Gracie am Mount Shasta selbst ein Ufo gesehen. Nicht daß es etwas Außergewöhnliches war, am Mount Shasta Ufos zu sehen; die Leute sahen sie dort häufig. Aber Gracie hatte ihr Schiff in hellem Tageslicht gesehen, und die Erinnerung daran ließ sie nicht los.

Damals war Gracie mit einigen Freunden wandern gegangen und hatte sich dann von ihnen entfernt. Sie hatte zu dem wunderbar blauen Himmel hinaufgeschaut und eine große zinnfarbene Scheibe gesehen, die über ihr schwebte. Statt erregt zu sein, hatte Gracie furchtbare Angst bekommen; ein Adrenalinstoß war ihr durch den ganzen Körper gefahren. Im selben Augenblick war das Schiff senkrecht emporgestiegen und verschwunden. Gracie war zu ihren Freunden gelaufen und hatte gekeucht: »Habt ihr es gesehen? Habt ihr es gesehen?« Aber niemand hatte irgend etwas gesehen. Nur Gracie hatte an jenem Tag das Ufo gesehen. Sie konnte dieses Mysterium weder vergessen noch lösen, und seither verfolgte es sie.

Natürlich hatte sie jedes Buch gelesen, das sie über Ufos und die Erfahrungen, die andere Menschen mit ihnen gemacht hatten, finden konnte, aber es hatte wenig genützt. Viele versuchten auch, Gracie das Erlebnis auszureden, und meinten, sie habe nur eine lebhafte Vorstellung gehabt, aber Gracie wußte, was sie an jenem Tag gesehen hatte, und niemand konnte sie vom Gegenteil überzeugen.

Noch merkwürdiger waren die Bilder, die Gracie schon Jahre vor ihrer Ufo-Sichtung gemalt hatte, da war sie kaum sechzehn. Das Bild zeigte eine Gruppe von Wesen, die genau so aussahen wie die grauen Außerirdischen, die später häufig von vielen Leuten gezeichnet wurden, die behaupteten, sie gesehen zu haben oder von ihnen obduziert worden zu sein. Gracie war erschrocken, als sie die grauen Außerirdischen, die sie auch gemalt hatte, zum ersten Mal in einem populären Film gesehen hatte, und später erschienen sie auf dem Umschlag eines vielverkauften Buches. Gracie konnte sich nicht daran erinnern, jemals obduziert worden zu sein wie viele andere, obwohl sie versuchte, solche Erinnerungen zu finden; auch konnte sie keine Furcht vor diesen kleinen grauen Freunden empfinden. Seltsamerweise waren alle Bilder, die Gracie in dieser Periode gemalt hatte, gestohlen worden. Es war sicherlich ihre beliebteste Serie gewesen.

Sie merkte, daß ihre Augen vom Blick in die Sterne müde geworden waren und schloß sie. Da sah sie mit ihrem inneren Blick, wie sie durch den Weltraum flog. Galaxien zischten an ihr vorbei; oder war es andersherum? Gracie spürte, wie sich einem ganz bestimmten Planeten näherte. Die Farben waren sehr eigenartig, eher wie surrealistische Computeranimation und bestimmt nicht wie irdische Farben. Der Planet war eine Wüste, ohne Leben oder Lebewesen, und Gracie ermüdete die anmutig einsame Landschaft bald.

Als sie wieder in den Weltraum flog, hatte sie das Gefühl in etwas zu sein, was ihr wie ihr eigenes Schiff vorkam. Da war ein verstellbarer Liegestuhl und ihm gegenüber eine Art Armaturenbrett, aber alles war dunkel und nur schwach von innen erleuchtet. Das Schiff schien einfach nur Gracies Gedanken zu gehorchen, und das Wesen, zu dem sie geworden war und das dieses Schiff steuerte, wußte genau, wie es das Schiff mit seinem Geist beherrschen konnte.

Dann verschwand das Schiff als materielles Objekt auf unerklärliche Weise, und ohne Anstrengung bewegte sich ihr Bewußtsein durch den Raum, um einen anderen Planeten zu erforschen. Dieser Planet war von ähnlicher Farbe, aber es gab große Teiche mit Flüssigkeit und mit Wesen, die sich aus diesen Teichen bildeten. Die flüssigen Wesen waren sehr nett und freundlich. Gracie hatte das Gefühl, eine lange Zeit dort bleiben und von ihnen lernen zu können.

Gracie hörte eine Stimme in ihrem Kopf: »Es sind die Flüssigkeiter!« Atilar hatte sich von Gracies Abenteuer anziehen lassen, denn dieser Planet war einer seiner liebsten. Er lächelte Gracie an und nickte seinen Freunden, den Flüssigkeitern, zu und stellte sie einander vor. Das war mehr als Gracie fassen konnte. Mit einem Ruck setzte sie sich auf und scheuchte dabei ihre Hunde auf. Als sie sich wieder gefaßt hatte, beschloß sie, daß es Zeit sei ins Bett zu gehen und etwas zu schlafen. Manchmal war es ihr einfach zu unheimlich, und sie kam nicht mehr klar.

Gracie ging zu ihrem kleinen Bett hinauf und kuschelte sich in die warmen Decken. Fürsorglich kam Olnwynn hinzu. Er schimpfte mit Atilar, das arme Mädchen überfordert zu haben, und dann setzte sich der große Keltenkrieger an das Fußende von Gracies Bett zwischen die beiden jungen Hunde, um die Nacht über Wache zu halten.

Marduk ließ sich auf dem türkisblauen Wasser seines Schwimmbeckens in Sri Lanka treiben. Er liebte diese Insel im Indischen Ozean besonders, weil sie, als sie noch Ceylon hieß, die Heimat des Raksasa-Dämonen

Ravanna war, der Rama und Sita in früheren Zeiten so große Schwierigkeiten bereitet hatte. Bei der Erinnerung daran lächelte Marduk, wobei er einem selten Tropenvogel nachsah, der über den Himmel flog. Er liebte Sri Lanka auch, weil es ein Krisenherd war wie der Nahe Osten, Nordirland und jüngst auch Ägypten. Alle diese unruhigen Gegenden versorgten Marduk und seine Streitmacht mit köstlicher Speise, denn die nährten sich von Angst und Verzweiflung.

Ein Diener, es war so ein Kunstmensch, betrat Marduks Garten. »Sir, da kommt etwas über den Scanner, von dem ich Euch wohl berichten muß. Es gibt Anhaltspunkte für interdimensionales Bewußtsein bei den Erdlingen.«

»Was?« Marduk schrak von seiner Luftmatratze hoch und warf dabei sein französisches Martini-Kristallglas um. »Folgen Sie mir zum Scanner-Raum«, befahl er.

Marduk führte den Androiden in den Scanner-Raum hinab; niemand wagte es, Marduk irgendwohin zu führen. Der Scanner befand sich in dem unterirdischen Kommunikationszentrum, einem von vielen, die Marduk gebaut hatte. Er hatte die unterirdische Architektur zu einer Kunstform erhoben. Seine neuen Tunnelbohrmaschinen, die auf dem neuesten Stand der Technik waren, ließen die alten Tunnel der Schlangenleute im Vergleich dazu roh und armselig aussehen. Marduks Tunnel waren unübertrefflich und mit einem Material überzogen, das genau wie feinster italienischer Marmor aussah, aber ein weites Lichspektrum und elektromagnetische Frequenzen abstrahlte.

Der Scanner-Raum war mit einem Schreibtisch aus der Zeit Ludwig XIV. möbliert, der mit echtem Gold verziert war, und einem passenden Thronsessel. Antike Sänften aus China waren an der Nordwand aufgereiht und ein Perserteppich bedeckte den Lapislazuli-Fußboden. Auf dem Scanner blinkte ein Licht, das anzeigte, wo das interdimensionale Bewußtsein aufgetreten war: Verlorener Berg im pazifischen Nordwesten.

Marduk war wütend. Das neue Bewußtsein war erst in seinem Anfangsstadium, aber Marduk wußte, er mußte es auf der Stelle auslöschen, bevor es sich verbreitete und wie ein scheußliches Krebsgeschwür auf andere übergriff. Wenn die Menschenwesen erkannten, daß es noch andere Dimensionen und andere Lebensformen gab, dann konnte sich ihr Gehirn möglicherweise über die armeseligen zehn Prozent ihrer bisherigen Kapazität ausdehnen und nicht mehr beherrscht werden. Und es war Herrschaft, für die Marduk und *von der* er sogar eigentlich lebte.

Marduk schickte einen Hubschrauber zum Verlorenen Berg, der die Gegend fotografieren und gleichzeitig den dort lebenden Menschen erschrecken sollte; am besten so sehr, daß dieser Mensch gleich wieder in die Stadt zog, wo die elektromagnetischen Frequenzen stärker und durchdringender waren und er wieder in den Überlebenskampf zurückfiel, der dieses keimende Bewußtsein zerstörte.

Gracie erwachte. Ihre Hunde bellten wie wild. Durch das Schlafzimmerfenster schien ein Lichtstrahl auf Gracies Bettdecke. Das Licht stammte von einem Hubschrauber, der mit großem Getöse vor Gracies Fenster hing. Sie sprang aus dem Bett und rannte die Treppe hinunter. Was um alles in der Welt war das?

Da war er – ein großer schwarzer Hubschrauber, und einen solchen wie diesen hatte sie noch nie gesehen. Er war glatt, unheilvoll und bedrohlich, wie aus einem Science-Fiction-Roman entsprungen, und seine Schwärze wirkte durch die aerodynamische Form noch finsterer.

Die schwarze Maschine suchte mit ihrem Scheinwerfer weiter Gracies kleine Blockhütte ab. Einen Augenblick wünschte sie, sie hätte ein Gewehr oder irgend eine Waffe, um sich zu verteidigen. Oh ja, Gracie, dachte sie, das würde auch eine Menge nutzen. Wer mit einem solchen Hubschrauber hierherkam, hatte natürlich weit überlegene Waffen, mindestens M-16er. Gracie zwang sich, tief durchzuatmen.

Der Hubschrauber flog das Tal ab, in dem Gracie praktisch allein lebte. Mit einem starken Infrarotlicht untersuchte er eine verlassene Scheune und einen Hühnerstall, die unten an der Straße lagen.

Endlich, nachdem er noch einmal mit seinem Scheinwerfer in die Hütte gestrahlt hatte, flog der gräßliche Hubschrauber davon, scheinbar nach Norden. Zu diesem Zeitpunkt war das für Gracie schwer zu sagen. Sie setzte sich erschöpft hin und versuchte, die Hunde zu beruhigen. Es war jedenfalls Zeit für einen Schluck Wein.

Als Gracie um ihre Hütte herumrannte, lenkte Olnwynn Inannas Aufmerksamkeit auf den schwarzen Hubschrauber.

»Marduk!« rief Inanna aus. »Der hat Nerven. Wenn der Gracie auch nur ein Haar krümmt, dann habe ich ihn vor dem Rat bevor er noch blinzeln kann. Was würde ich darum geben, mein Plasmagewehr auf seine perfekte Nase richten zu können!«

Melinar gebot Inannas Gedankenformen Einhalt. »Inanna, meine Liebe, wir sind in einem Entwicklungsprozeß. Es ist kontraproduktiv, wenn du zum jetzigen Zeitpunkt Rachegedanken unterhältst.«

»Ich würde gerne diesen reptilischen Sohn einer Hündin unterhalten... Okay, Melinar, ich werde gut sein. Es ist bloß der Olnwynn in mir.«

Olnwynn lachte. Jetzt gibt sie mir die Schuld, dachte er, wo sie mich doch überhaupt erst geschaffen hat. »Inanna, wir müssen Gracie beschützen«, drängte Olnwynn.

Inanna ging zu den Bildschirmen und schickte einen Ruf an Anu, der mit Enlil wieder in den Raumschiffen der Ätherischen war. Atilar fand das alles sehr interessant, und als er das ätherische Mutterschiff in Inannas Bewußtsein kommen sah, projizierte er sich voll Erregung mit an Bord. Er stand augenblicklich neben Anu und Enlil im Kommunikationsraum, als sie über den Vorfall mit dem Hubschrauber unterrichtet wurden.

»Atilar, was tust du?« rief Inanna.

Anu antwortete für Atilar: »Oh, erlaube es ihm, zu bleiben. Ich hatte mir gewünscht, mit einem deiner multidimensionalen Selbste sprechen zu können, Inanna, und dieser hier scheint ganz passend zu sein. Mache dir um Gracie weiter keine Sorgen. Ich werde sofort für ihren Schutz sorgen. Wir werden nicht zulassen, daß dieser Schuft zerstört, was vielleicht unserer letzte Hoffnung ist, auch wenn er mein Enkel ist.«

»Oh, Anu, sag nicht so etwas, *letzte Hoffnung*. Es sind doch wohl auch die multidimensionalen Selbste von Enki, Ninhursag oder von einigen anderen nahe dran, die göttlichen Gene zu aktivieren?« seufzte Inanna.

»Naja, es scheint eine Frage der Synchronizität und Synergie zu sein, meine Liebe. Wenn nur eines aufwacht, dann werden auch die anderen, die es wünschen gleichzeitig erwachen. Die Transformation ist wechselseitig verbunden. Alle Menschen sind verbunden, und daher ist jeder Teil der anderen. Alle sind für unsere Mission lebenswichtig.«

»Du fehlst mir, Anu. Sag meiner Urgroßmutter Antu ganz liebe Grüße. Ich lege jetzt auf. Laßt euch von Atilar nicht stören.«

Anu wandte sich mit seiner ganzen Majestät und Schönheit seinem Sohn Enlil zu. Die beiden waren sich so ähnlich, daß sogar Enlils Haar grau zu werden begann wie Anus. Es war für beide Führer eine schwere Zeit gewesen. Anu hatte Nibiru verloren und Enlil die Erde. Die beiden, Vater und Sohn, hatten die letzten Jahrhunderte damit zugebracht, eine Armee von Abtrünnigen zu sammeln, um das plejadische Sternsystem Marduk und seinen Tyrannen zu entwinden. In Zusammenarbeit mit dem Rat und vielen plejadischen Führern, die auch im Exil waren, planten sie ihre Rückkehr. Aber zuerst mußten die Wunden, die die Familie von Anu der Erde beigebracht hatte, geheilt werden.

Sowohl Anu als auch Enlil und Enki und die anderen waren genötigt gewesen, in sich zu gehen. Sie mußten mit der jugendlichen Stufe ihrer Evolution abschließen, und sie mußten sich gehörig ändern, um das tyrannische Wesen abzustreifen. Anu und Enlil gingen zur Tür und winkten Atilar, ihnen zu folgen, um ihn den Ätherischen vorzustellen.

DAS MUTTERSCHIFF

Anu und Enlil, gefolgt von Atilar, betraten den Konferenzraum in der Mitte des Mutterschiffs. Um den großen ovalen Tisch herum saßen drei Ätherische: der Kapitän, der Chefingenieur und der oberste Nachrichtenoffizier. Atilar staunte über die Körper der Ätherischen. Auf den ersten Blick schienen sie fest zu sein, aber bei genauerem Hinsehen wurde offenbar, daß sie in Wirklichkeit durchscheinend, wenn nicht gar durchsichtig waren. Die äußere Erscheinung ihrer Gestalt könnte manals Moleküle beschreiben, die in unterschiedlicher Geschwindigkeit vibrierten und somit unterschiedliche Dichtegrade darstellten. Es war, als könnten die Ätherischen ihre Lebensfrequenz jederzeit ändern und sich an jede Schwingungsebene anpassen. Die Ätherischen waren die schönsten Wesen, die Atilar je gesehen hatte. Ihre klare und edle Klugheit gab ihren Gesichtern eine organische Schönheit, wie sie keinem Menschen eigen war, nicht einmal Atilars unglücklicher Priesterin.

Das Innere des Schiffes war sauber, vornehm und bis ins letzte funktional. Das Licht kam aus den Wänden selbst. Hier waren Technologie und Kunst auf das vollkommenste vermählt; Atilar hatte nie dergleichen gesehen. Das Schiff mußte einen Durchmesser von vielen Meilen haben. Jedenfalls war es viel größer, als es sich auf Inannas Bildschirm ausnahm. Es gab Hunderte, wenn nicht Tausende von Wesen an Bord.

Anu sagte zum Kapitän: »Sir, der Tyrann Herr Marduk hat einen schwarzen Helikopter geschickt, um einem von Frau Inannas multidimensionalen Selbsten Angst einzujagen. Die betreffende Frau hat gezeigt, daß sie in naher Zukunft ihre DNS aktivieren könnte, und sie hat sich viele ihrer anderen Selbste wieder in Erinnerung gerufen, die mit einander wie auch mit Inanna in Verbindung stehen. Ich möchte, daß diesem Treiben ein Ende gemacht wird. Herr Marduk bricht wieder einmal das Gesetz der Nichteinmischung. Ich bitte darum, man möge eine Lichtkuppel über die Gegend des Verlorenen Berges stülpen, und unser Nachrichtenoffizier möge die Frau auf seinem Monitor im Auge behalten. Wir betrachten sie als wertvoll für unseren Umwandlungsprozeß und für die mögliche Zukunft.«

»Ja, natürlich, Anu. Wir werden sogleich nach ihr sehen.« Der Kapitän nickte dem Nachrichtenoffizier und dem Chefingenieur zu, die daraufhin den Raum verließen, um sich um die Schutzkuppel und die Überwachung zu kümmern.

»Wer ist das, der da mit euch gekommen ist?« wollte der Kapitän von Anu wissen.

»Das ist eines von Inannas multidimensionalen Selbsten. Ich glaube, seine Name ist Atilar. Richtig?« fragte Anu.

Atilar antwortete: »Ja, das ist mein Name. Ich komme aus der mittleren Atlantiszeit, vor der Korrumpierung der Macht. Meine Lebenserfahrung besteht im wesentlichen aus denen eines Eingeweihten. Mein ganzes Leben lang habe ich nach Selbstmeisterung gestrebt, und ich habe dabei viel erreicht. Da es mir aber niemals gestattet war zu fühlen, trieb mich dieses Ungleichgewicht dazu, einer jungen Priesterin, in die ich mich verliebt hatte, die Jungfräulichkeit zu nehmen. Dafür wurde ich dann hingerichtet.«

251

Der Kapitän sah Atilar tief in die Augen, und mit größtem Mitgefühl sagte er: »Mein Sohn, so geht das in den Frequenzen größerer Dichte. Die Stärke der stofflichen Ringe der Erde und ähnlicher Planeten führt dazu, daß unausgewogene Erfahrungen begünstigt werden, was oft in Tragödien endet. Es sind diese Welten größerer Dichte, wo der Urschöpfer die Möglichkeit hat zu lernen, sich selbst auf die Probe zu stellen in der gewaltigen Illusion seines Abgetrenntseins. Du mußt wie der Urschöpfer sein. Vergib dir selbst und nimm die Wunderlichkeiten deiner Lebenserfahrung in dir auf. Dann magst du in andere Welten weiterschreiten, um für alle Zeit zu spielen.«

»Aber jetzt«, warf Anu ein, »spielen wir ›befreit die Menschen von ihren Tyrannen‹.«

»Ja, ich fange an zu verstehen.« Atilar fand es herrlich, auf dem Mutterschiff zu sein, und er fühlte sich wundervoll. »Ich würde gerne hier bei euch bleiben und so viel wie möglich lernen. Da ich mich schon viel mit der Feinabstimmung von Kristallfrequenzen beschäftigt habe, bin ich besonders an eurem Schiff und der Technologie der Ätherischen interessiert. Natürlich nur solange die Frau Inanna mich nicht braucht oder mich ruft. Da sie meine Schöpferin ist, möchte ich ihr auf jede erdenkliche Weise behilflich sein.«

Anu schaute den Kapitän an. Es war das Schiff des Ätherischen, und Anu konnte das nicht entscheiden. Aber der Kapitän willigte ein und sagte, es würde interessant sein, einen Menschen von der Erde an Bord zu haben, auch wenn er nicht mehr in Fleisch und Blut inkarniert war. Vielleicht konnten sie alle voneinander lernen, und es war gut, das menschliche Potential bei so einem wie Atilar zu erforschen.

Atilar war sehr glücklich. Er suchte nach Worten für seine Gefühle, aber er fand sie nicht. Das Schiff selbst besaß eine so neue Frequenzebene des Seins, daß es Atilar noch nicht vermochte, Worte zu finden, in die er seine feinsinnigen Gedanken fassen konnte.

Der Kapitän las Atilars Gedanken und sagte: »Du bist einem unserer Dilemmas schon auf die Spur gekommen. Wie verständigen wir uns mit Wesen, deren Frequenz nicht mit derselben Feinheit schwingt wie unsere?«

Die Tür ging auf und ein Mann trat ein, im Arm eine unglaublich schöne Frau. Der Kapitän sagte: »Darf ich vorstellen: Die Herrin des Granats und ihr Mann, Kommandant Naemon. Sie gehören der Familie von Lona an, einer großen Dynastie auf den Plejaden, die das Unglück hatten, von einem erobert worden zu sein, der auch den Planeten Erde mißhandelt, Herrn Marduk. Sie sind aus demselben Grund hier wie ihr, Anu und Enlil, nämlich um den Fortschritt der menschlichen Spezies zu beobachten und wo immer möglich Unterstützung zu gewähren.«

Atilar konnte nicht anders, als die Herrin des Granats anzustarren. In mancher Hinsicht war sie wie seine Priesterin. Ihre Haut war von samtenem weiß, das vor Gesundheit glänzte; ihre Augen waren smaragdgrün. Aber es war ihr Haar, das ihn in Bann schlug. Es war von tiefroter Farbe mit einem Kupferschimmer. Um ihrem Titel gerecht zu werden, war sie mit Granaten behängt; sie umschlossen ihren anmutigen Hals und waren kunstvoll überall auf ihren Kleidern festgenäht. Sie war erstaunlich, und ihr Mann, der Kommandant, war ihrer Schönheit ebenbürtig, stattlich und stark. Es war offensichtlich, daß er sie liebte und bewunderte.

Anu zunickend, den sie offenbar schon kannte, und dann Atilar anschauend sprach die Herrin des Granats: »Wer, wenn ich fragen darf, ist dieses bezaubernde Wesen?« Ein Erdling, auch einer ohne wirklichen Körper, war etwas Außergewöhnliches an Bord des Schiffes und erregte natürlich die Neugier der Dame.

Der Kapitän antwortete: »Das ist Atilar, der kürzlich, vom Planeten Erde kommend, hier eintraf. Er ist einer von Frau Inannas multidimensionalen Selbsten, und er hat darum gebeten, auf dem Schiff bleiben zu dürfen, um zu lernen.«

»Eines von Inannas Selbsten? Oh, wie aufregend«, erwiderte die Dame. »Inanna und ich sind gute Freunde. Früher, als Kind, ging ich oft zu den Festen ihrer Urgroßmutter Antu auf Nibiru. Wir beide, Inanna und ich, waren so phantasiebegabte und abenteuerlustige kleine Mädchen. Wir waren uns in unseren Vorlieben stets ähnlich. Ich mag sie sehr und würde Atilar gerne das Schiff zeigen.«

Sie wandte sich an ihren Mann. »Wäre das nicht lustig, Liebling?« Atilar sah, daß der Kommandant gern alles tat, was seine schöne Frau begehrte.

»Natürlich, mein Engel!« Der Kommandant drückte ihre zarte Hand. Und so schloß Atilar sich seinen neuen Freunden an, um das ätherische Mutterschiff zu besichtigen, während Anu, Enlil und der ätherische Kapitän nachsahen, wie weit die Kuppel über dem Verlorenen Berg im pazifischen Nordwesten gediehen war.

Gracie quälte sich aus dem Bett. Sie hatte die Nacht nicht mehr richtig geschlafen, nachdem der Hubschrauber weggeflogen war. Sie mahlte sich eine Menge Kaffeebohnen, und das Geräusch der Kaffeemühle erinnerte sie an den Motor des Hubschraubers. Gütiger Gott, dachte Gracie, was hatte das zu bedeuten? Eigentlich war sie vor allem wütend. Wie konnten sie es wagen, derart über ihr Haus zu fliegen und mit ihrem verdammten Licht in ihr Schlafzimmer leuchten! Konnte sie da nicht etwas unternehmen?

Gracie setzte sich mit einer Tasse dunklen, starken Kaffees ans Telefon und fing an, die Gelben Seiten durchzublättern. Sie rief alle Regierungsstellen und Flughäfen an, die sie sich vorstellen konnte. Die Antwort war immer dieselbe: es waren in der letzten Nacht keine Hubschrauberflüge registriert worden, keiner, null, nichts. Es war nicht passiert. Fast alle ließen sie warten und verbanden sie dann weiter. Es dauerte ewig. Gracie rief sogar bei Drogenpolizei DEA an. Oh, die waren sehr hilfreich. Sie baten sie, wieder anzurufen, falls der Hubschrauber wiederkommen sollte; sie meinten, es könnten kanadische Drogenschmuggler sein, danke.

Die einzige Person, die wirklich hilfreich war, war ein pensionierter Zivilpilot, der auf einem der kleinen, lokalen Flughäfen arbeitete. Er sagte ihr, sie solle es vergessen. Sie würde niemals, eindeutig niemals herausfinden, wer es war oder warum sie da waren. Es war gar nicht passiert. Er hatte auch etwas sehr Merkwürdiges gesagt. Gracie hatte ihm erzählt, daß sie wußte, es könne kein Ufo gewesen sein, weil es so viel Lärm gemacht hatte, und Ufos waren leise. Er hatte sie mit der Bemerkung aus der Fassung gebracht: »Nicht alle von ihnen.«

Am späten Vormittag hatte Gracie alle Möglichkeiten ausgeschöpft. Wenn selbst die Navy, die Air Force oder die DEA ihr nicht helfen konnten, warum sich dann Sorgen machen. Sie beschloß, in die Stadt zu fahren und etwas zum Lunch zu holen. Gracie nahm ihre Hunde in ihren Pickup und rumpelte den Feldweg vom Verlorenen Berg hinab und zu der kleinen Stadt in der Nähe. Sie war müde, hungrig und ärgerlich. Sie haßte die Vorstellung, nicht herausfinden zu können, wer die Eindringlinge gewesen waren. Und was, wenn sie wiederkamen?

Sie hielt an, um ein paar Freunde zu treffen, die sie hier kennengelernt hatte, und erzählte ihnen ihre Geschichte. Sie schienen ihr nicht recht zu glauben. Sie hatten sich wahrscheinlich gefragt, warum eine so attraktive Frau wie Gracie allein auf dem Verlorenen Berg leben wollte; sie vermuteten, daß sie wohl etwas komisch war. Sie waren nett, konnten aber auch nicht helfen. Gracie wußte, sie war wieder einmal allein.

Als Gracie zu ihrer Hütte zurückkam, sah sie, daß da zwei Nachrichten auf ihrem Anrufbeantworter waren. Eine Minute hatte sie Hoffnung. Vielleicht hatte sie jemand mit einer Information zurückgerufen. Gracie drückte auf die Wiedergabetaste: da waren keine Stimmen, nur völlig ungewohnte Geräusche. Gracie hörte aufmerksam zu, versuchte das Geräusch zu identifizieren. Es war so seltsam, wie – nun, wie hörte es sich an? Wie der Widerhall einer Nähmaschine in einem riesigen Amphitheater oder das Surren sanfter Maschinen. Es hörte sich an wie – ja, es klang wie das Innere eines gewaltigen Raumschiffs. Aber wie konnte Gracie wissen, wie sich das anhörte? Irgendwie ging es; irgendwie wußte sie, daß sie die Geräusche hörte, die aus dem Inneren eines Schiffes drangen, eines Schiffes irgendwo im Weltraum.

Die eigenartigen Geräusche waren auf dem ganzen Band; eine lange Zeit. Gracie fühlte sich viel besser. Als sie in der folgenden Nacht schlief, träumte ihr, ihr kleines Tal sei von einer unsichtbaren Kuppel aus Energie abgeschirmt, die sie und ihre Hunde vor jeglichen Eindringlingen schützte. Die Kuppel kam aus einem riesiggroßen Raumschiff weit draußen im All, irgendwo jenseits von Saturn. Zugedeckt von diesem Licht der Liebe von weit oberhalb der Erde, schlief Gracie ungestört und friedlich.

Inanna und Melinar lächelten in ihrem durchsichtigen Oval tief in der Erde. Es war nett, Freunde in hohen Stellungen zu haben.

EIN VERSCHMELZEN

Am nächsten Morgen ging Gracie zum Zedernwald. Es war einer jener Tage, der im pazifischen Nordwesten zu jeder Jahreszeit vorkommen können, Frühling oder Winter. An der Ostküste hießen solche Tage Indianer Summer. Die Sonne war strahlend und warm, der Himmel von einem glänzend klaren Blau, und eine scharfe, kühle Brise spielte sanft mit den Zedern, so daß das Sonnenlicht durch die Bäume und ihre blaßgrünen Nadeln tanzte. Dunst und Nebel stiegen in zauberischen Schwaden vom Waldboden auf.

Gracie legte sich auf ein dickes Bett aus Sternmoos und spürte die Kraft der Erde. Sie entspannte sich in dem Gefühl zu wissen, daß sie sich ihrer wahren Heimat näherte, der Heimat in ihrem Inneren. Die Hunde ließen sich wie Wächter neben ihr nieder, und sie lächelten beide glücklich darüber, an einem so wunderbaren Ort zu sein. Es war als spürten sie, daß etwas Besonderes geschehen würde, und Gracie lachte, als sie ihre Freude bemerkte.

Gracie blickte sich im Wald um und sah Inanna neben einem großen alten Baum stehen. Gracie hatte gelernt, diese schöne weise Frau mit ihrer warmen blauen Haut zu lieben und ihr zu vertrauen, die jetzt dastand und Gracie und ihre jungen Hunde liebevoll betrachtete. Es war ein schöner Tag, ein Tag, der Inanna an glücklichere Zeiten erinnerte, als ihr Leben noch so einfach gewesen und sie noch das verhätschelte und vielbewunderte Kind der Familie von Anu war. Melinar war bei Inanna, sein Glanz blitzte.

Inanna richtete ihre Aufmerksamkeit auf das strahlende Lichtwesen, das in dem Oval der alten Schlangenfrau zu ihr gekommen war, und sie holte dieses Wesen in den Zedernwald, in diese Dimension und Zeit. Vor Gracies Augen nahm das schönste Wesen, das sie jemals gesehen hatte, Gestalt an. Dieses Lichtwesen bestand aus farbig strahlenden Lichtern, ein Spektrum verschiedener Farben von Gold und irisierenden Blau- und Rosatönen, die alle umherschossen, als wären sie Photonen, die sich zur eigenen Freude ständig neu anordneten. Dieses Schauspiel nur zu betrachten, raubte Gracie schon den Atem; sie fühlte Tränen der Freude auf ihrem Gesicht hinablaufen. Melinar explodierte förmlich vor Energie, und Inanna spürte einen ungewohnten Frieden und tiefe Zufriedenheit.

Gracie fragte: »Wer bist du?«

Das strahlende Lichtwesen begann in einer melodiösen Stimme zu sprechen, die vom Wohlklang der Engelssphären widerhallte. »Ich bin du, Gracie, und ich bin Inanna und alles was sie je gewesen ist, all ihre Selbste. Ich bin Olnwynn und Atilar, ich bin Himmelsmädchen und Chandhroma, ich bin all die Ausdrucksformen, die aus dem Geist des Urschöpfers durch mich und durch meine geliebte Inanna hindruchgegangen sind.«

Gracie traute ihren Augen und Ohren nicht. Bestimmt werde ich nie auf eine so feine Art schön oder wunderbar sein wie dieses Wesen, das vor mir steht, dachte sie.

Das Wesen antwortete auf Gracies Gedanken. »Mein herzallerliebstes Kind, ich bin das, was du seit je gewesen bist. Erinnere dich, wer du bist, erinnere dich, wer wir sind, Inanna und ich. Urteile nicht über dich. Wenn du urteilst, entfernst du dich von uns. Wir urteilen nicht. Wir erinnern uns, wir sind und waren immer eins: ein Wesen, ein Leib. Erinnere dich.«

Da spürte Gracie Angst in ihrem Körper aufsteigen, Angst vor dem Unbekannten. Noch einmal sprach das Wesen und traf Gracie ins Herz. »Ich bin, was du immer gewesen bist, Geliebte. Du brauchst keine Angst zu haben. Dein Umkreis ist jetzt für eine bessere Empfänglichkeit ausgelegt. Die Überwindung deiner Angstprogrammierung wird dich für neue mögliche Wirklichkeiten öffnen und uns erlauben, eine Welle der Verwandlung in das Innerste deines Wesen zu übermitteln, in deine Zellen selbst. Aber du mußt dich öffnen, du mußt es zulassen, daß wir dir helfen. Wir können nicht hingehen, wo wir nicht eingeladen sind, wir können nicht eingreifen, solange du uns nicht darum bittest dir beizustehen, die begrenzte Programmierung deines genetischen Codes von dir abzuwaschen. Wir möchten bewußt eins mit dir werden.«

Gracie schaute Inanna an, die ganz offenbar rasend glücklich war, und Melinar, der sich schneller als mit Lichtgeschwindigkeit zu drehen schien. Da war ein weiches, goldenes Licht im Wald; und alles, was normalerweise fest zu sein schien, pulsierte von Licht und war scheinbar durchsichtig. Oder war alles in Wirklichkeit gar nicht fest, sondern bloß schwingende Lichtenergie?

Das Wesen sprach wieder. »Du siehst den Stoff als schwingende Energie, denn das ist so. Laß dein Angstprogramm los, Geliebte. Furcht und Zweifel sind Kreislaufbrecher, Liebe ist ein Kreislaufverstärker. Wir sind Liebe, die Liebe des Urschöpfers. Öffne dich uns und laß deine Angst los. Deine Leben und deine Ausdrucksmöglichkeiten werden weit über das hinausgehen, was du je erträumt hast.

Du hast dich niemals von uns getrennt, Geliebte. Du bist in uns und wir sind in dir. Wie jene kleinen russischen Puppen, die eine in der anderen stecken, sind wir alle Teil von einander. Zuzeiten fingen viele von Inannas multidimensionalen Selbsten an, sich zu erinnern, aber es ist jetzt, zu dieser Zeit an diesem Ort, daß du, Gracie, anfängst, alle

Erfahrungen von Inannas projizierten Selbsten in dir zu vereinen. Alle Lebenserfahrungen von den verschiedenen Selbsten strömen in diesem Jetzt in dich ein, denn du hast die Wahrheit gesucht und die Zeit ist reif. Der Mut und die Hingabe all jener, die in dir sind, werden aktivieren, was in deinen genetischen Codes geschlummert hatte, und es wird über den Planeten ausstrahlen wie ansteckende Freude.«

Eine sanfte Brise liebkoste Gracies Gesicht als sie sich der Tränen bewußt wurde, die ihre Wangen hinabliefen. In ihrem ganzen Leben war sie noch nie so glücklich gewesen. Es war, als sei der ganze Schmerz, den sie in sich getragen hatte, von ihr gewaschen und als sei an seiner Stelle etwas Neues geboren. Gracie fühlte sich geliebt, und die Macht dieser Liebe setzte eine Kettenreaktion in ihrem ganzen Stoffwechselsystem in Gang. Gracie hatte das Gefühl, als explodierten ihre Zellen, als blubberten sie in ihr. Es war etwas, das sie nie zuvor erlebt hatte.

Sie schaute sich um und sah, daß sich der Wald mit Wesen angefüllt hatte, von denen sie nur einige als Inannas multidimensionale Selbste kannte, oder als Gracies sogenannte frühere Leben, die in Wirklichkeit aber überhaupt nicht vergangen waren, denn, wie Gracie deutlich sehen konnte, waren sie alle hier, eben jetzt. Und sie verschmolzen mit ihr, während sie zugleich getrennte Selbste blieben.

Sie sah Olnwynn an, den wundervollen keltischen Krieger, der noch immer stattlich war und von einem Ohr zum anderen grinste. Sie hörte ihn seinen wilden Kriegsschrei ausstoßen und spürte, wie sein Mut mit ihr verschmolz. Chandhroma tanzte vor Gracie; die Silberglöckchen, die um ihre zarten Knöchel hingen, sangen vor Entzücken. Chandhromas anmutige, fließende Bewegungen brachten Gracie auf den Gedanken, was ihr eigener Name bedeutete: Anmut und Gnade *(grace)*. Ihre Mutter hatte ihr diesen Namen gegeben, weil Gracie, wie ihre Mutter immer sagte, aus Gottes liebender Barmherzigkeit gekommen sei wie die Gnade *(grace)*.* Selbst in ihrem persönlichen Unglück hatte Gracies Mutter sich bemüht, sie zu lieben, und sie hatte ihr so unschätzbaren Geschenke gemacht. Solche Gedanken brachten Gracie wieder zum Weinen. Das Leben konnte so weh tun.

Atilar ging auf Gracie zu und in ihr Wesen ein. Er hatte es eilig, wieder zum Muterschiff zu kommen, aber er wußte, daß dieser Augenblick sehr wichtig war. Atilar hatte die Gedankenausrichtung gemeistert, und sein Wissen um die Abwandlung von Kraftfrequenzen in Kristallen hatte noch viele weitere Anwendungsmöglichkeiten. Gracie nahm sein Wissen auf und die Weisheit, die Atilar aus seinem Versagen gewonnen hatte. Atilar liebte die junge Priesterin noch immer aus ganzem Herzen, und er hatte beschlossen, sie irgendwo in der riesigen Ausdehnung der Zeit zu finden, um ihr auf jede Weise zu helfen.

Himmelsmädchen trat vor. Sie fühlte sich in diesem Wald zu Hause, sie, die die Erde und den Himmel liebte, die eins geworden war mit dem Himmel, um seinen Segen auf die Erde zu bringen, auf Feld und Wald. Himmelsmädchen segnete Gracie und schenkte ihre die Weisheit ihres Lebens als Indianermädchen. Es war eine höchst natürliche Vereinigung von diesen beiden; das Blut von Himmelsmädchens Stamm floß noch in Gracies Adern. Gracie spürte, wie sie die Lebenserfahrung von Himmelsmädchen in sich aufnahm, ihre Liebe für den Himmel und für ihren verlorenen Mann Flammenfeder – die Trauer um den Verlust und die Hingabe an das Leben.

Jedes von Inannas Selbsten löste sich in Gracies Bewußtsein auf, und jedes brachte etwas mit. Merwin brachte seine Geduld und seine Liebe zum Lernen, Rachael ihre unschuldige Reinheit und Tenzin seine künstlerischen und mystischen Visionen. Gracie war erfüllt, ihr Leib brannte; *das Feuer das brennt, aber nicht verbrennt.* Inanna berührte zärtlich Gracies Gesicht und verschwand im Waldesdunst. Auch die anderen verschwanden; manche waren nicht Inannas multidimensionalen Selbste gewesen, sondern nur da, um zuzuschauen. Gracie hatte

------

(*Anmerkung: Dieser Satz ist nicht genau zu übersetzen, weil *grace* sowohl Anmut als auch [göttliche] Gnade bedeutet.)

sie noch nie zuvor gesehen und wußte nicht, wer sie waren. Zu ihrem Erstaunen war da auch eine schöne Frau mit fließenden roten Haaren gewesen, die mit Granaten bedeckt war. Gracie mußte Inanna fragen, wer diese Frau war, aber nicht jetzt. Gracie fühlte sich allmählich etwas müde und sehr hungrig, und es war Zeit, nach Hause zu gehen.

Die Hunde sprangen auf, um zum Haus zurückzulaufen. Mit den Gedanken bei Hühnersuppe und warmem Brot mit Butter geleiteten sie Gracie auf dem Wanderweg zurück zu ihrer Hütte. Was für ein Tag, dachte sie. Was für ein wunderbarer, zauberhafter, erstaunlicher Tag! Gracie fragte sich, ob das die Seligkeit war.

STERNENSTAUB

Marduk saß in seinem Hauptkontrollraum und betrachtete den Scanner, der die Energiequellen darstellte. Die Bevölkerung der Erde erzeugte fortwährend die nötigen Mengen, um Marduk und seine Heerscharen zu ernähren: Furcht, Schuld und Angst – die feinen Energien, mit denen seine Truppen gefüttert wurden. Marduk erwartete, daß ihm etwas Champagner und Kaviar serviert würde, und als die Tür aufging war er über den Gesichtsausdruck seines Dieners, der mit leeren Händen kam, etwas überrascht.

»Meister, eine Schutzkuppel aus hochfrequentem Licht ist über dem Gebiet errichtet worden, das als Verlorener Berg bekannt ist. Wir sind uns der Herkunft nicht sicher, aber wir glauben, sie kommt von einem ätherischen Mutterschiff, das irgendwo jenseits der Umlaufbahn des Saturn stationiert ist.«

Marduk spürte sein reptilisches Adrenalin durch seinen Leib fahren. Wie konnten sie es wagen? Diese verdammten Ätherischen würden seine Aufklärungsmission nicht so ohne weiteres aufhalten. Er würde einige seiner Kampfschiffe schicken, um die Schutzkuppel zu neutralisieren. Zwei oder drei schnelle Strahlenstöße aus seinen Plasma-waffen würden die Kuppel leicht zerstören.

Marduk gab die Anweisungen und rief nach seinem Champagner. Sich wieder vor seinem Scanner zurücklehnend, verfluchte er die Ätherischen noch einmal – etwas, was man einfach nicht tut.

Es war Nacht am Verlorenen Berg. Der Himmel war kristallklar, und Gracie fühlte sich – nun, es gibt eigentlich gar keine Worte, um ihre Gefühle zu beschreiben. Sie zündete die Kerzen in ihrer Hütte an, setzte sich nah ans Fenster und schaute in die Nacht hinaus. Sie dachte, alles sieht so anders aus. So als hätte ich die Sterne noch nie gesehen.

Gracie fragte sich, wie Inannas multidimensionale Reise angefangen hatte. Inanna richtete ihre Gedanken aus und vergegenwärtigte sich den ersten ihrer Ausflüge in Fleisch und Blut, das Wesen im weißen Mantel, das den Suchern im Himalaja in einer Lichtsäule erschienen war. Inanna zeigte Gracie den Kreis und erlaubte ihr, die machtvolle Liebe zu fühlen, die jenes Wesen für die Menschen in dem Kreis emp-funden hatte. Inanna hatte von sich selbst gegeben und sie sehr zu lieben gelernt. Und weil wir werden, was wir lieben, wurde sie Teil von ihnen. Sie zu nähren, war die befriedigendste Erfahrung gewesen, die sie bis zu diesem Zeitpunkt kennengelernt hatte.

»All die Wesen in diesem Kreis«, erklärte Inanna, »sind die Quelle der Liebe gewesen, die soviel Leidenschaft in all meinen multidimen-sionalen Selbsten ausgelöst hat. Und manche in dem Kreis sind genau die Menschen, die meine Selbste in Raum und Zeit geliebt und mit denen sie zu tun hatten.«

Gracie sah Inanna als das weißgewandete Wesen, das so innig geliebt hatte, daß es wagte, in die dichteren Frequenzen von irdischer Zeit und in einen menschlichen Körper hinabzusteigen. Gracie hatte keine Angst, als sie von den Händen in den weißen Gewändern Kraft-wellen ausgehen sah. Sanft sich auf sie zubewegend, erfüllten sie diese

Wellen aus pulsierendem Licht mit der Leichtigkeit des Seins. Gracie öffnete sich.

Vor ihrem geistigen Auge sah Gracie die sich wandelnden Glänzenden in all ihren blitzenden Farben. Ihre Körpertemperatur erhöhte sich, und als die Wellen über sie hinwegströmten, fingen alle Zellen in ihrem Körper an mit immer höherer Frequenz zu vibrieren und sich in Licht zu verwandeln. Gracie wurde Licht: nicht reflektiertes Licht, sondern Licht aus der eigenen Quelle, von innen.

Gracie fühlte, wie sie sich ausbreitete, in das Weltall ausdehnte. Sie erinnerte sich an alle von Inannas Selbsten, Olnwynn, Himmelsmädchen, Tenzin und die anderen. Sie kamen alle zu ihr und lächelten, denn sie waren in ihr und Teil ihres Werdens; was Gracie erlebte, erlebten auch sie. Gracie spürte eine Einheit, nicht nur mit den Selbsten, sondern Einheit mit Inanna und darüber hinaus, mit der Erde, den hohen Zedern, den Sternen und dem Weltall. Gracie verwandelte sich in ein unaussprechliches Wonnegefühl, als sie wußte, einfach *wußte*, daß sie eins war mit allem Leben, mit allem. Sie wurde selbst zur Wonne.

Gracie fing an zu lachen. Ein angenehmes, liebendes Lachen umgab sie, und, da Lachen ansteckend ist, fing auch Inanna an zu lachen. Die beiden Mädchen lachten und lachten und lachten...

Inanna und Gracie fühlten etwas Neues. Sie fühlten sich eins mit der ganzen Schöpfung, und im selben Augenblick, als sie beide das erkannten, wußten sie auch, daß sie mit – ja, daß sie mit Marduk eins waren. Nicht nur war er Teil von ihnen, sondern sie liebten ihn auch. Unglaublich, Inanna empfand Liebe für Marduk, sie sah sogar seine Schönheit, und diese Liebe schenkte Inanna und Gracie die Weisheit, daß Marduk nicht nur die unbewußte Projektion der tyrannischen Angehörigen von Anus Kindern war, sondern auch ein Teil des Urschöpfers.

Marduk war die Kraft, die das magische Spiel einer Illusion von Begrenztheit auf der Erde in der menschlichen Spezies möglich machte, um genug Energie aufzubauen, damit eine völlig neue Lebensform entstehen konnte, ein neuer genetischer Code, der neue Möglichkeiten und frisches schöpferisches Potential in sich trug.

Das fröhliche Lachen von Inanna und Gracie erscholl über die Erde und in die Himmel. Die Kraft ihrer Freude verbreitete sich gleichzeitig über den Planeten und darüber hinaus. Im Bewußtsein gibt es keine Grenzen, und viele andere, die die Wahrheit gesucht hatten, hatten in genau demselben Augenblick dieselbe Erfahrung. Die multidimensionalen Selbste von Enki und Ninhursag ebenso wie die der anderen Mitglieder der Familie von Anu, alle fingen an zu lachen. Auch viele andere wurden von der ansteckenden Krankheit der Wahrheit erfaßt, Leute, die von anderen Lebensformen abstammten genauso wie die Erdlinge; alle lachten angesichts ihrer neu gefundenen Wahrheit. Der Prozeß hatte begonnen. Die Wahrheit hatte sie frei gemacht.

Marduk verschüttete seinen Champagner. Ihm kam eine fürchterliche Vision. Auf den Monitoren seiner Energieüberwachung gab es plötzlich Anzeichen von einem großen Abfall der Produktivität. In weniger als einer Erdminute hatte die Versorgung mit Furcht erschreckend abgenommen. Marduk sprang von seinem goldenen Thron auf und stieß sich seinen Zeh – naja, seine Kralle.

Das mußte ein Fehler sein; seine reichliche Versorgung konnte nicht so schnell abnehmen. Er schrie nach seinen Dienern und fing an, alle möglichen elektronischen Alarmknöpfe zu drücken. Marduk geriet tatsächlich völlig aus der Fassung; seine Augen traten aus den Höhlen und sein Gesicht war verzerrt. Er wedelte wild mit den Armen und schrie seine Klone an. Aber Gracie und all die anderen waren außer seiner Reichweite. Marduk konnte sie nicht mehr beeinflussen oder ihnen etwas antun, denn sie hatten ihre genetischen Codes umgewandelt und bewegten sich außerhalb seiner Frequenz. Sie schwangen in einem Spektrum, das er nicht einmal sehen, geschweige denn berühren konnte.

Atilar war zum Mutterschiff zurückgekehrt und war mit dem Kommandanten und der Herrin des Granats zusammen. Sie waren alle ganz aufgeregt über das, was auf der Erde vor sich ging. Die Herrin hatte beschlossen, multidimensionale Selbste in verschiedene Raum-Zeit-Koordinaten zu projizieren, um mit Inanna an dem Spaß teilzuhaben. Natürlich begleitete sie der Kommandant; er mußte ja seine geliebte Frau beschützen. Etwas war ins Rollen gekommen, und es würde nicht mehr aufzuhalten sein.

Wieder auf dem Verlorenen Berg schaute Gracie zur Uhr. Es war fast vier Uhr morgens und noch dunkel draußen. Die Sterne begannen langsam zu verblassen. Gracie fühlte sich ganz aufgeladen und dachte, es wäre gut, eine Fahrt zu unternehmen. Sie stopfte ein paar unentbehrliche Dinge in ihren Rucksack, rief ihre Hunde, und sie gingen alle nach Draußen, um in den Pickup zu steigen. Als sie die staubige Straße hinabpolterten, die vom Berg hinabführte, dachte Gracie, wie gut es sein würde, mitten in der Nacht über die freie Straße zu rauschen und den Wind in ihren Haaren zu spüren.

Ja, dachte Gracie, ich werde mich in die Stadt aufmachen, egal welche, und vielleicht ziehe ich von dort in eine andere, und ich trage die *Welle* in mir und biete sie jedem an, der sie haben will, einfach indem ich da bin. Leise fing sie an, ein paar Takte aus dem alten Bürgerkriegslied *Amazing Grace* zu singen.

Die Hunde drängelten sich um einen Fensterplatz. Sie teilten Gracies Glück, und sie waren immer für ein neues Abenteuer bereit. Als sie den Feldweg hinabfuhren, wirbelte Gracies Wagen Staub auf; aber heute nacht war es Sternenstaub.

DANACH

Es war Zeit für ein Treffen mit dem Rat der Intergalaktischen Föderation. Inanna und Anu sollten daran mit den anderen Familienmitgliedern teilnehmen – mit Enki, Ninhursag, Ninurta, Ereshkigal und allen übrigen –, nur Marduk nicht. Inanna war vor Aufregung ganz rot im Gesicht; sie hatte so vieles zu berichten. Ihre multidimensionalen Selbste machten ihre Sache zuguterletzt ganz gut, und wirkliche Veränderungen waren auf den Weg gebracht dank der *Welle* und so vieler anderer Faktoren. Sie durfte nicht vergessen, den Ätherischen dafür zu danken, daß sie Gracie beschützt hatten. Inanna war ganz von einem Glück erfüllt, das sich einstellt, wenn man etwas geschafft hat, und von dem neuen Gefühl für Einheit und Liebe, das sie und Gracie entdeckt hatten. Das Leben war gut, und Inanna sah schöner aus denn je. Sie fühlte sich wunderbar; ihre weiche blaue Haut glänzte.

Selbst Enlil hatte ihr ein Kompliment gemacht, und Anu hatte ihr natürlich einen dicken Kuß gegeben. Gepriesen sein Herz, er hatte seine Inanna immer geliebt. Antu war auch da. Sie wollte von der ganzen Aufregung bloß nichts verpassen oder die Gelegenheit versäumen, neue Freunde zu treffen, die sie zu ihren Festen einladen konnte. Es war ein festlicher Anlaß.

Anu und Enlil waren bereit, über die Möglichkeit zu sprechen, die ins Exil gejagten Führer wieder auf die Plejaden zurückzuführen. Es war noch ein weiter Weg, aber die Zeichen waren an die *Wand* geschrieben, um es einmal so auszudrücken, und Enlil war bereits mit der logistischen Planung einer solchen Operation beschäftigt. Der eiserne Griff der Tyrannei lockerte sich um die gesamte Galaxis. Es war Zeit für den Beginn eines neuen Goldenen Zeitalters und das Ende des Kali Yuga, des Zeitalters der Dunkelheit. Der Urschöpfer bewegte sich, wie immer, weiter.

Inanna stand allein und beobachtete die anderen in der Intergalaktischen Halle. Sie war von Glück erfüllt und dachte eigentlich an gar nichts, als sie eine Gegenwart hinter sich spürte. Auf ihr verbreitete sich ein warmes Gefühl, und sie meinte jemanden nahe bei sich atmen zu hören.

Langsam drehte Inanna sich um. Sie tat dies in Reaktion auf diese feine Energie, die langsam ihre ganze Aufmerksamkeit auf sich zog. Da war er, der wundervolle Mann, dem sie schon so lange hatte begegnen wollen. Inanna traf seine Augen; sie tanzten von Weisheit und Humor und waren wie Diamanten in ihrer Nacht. Sie spürte ein tiefes Wiedererkennen, wußte aber nicht, warum. Inanna verschlug es die Sprache.

Er reichte ihr die Hand und sprach lächelnd: »Erlaube mir, daß ich mich vorstelle.«

QUELLENVERZEICHNIS

Baring, Anne, und Cashford, Jules: *The Myth of the Goddess: Evolution of an Image;* Arkana Penguin Books, 1991.

Bohm, David: *Ganzheit und die implizte Ordnung.*

Boulay, R.A.: *Flying Serpents and Dragons;* Galaxy Books, 1990.

Buitenen, J.A.B. van (Übersetzer und Herausgeber): *The Mahabharata;* University of Chicogo Press, 1973.

Bynner, Witter (Übersetzer): *The Way of Life, According to Lao Tzu;* The Putnam Publishing Group, 1986.

Cantrell, Lana Corrine: *The Greatest Story Never Told;* Biohistorical Press, 1988.

Coleridge, Samuel Taylor: *The Oxford Poetry Library,* herausgegeben von H. J. Jackson; Oxford University Press, 1994.

Danielou, Alain: *The Gods of India: Hindu Polytheism;* 1985

ders.: *While the Gods Play: Shiva Oracles and Predictions on the Cycles of History and the Destiny of Mankind;* 1985.

ders.: *Yoga: Mastering the Secrets of Matter and the Universe;* 1991.

ders.: *Gods of Love and Ecstasy: the Traditions of Shiva and Dionysus;* 1979; alle Inner Traditions International Ltd.

ders. (Übersetzung): *The Complete Kama Sutra;* Dark Street Press, 1994.

Gardner, John, und Maier, John: *Gilgamesh, translated from the Sin-leqi-unninni version;* Alfred A. Knopf, 1984.

Govinda, Lama Anagarika: *Der Weg der Weißen Wolken,* Scherz-Verlag, 1966.

Herbert, Nick: *Quantum Reality: Beyond the New Physics;* Anchor Press/Doubleday, 1985.

Kramer, Samuel Noah: *History Begins at Sumer: Thirty-Nine Firsts in Man's Recorded History;* University of Pennsyvania Press, 1981.

ders.: *In the World of Sumer: an Autobiography;* Wayne State University Press, 1986.

ders.: *The Sumerians: Their History, Culture and Character;* University of Chikago Press, 1963.

Lessing, Doris: *Canopus im Argos – Archive*

dies.: *Shikasta Archive 1*

dies.: *Die Ehen zwischen den Zonen 3, 4 und 5*

Mack, John: Abduction: *Human Encounters with Aliens;* Scribner's Sons, 1994.

Marciniak, Barabara: *Boten des Neuen Morgens;* Verlag Hermann Bauer KG, 1995.

Oates, Joan: Babylon; *Revised Edition;* Thames and Hudson, 1979.

Paglia, Camille: *Sexual Personae. Art and Decadence from Nefertiti to Emily Dickinson;* Yale University Press, 1990.

Shabistari, Mahmud: *The Secret Garden,* übersetzt von Johnson Pasha; The Octogon Press, London, 1969.

Sitchin, Zecharia: *Der zwölfte Planet,* Ullstein, 1995.

ders.: *Die Kriege der Menschen und Götter,* Ullstein, 1991.

ders.: *Stufen zum Kosmos,* Ullstein 1996.

Stone, Merlin: *When God Was A Woman;* A Harvest/HBJ Book, 1978.

Talbot, Michael: *The Holographic Universe;* Harper Collins, 1991.

Thompson, Richard: *Alien Entities: Ancient Insights into Modern UFO Phenomena;* Govardhan Hill Publishing, 1993.

Tyberg, Judith M.: *The Language of the Gods: Sanskrit Keys to India's Wisdom;* East West Cultural Center, 1970.

Wolkstein, Diane, und Kramer, Samuel Noah: *Inanna, Queen of Heaven and Earth: Her Stories and Hymns from Sumer;* Harper and Row, 1983.

Wolley, C. Leonhard: *The Sumerians;* W. W. Norton & Co., 1965.

Zimmer, Heinrich: *Mythen und Symbole in der indischen Kunst und Kultur;* Walter, 1946

*

**Sie finden unsere Bücher in Ihrer Buchhandlung
oder im Internet unter www.neue-erde.de**

Im deutschen Buchhandel gibt es mancherorts Lieferschwierigkeiten bei den Büchern von NEUE ERDE. Dann wird Ihnen gesagt, dieses oder jenes Buch sei vergriffen. Oft ist das gar nicht der Fall, sondern in der Buchhandlung wird nur im Katalog des Großhändlers nachgeschaut. Der führt aber allenfalls 50% aller lieferbaren Bücher.

Deshalb: Lassen Sie immer im VLB (Verzeichnis lieferbarer Bücher) nachsehen, im Internet unter **www.buchhandel.de**

Alle lieferbaren Titel des Verlags sind für den Buchhandel verfügbar.

Bitte fordern Sie unser Gesamtverzeichnis an unter

NEUE ERDE GmbH
Cecilienstr. 29 · 66111 Saarbrücken
Fax: 0681 390 41 02 · info@neue-erde.de